시간의 여행

시간의 여행

2020년 7월 13일 초판 1쇄 인쇄
2020년 7월 20일 초판 1쇄 발행

지은이 | 한숭홍
펴낸이 | 김영호
펴낸곳 | 도서출판 동연
등 록 | 제1-1383호(1992. 6. 12)
주 소 | 서울시 마포구 월드컵로 163-3
전 화 | (02)335-2630
전 송 | (02)335-2640
이메일 | yh4321@gmail.com
블로그 | https://blog.naver.com/dong-yeon-press

ISBN 978-89-6447-593-5 03040

시간의 여행

한숭홍 지음

동연

머 리 말

　『시간의 여행』, 이 책은 나의 삶을 회고하며 나와 조우遭遇한 순간
순간의 사건들이 나의 삶을 어떻게 형성했고, 어떤 과정을 거치며
내가 성숙되어 왔는지 나 자신을 진솔하게 그려놓은 자화상이다.

　2019년 9월부터 「크리스챤월드리뷰」(인터넷 시사일간지)에 회
고록을 연재하기 시작하여 2020년 3월에 54회 시리즈를 마쳤는데,
1961년 연세대학교에 입학하며 받은 학생수첩부터 2007년 장로회
신학대학교 은퇴할 때까지의 수첩 수십 권이 집필에 직접적인 도움
이 되었다. 날짜별, 시간별로 기록된 내용이 회고록의 증빙자료가
되었다. 수천 장의 사진을 일일이 뒤져가며 사진 속 그때를 회고하
곤 했는데 이것 역시 실증 자료로 큰 몫을 담당했다.

　나는 글을 쓸 때 두 가지를 염두고 두고 써나간다. 첫째는 글
자체가 나를 말하는 것이므로 있는 그대로 쓰는 것이다. 내가 나를
발가벗기는 것이다. 짙은 화장으로 민낯을 가리고 예쁘게 몸단장을
하면서 이것이 나의 사상이라고, 이것이 나의 삶이라고 진술한다면
그것은 나 자신을 속이는 것이라는 게 나의 생각이다.

　둘째로 나는 글쓰기의 어떤 틀이나 형식주의를 따르지 않는다.
속된 말로 표현하면 내 글의 흐름은 자유롭다는 것이다. 강줄기를
돌려 수로로 흐르게 한다면 강의 멋과 자연의 정취를 느낄 수 있을
까? 강은 흘러가는 그 흐름의 자유 때문에 존재의 자연미를 표출하
는 것이다.

출판본에서는 원고 분량이 너무 많아 내용을 많이 삭제하고, 사진 역시 70% 정도 삭제하여 인쇄하기로 했다.

반년이 넘도록 연재의 기회를 주신 「크리스챤월드리뷰」 장석찬 부장님에게 진심으로 감사한다. 원고를 늦게 송고했을 때는 밤 11시에도 편집하여 바로 실어주시곤 했는데 그 고마움을 어찌 잊을 수 있으랴.

원고를 받고 선뜻 출판하시겠다며 편집에 필요한 조언도 해주신 도서출판 동연 김영호 대표님과 책을 산뜻하게 만들어 준 편집부 여러분의 노고에도 고마움을 전한다.

2020년 4월 8일
한숭홍

| 차 례 |

1장

만남의 접점에서

이름의 상징성

초등학교 다닐 때 친구들은 내 이름이 어렵다며 때로는 순홍, 승홍, 승헌 등으로 부르기도 하고 선생님들조차 가끔 틀리게 부르곤 했다. 높을 숭(崇)과 넓을 홍(弘) 자가 결합되어 발음이 거세졌기 때문이다. 나도 가끔 내 이름에 불만을 가지 곤했는데, 후에는 오히려 이름을 지어 주신 할아버지에게 감사했다. 저서나 논문, 문예 작품 등을 발표해도 같은 이름이 없어 혼동될 위험도 없고, 또 생각해 보면 지금 나의 삶을 결정하고 있는 직업에 맞는다고 생각을 하며 이름에 만족한다.

나는 어릴 적에 보잘것없는 아이로 자랐지만, 불편함 속에서도 내 이상은 늘 높고 멀리 있었다. 좀 지나친 이야기 같지만 이미 내 운명은 내 이름에 게시되어 있었다는 생각을 지금에 와서는 종종 한다. 학생들을 가르치는 일은 결코 천박하거나 저속한 일이 아니다. 나는 높은(崇) 진리를 널리(弘) 전하는 사명이 내 이름에 상징화된 것이라는 생각을 한다. 어쨌든 이런 과정을 거치면서 나는 내 삶을 엮어가다, 지금 말년을 맞아가고 있다.

강계: 미인대경형美人對鏡形

나는 1942년 음력 4월 8일 평안북도 강계江界에서 태어났다. 그 날은 공교롭게도 부처님 오신 석탄일과 일치하여 생년월일을 묻는 사람마다 한마디씩, "부처님 오신 날과 생일이 같구나!"라고 말을 건넨다.

강계에 대한 기억이나 추억거리는 거의 없다. 발걸음을 뗄 즈음에 소아마비로 집에서만 지냈기 때문에 바깥세상의 풍광이나 세시풍속 등에 대한 인상은 없다. 어느 겨울 부모님과 소달구지 타고 외가에 갔던 희미한 기억이 아물거리기는 하지만 그 이상은 떠오르는 영상이 없다. 집안 어른들 이야기로는 강계가 몹시 춥고 눈이 많이 내리는 곳이라고 한다. 기차로 1시간 정도 북쪽으로 가면 만포를 거쳐 만주로 넘어간다는 이야기도 종종 들었다.

『江界誌』(강계 군민회, 1966)에 따르면 강계는 깊은 산이 둘려 처진 분지로 되어 있어 몹시 춥다. 겨울이 길어 거의 반년 정도가 춥다고 한다. 어느 해에는 영하 42도까지 내려가는 추위로 살눈썹이 얼어붙을 정도였다는 기록(1927년)이 있다. 산이 깊다 보니 '강계 = 포수'라는 말이 있을 정도로 이곳은 사냥감이 풍부했다. 특히 꿩을 많이 잡는다고 한다. 좀 산다는 집이면 겨울에 꿩 수십 마리를 사서 광에 매달아 놓고, 겨우내 동치미 막국수에 꿩으로 육수를 내고 고기를 고명으로 얹혀 먹는다.

아버님(韓元福)   어머님(金雲植)

　강계는 미인의 고장으로도 널리 알려져 있다. 강계 사람들보다
오히려 다른 지역 사람들에게 더 잘 알려졌다. 친구들이나 동네 어
르신들이 고향이 어디냐고 물어 강계라고 하면 "아, 강계, 미인이
많은 곳. 그래서 너의 어머님이 미인이시구나" 이런 말을 하곤 한다.

　풍수학설(風水學設)이 전하는 말을 이으면 강계의 산세(山勢)를 청학포
란형(靑鶴抱卵形)이라는 설도 있지만, 미인대경형(美人對鏡形) 즉 여자
가 거울을 대하고 있는 형상이라고도 한다. 남산(南山)은 윗몸(上半身)이
요, 좌우로 성벽이 쌓인 능선(稜線)은 두 팔이요, 바른편 인풍루(仁風樓)
가 자리 잡은 우뚝 솟은 절벽은 바른쪽 무릎이요, 왼편 남장대(南章臺)가
자리 잡은 절벽은 왼쪽 무릎이요, 그 앞을 흐르는 독로강(禿魯江)의 옛날
나루터 넓은 수면은 거울이며, 지금 경찰서 앞 로오타리 앞에서부터 우무

러지기 시작한 지점은 연인의 XX요, 거기서부터 하수(下水)가 개울져 내리는 골을 여인의 다리 살이라 한다(위의 책, 289-290면).

화석화된 피

난 가끔 강계가 내게 어떤 영향을 미쳤는가 생각해 보곤 한다. 하지만 나에겐 뚜렷하게 어떤 지리적 조건이나 환경적 영향이 미쳐 왔던 것은 없다. 다만 토박이 강계 태생인 부모님의 성격과 성향 같은 것에서 간접적으로 향토의 냄새를 맡을 수 있었던 게 전부였다.

아버지(韓元福)는 애주가였으며 절주가이셨다. 조반상을 받으시면 먼저 주발 뚜껑에 약주를 부어서 한잔하시곤 수저를 드셨다. 과묵하시면서 조용히 시간 갖는 것을 즐기셨다. 전쟁 직후인데 독일제 노르드멘데Nordmende 전축과 유명 작곡가들의 클래식 음반 전집과 낱장 판들, 도넛 판도 수십 장 사오셔서 들으시곤 하셨다. 하지만 전축은 내 방에 넣어주셔서 실제로는 내 것이나 마찬가지였다. 그래서 고등학교 때도 대학교 때도 내 친구들이 음악을 들으러 자주 오곤 했다.

어머니(金雲植)는 인정이 많고 점잖은 분이다. 성격은 다소곳한 편이지만 매우 강하시다. 외유내강형의 전형적인 모습이다.

가을밤의 나룻배

1947년 봄 어느 날 아버지는 홀로되신 할머니를 모시고, 우리 가족 여섯 명과 둘째 형님네 가족 다섯 명을 데리고 평양, 사리원,

원산, 철원 등지에서 몇 달을 보내면서 월남 안내원을 수소문하여 사서 가을 어느 그믐날 밤에 나룻배로 임진강을 건넜다. 이렇게 우리의 서울 생활이 시작되었다.

창신동 셋집 큰딸 혜선이는 어머니를 '언니'라고 부르며 살갑게 따랐는데, 얼마 후 어머니와 의자매를 맺고 손목 안쪽에 좁쌀만 한 먹물 문신을 했다. 그 밑으로 혜월이, 화자, 계자가 있었는데 화자는 나와 나이가 같아서 소꿉친구로 지내곤 했다. 맏이는 오빠였는데 늘 아침 일찍 나가서 본 기억이 없다. 집주인 노인 두 분은 별로 말이 없으신 점잖으신 분이었다. 양반으로 사셨던 것 같다는 생각이 든다.

우리는 다음 해에 이사했는데 그 집 본체에는 홀아비 영감 한 분만 사셨다. 자녀들이 모두 객지에 가 있다고 했단다. 어머니는 식사 때마다 영감님 안쓰럽다며 식사를 차려 갖다 드렸고, 빨래도 하여 모시옷 풀 먹여 다려 드리곤 했다. 영감님은 아들뻘 되는 아버지에게 "한 선생님"이라 부르곤 했고, 아버지도 늘 공손히 대해주셨다. 집에서 명절 때나 할머니, 아버지 생신에 잔치 음식을 차릴 때면 할머니께서 영감님 먼저 챙겨드리라고 채근하시던 모습이 지금도 눈에 선하다.

이 집 대문을 나가면 담에 붙여 지어진 집이 있다. 이 집에는 박동수라는 남자아이와 진자라는 여자아이, 이렇게 오누이가 있는데, 우리와 나이가 비슷해서 같이 놀곤 했다. 그 건너편 집에는 이충곤이라는 귀가 좀 어두운 아이가 살았는데 우리는 이렇게 다섯이 친하게 지냈다. 우리는 자주 동대문교회 옆 허물어진 낙산 성에 올라가 놀기도 하고, 낙산으로 가서 놀기도 하며 재미있게 지냈다.

3개월의 지옥 생활

서울에 정착해서 몇 달이 지난 후 아버지는 재단사를 구해 나사점羅紗店을 차리셨다. 이렇게 1년이 지나고 1949년, 나는 두 살 어린 여동생과 창신초등학교에 입학하여 같은 반에서 공부하게 되었다. 한글과 숫자는 어머니가 가르쳐주셔서, 미리 쓰고 외우며 익혔기에 학교에 입학해서는 어려움 없이 즐겁게 1년을 마쳤다.

2학년이 되어 여름 무더위가 이어지던 때 6.25 전쟁이 났다. 전쟁이 났다는 소식을 접하고 큰어머니가 오셔서 어떻게 할 것인지 피난에 대해 이야기하자, 어머니가 모든 준비를 할 테니 다음날 우리한테 와서 함께 남쪽으로 피난 가자고 했다. 어머니는 가지고 갈 것을 챙겨 놓고 다음날 큰집 가족이 오기를 기다렸는데 아무 연락도 없었다. 큰집에선 25일 저녁에 바로 서울을 떠나 유구(공주)에서 과수원하시는 큰 누님(우리에겐 큰고모)댁으로 내려간 것이었다. 큰집 기다리다 피난 못 간 우리 가족은 9.28 서울 수복 때까지 두려운 나날을 보내야 했다.

부산

우리는 1.4후퇴 때 부산으로 피란 갔다. 아버지는 사촌 동생 두 가정과 공동으로 부평동에 이 층으로 된 일본 적산가옥을 사서 우리는 이 층에 살고, 일 층에는 작은아버지 형제 두 가정, 이렇게 세 가정이 함께 지냈다.

인민군이 밀려 내려오자 둘째 큰아버지 가족은 공주 고모님 댁

을 떠나 피난길에 올랐다가 큰
어머니는 채독에 걸려 돌아가
시고 큰아버지는 몇 달을 이리
저리 떠돌며 애들 세 명을 데
리고 부산까지 와서 수소문하
여 우리 집을 찾아왔다.

아버지는 큰아버지네 살
집을 구하려 사방으로 다니셨
는데 매일 수많은 피난민이 밀
려오는 부산에서 빈집을 구하
기란 말 그대로 하늘에서 별
따기였다. 다행히 살림집을 마

부산 부평동 집 앞에서 부모님

련해 드렸지만, 큰아버지는 돈벌이가 없어 어머니께서 식량과 생활
필수품, 찬거리 등등 계속 대주셨다.

용두산 위에는 천막으로 비만 가리게 된 남일초등학교 분교가
있었다. 피난 온 아이들을 위해 임시로 세워진 간이 학교였다. 어머
니는 나보다 한 살 좀 많은 사촌 누나와 몇 달 어린 동갑내기 사촌
동생을 나와 같은 4학년에, 두 살 어린 셋째를 2학년에 입학시켜
같이 학교에 다니게 했다.

1951년 여름도 더웠다. 어디서나 어른들이 모이면 걱정하는 소
리가 들렸다. 하지만 우리에게는 여름방학을 즐겁게 보내는 게 더
중요했다. 방학 숙제를 며칠에 몰아 끝내고는 교회에서 하는 여름
성경학교에 가서 오전에는 성경공부를 하고, 오후에는 나눠주는 빵
이나 과자 등도 먹고 놀이도 하며 지내곤 했다.

할머니는 방 앞에 돌출되어 있는 난간에 앉으셔서 바람을 쐬며, 바느질도 하셨다. 할머니는 많이 연로하신 데다 기력도 없으셔서 방에 늘 계시다 보니 답답하셨던 게다.

밑에 층에 사는 육촌 동생이 하모니카를 부는 게 부러웠는데, 아버지는 내가 부러워하는 걸 눈치채셨는지 며칠 지난 후 하모니카(Tombo)를 사다 주셨다. 그게 나의 보물 1호였다. 너무 신이나 매일 이렇게 저렇게 불다 보니 차츰 간단한 노래를 불 수 있게 되었고, 한참 지나서는 세계 민요 몇 곡을 부를 수 있게 되었다.

거의 매일 오전에는 공부하고, 점심 먹고는 송도에 놀러 가거나 대신동 위쪽 개울에 가서 지냈다. 이렇게 지내다 보니 얼굴은 구릿빛이 되었고, 몸은 허옇게 껍질이 벗겨지곤 했다. 여름에는 몇 차례 할머니와 밑에 층의 작은할아버지, 할머니를 모시고 친척 20여 명이 여객용으로 개조된 LST를 타고 송도에 가서 소나무 그늘에 자리를 잡고 지내며 피서를 했다.

어머니는 여름이면 소다를 넣어 찐빵을 만들어 쪄주시거나 밀대로 밀어 칼국수를 해주시고, 강냉이도 쪄주시곤 하셨다. 어머니 육촌 언니네 가족이 구포에서 멀리 들어간 산골에 피란 와서 어렵게 살고 있었다. 이모님께서 방학이니 조카들을 데려오라고 하신다며 정옥이 누나가 우리를 데리러 왔다. 어머니는 우리를 보내며 이모님께 드리라며 돈도 주셨고, 쌀이랑 잡곡, 건어물 등 찬거리도 넉넉히 챙겨 주셨다. 형과 누나들은 낙동강에서 다슬기도 잡으며 물놀이를 했다. 형은 시골 이곳저곳으로 우리를 데리고 다니며, 못 같은 것을 박아 만든 꼬챙이로 뱀을 잡기도 했다. 정호는 나와 동갑인데 형과는 다르게 조용했다.

1957년 합명회사 「협성사이다」 설립

휴전이 된 해 늦가을에 아버지와 나는 트럭에 짐을 싣고 서울로 올라왔다. 길이 제대로 없고 시골길을 돌아가며 오다 보니 3일이나 걸렸다. 가족들은 기차로 떠나와서 일찍 도착했다. 서울로 환도한 후 아버지는 나사점을 다시 여셨는데, 반공포로로 부산 우리 집을 찾아왔던 동향인 송 씨에게 가게를 맡겼고, 송 씨와 포로수용소에서 친하게 지냈다는 함경도 출신 박 씨에게도 새로 나사점을 차려 맡겼다. 사실상 일자리를 만들어 준 것이다. 그리고 얼마 지나 송 씨를 장가보내 우리 집 건너편에 집을 사서 살림을 차려주었고, 박 씨도 장가들여 살림을 차려주었다.

어머니는 양장점을 시작하셨는데 구포에서 올라오신 큰이모님 댁 둘째와 셋째 누나에게 일을 맡겨 그 집이 자립할 수 있게 해 줬다. 몇 년 후에는 나사점 두 곳과 양장점을 모두 저들에게 넘겨주고, 아버지는 1957년 "협성청량음료합명회사"를 세웠다. 협성사이다, 협성콜라, 주스를 생산했다. 그 당시 칠성사이다, 서울사이다와 더불어 한국의 3대 청량음료 회사였다.

서울에 올라와서 그해 나와 바로 밑 여동생은 창신초등학교 5학년에 복교했는데, 겨울 바람과 추위로 겹겹이 옷을 입고 떨며 공부했다.

그해 겨울은 유난히도 추웠던 기억이 난다. 한강이 온통 얼어붙었다. 썰매를 타는 아이들, 굵은 강철선을 길게 붙여 만든 널판 스케이트를 신발 바닥에 끈으로 묶어 얼음을 지치는 아이들, 군고구마나 호떡, 풀빵 등을 파는 리어카 상인들… 서울의 겨울 풍경은 지

1957년 協成淸凉飮料合名會社 설립

금 돌이켜보면 사람 냄새가 물씬물씬 배어나던 그리움의 샘이었다.

서울은 폐허 속에서도 차츰 활기를 띠기 시작했다. 하지만 전화 戰禍의 흔적은 전쟁이 얼마나 비참했는지를 생생히 증거하고 있었다. 가마니를 덮은 시체들이 곳곳에 널려있었다.

6학년 2학기부터는 중학교 입학시험을 대비하여 밤늦도록 수업을 했다. 그때까지도 전기 사정이 안 좋아 저녁에는 각자 촛불을 켜 책상에 붙여놓고 시험문제를 풀었다. 우리 반을 담임하신 최관순 선생님의 열성은 대단했다. 다른 반과 비교해서 중간고사나 모의시험에 뒤지지 않으려고 참으로 열심히 가르치셨고, 9시가 넘어 공부를 마칠 때까지 우리 곁에 계셨다.

그러던 어느 날 나는 점심을 토해내며 배를 움켜쥐고 고통에 몸부림쳤다. 최 선생님은 택시를 잡아 옆 반 여동생을 불러 집으로 데려가게 하곤 집에 전화로 연락했다. 동네 의원이 왕진 와선 얼음찜질하면 된다고 하곤 돌아갔는데, 밤새 통증은 더 심해져 도저히 참을 수 없을 정도였다. 몸에선 열과 식은 땀이 흐르고 몸이 차츰 떨려 왔다. 그렇게 고통스레 밤을 보내고 아침이 되어 외과병원에 갔다. 원장은 배를 여기저기 눌러보고 다리를 폈다 오므렸다 해 보고는 고통스러워하는 내 비명에 복막염 같다며 당장 수술해야 한단다.

전쟁 직후라 마취제를 준비할 수 없던 동네 병원에서 나는 마루 타 아닌 마루타가 되었다. 부모님과 원장부인 등 여러 명이 내 팔과 다리를 내리눌러 온몸을 움직이지 못하게 하고 생 배를 가른 것이 다. 봉합할 때까지 나는 너무 아파 고함을 지르며 몸부림쳤지만 어 른 여러 명이 누르고 있어 몸을 어떻게 할 수 없었다. 얼마 후 봉합 이 끝나고 거즈를 넣은 상태로 일단 수습을 했다. 한 달간 병원에 입원하고 있었는데, 6cm 정도 깊고 긴 상처가 기념비로 내 배에 남아있다. 가끔 수술 부위를 보며, 전쟁 중에 부상병이 넘치다 보면 마취하지 않고 수술할 수도 있었을 텐데 그 끔찍한 고통은 총상보 다 더하리라는 생각을 하곤 했다.

주판을 발로 놓는가?

1955년 나는 전차나 버스에 매달려 가며 통학할 수가 없어 집에 서 걸어 30분 거리에 있던 덕수중학교에 지원했다. 창신초등학교 졸업생으로는 내가 이 학교에 지원한 유일한 학생이었다. 내 친구 들은 거의 시내 쪽에 있는 중학교로 진학했다. 당시 남학교로는 경 기, 서울, 경복, 휘문, 용산, 경동 등이 명문교였고, 여학교로는 경 기, 이화, 창덕, 숙명, 진명 등을 선호했다.

주간 420명, 야간 150명 정도 모집하는데, 나는 주간에 지원했다. 시험은 거의 알고 있는 것들이어서 일찍 적어놓고 다시 읽어가며 몇 군데 고쳐 쓰곤 벨이 울릴 때까지 기다리다 제출했다. 며칠 후 합격자 발표에 가셨던 어머니는 사색이 되어 돌아오셨다. 내가 불합격한 것이다. 여동생은 창덕여중에 합격했다.

다음날 어머니는 학교에 가서 그 이유를 따졌다. "우리 애가 시험이 쉬웠다며 거의 다 맞은 것 같다는데 왜 떨어졌느냐?"며 그 이유를 알려달라고 따지셨다. 학교에서는 이렇다 할 이유를 말해주지 않자, 어머니는 내가 시험을 못 봤을 리 없다고 확신하시곤 교장실로 들어가셨다.

교장 선생은 처음에는 구차하게 변명을 하다 하도 어머님이 조리 있게 따지니 "우리 학교는 주판 놓는 학교라 불구자不具者를 받을 수 없습니다." 이렇게 불합격의 이유를 밝혔다. 어머니는 그 말이 떨어지기 무섭게 "아니, 주판은 손으로 놓지 발로 놉니까?" 어머니의 속사포처럼 쏟아내는 언변과 강인하고 날카로운 성격에 자식을 보호하려는 모성 본능이 더해져 불같이 폭발하신 것이다. 하지만 교장의 태도는 달라지지 않았다.

어머니는 면담을 마치고 나오시다 멀찌감치에서 오시는 어느 선생님을 붙잡고 "우리 아들이 왜 떨어졌느냐, 성적은 어느 정도 되었냐?" 등 물으시며 하소연하니 그 선생님이 어머니께 "아들은 36등으로 합격했는데, 워낙 학교 방침이…" 그러면서 자신의 딸이 세 살인데 소아마비로 집에 있다며 말끝을 흐렸다는 것이다. 훗날 알게 되었는데 그 선생님은 수학을 가르치셨다.

내 문제가 커지고 신문사와 문교부에 면담을 신청했는데 이런 기미를 알고 두어 주 후 학교에서 연락이 왔다. 다음 주부터 등교하라는 것이었다. 하지만 나는 마음이 내키지 않았다. 처음부터 가고 싶지 않았던 학교였는데, 철퇴까지 맞았으니 3년을 지날 생각이 끔찍스레 떠올랐다.

아버지는 입학 선물로 젊어서부터 사용하시던, 매우 아끼던 금 펜촉 만년필과 세이코 시계를 사다 주셨다. 우리 반 80여 명 중에 시계를 차고 다니는 학생은 몇 명 안 되었다. 이 두 가지도 내겐 보물이었다. 대학교에 입학해서 일월이 나오는 시계를 선물 받을 때까지 6년간 내 팔뚝과 긴 인연을 가졌던 시계, 어느 날 심심해서 뜯어보다 톱니를 움직이는 태엽이 튕겨 나가 고칠 수 없어 결국 그 시계는 책상 서랍에 넣어두고 보물 목록에서 지워 버렸다.

조회 때마다 운동장 둘레 미루나무에 매달아 놓은 나팔 스피커에서 왱왱 울리며 쏟아져 나오는 교장의 훈시는 아침마다 내 머리와 가슴에 못을 박는 고통스러운 고문이었다. 매일 주판 경시대회 이야기 아니면, 졸업생 몇 명이 어디에 취직했다는 등 그저 그런 이야기와 삼척동자도 알만한 속담 등을 풀이해 가며 시간을 질질 끌었다.

내가 3년간 드나든 이 학교 교문은 나 개인에게는 지옥문이었다. 3학년 2학기 겨울 어느 날 나는 그 교장을 학교에서 더는 볼 수 없었다. 며칠 후 교장 선생님(徐廷權)이 새로 부임해 오셨다. 근엄하면서도 품위가 있는 분이었다. 조회 때 하시는 말씀은 전 교장과 너무 차이가 났다. 늘 우리를 젊은 학도라며 장래 이 나라를 새로 세워나갈 일꾼들이며 희망이라는 말씀과 야망을 품고 내일을 향해 전진하라는 등의 말씀을 자주 하셨다(참조: 한승홍, "학창시절 1", 『유리온실』 시집2, 서울: 문학공원, 2019, 86~87면).

날개의 부활

1958년 3월 나는 덕수상고에 진학했다. 이미 지난 겨울 교장 선생님이 새로 부임해 왔고, 학기가 시작하기 전에 많은 선생님이 전근 가시고, 새로 부임해 오시면서 교육 환경이 많이 달라졌다. 3년을 같이 공부하던 학우들이 다른 학교로 많이 옮겨가고 신입생들이 많이 들어오면서 면학 분위기도 바뀌었다.

개학하는 날부터 나는 가슴이 설레었다. 고등학교 3년 내내 나에겐 즐겁지 않은 날이 없었다. 친구들과 지내는 시간도 너무 아름다웠다. 중학교 3년 동안의 지옥 생활 속 무기력함, 침묵, 우울함, 경계심, 인간에 대한 불신감 등은 한순간에 말끔히 씻겨나갔다. 이렇게 인간의 성격과 성향, 기분 등이 환경에 따라 급변할 수 있다는 것이 너무나 신기했다. 그때 나의 기분을 비유적으로 말해보면, 마치 껍질 속 어둠에서 알을 깨고 나온 병아리가 처음 보는 세상에 대한 경탄과 신기함, 또는 암실에서 나와 햇빛을 맞으며 각막에 들어오는 눈부심 같은 것이었다고 말할 수 있을 것이다. 어쨌든 고등학교 3년은 나에게 해방 공간을 살아가는 기분과 자유를 누리며 그 진정한 의미를 맛볼 수 있는 시간이었다.

고등학교 1학년 때의 필자

이 3년 동안 나는 소설책, 시

집 등을 많이 읽었고, 신문 첫 면에서 마지막 면까지 매일 완독했다. 음악, 특히 고전 음악은 거의 매일 듣곤 했다. 그럴 때마다 나는 꿈꾸는 소년이 되었다. 때로는 왈츠를 추는 소년이 되기도 하고, 바이올린을 켜는 소년이 되기도 하고, 지휘자가 위대하다고 생각될 때는 음악을 들으며 지휘자가 된 듯한 그런 기분으로 나날을 보냈다.

그러면서 영어를 배우려고 펜팔을 시작했는데, 많을 때는 10여 명과 편지를 주고받았다. 핀란드, 독일, 캐나다, 영국, 미국 친구들은 물론 일본 친구와도 펜팔을 했다. 지금도 핀란드 펜팔 친구가 자신의 금발 머리카락을 잘라 보내준 것을 가지고 있다. 독일 펜팔 친구는 편지를 보내도 오랫동안 답장이 없었는데, 어느 날 오빠로부터 병으로 입원해 있다 죽었다는 부고 편지를 받았다. 며칠 동안 그 친구 생각을 하며 편지 상자에서 그동안 받은 편지를 꺼내 읽으며 명복을 빌었다.

고등학교 때부터 나는 우표도 수집했고, 동전, 포스트 카드 같은 것도 수집했다. 그 당시 고등학생들에게 이런 게 하나의 유행처럼 번졌다. 교회 친구 박영길은 광석 라디오를 잘 만들었다. 내가 광석과 고물 전화기 속 리시버를 사오면 와서 만들어 주었다.

기쁘다 구주 오셨네

우리 집은 묵정동에 있는 신광교회에 출석했다. 대학교에 다닐 때부터 나는 성가대도 하고, 교회학교 반사(교사)도 했다. 최건환, 김미용, 이정심, 허희복, 김증자, 정경순 그리고 우리보다 위로는 김동호, 이성갑, 하영호, 허팔복 등등. 이들이 신광교회 성가대와

신광교회 찬양대(셋째 줄 오른쪽에서 다섯 번째가 필자)

교회학교를 이끌어가고 있었다. 최건환은 목소리가 좋았다. 미용이
는 교회학교 풍금 반주를 했는데, 이화여대 의대를 졸업하고 미국
의사시험에 합격해 1966년 6월 24일 미국으로 떠났다.

　미용이와 나는 주일 오후가 되면 영화관에 가기도 하고 음악감
상실에서 시간을 보내기도 하며 남몰래 만나곤 했다. 남자 친구들
은 주로 내기 당구를 치며 우정을 쌓아갔다. 따든 잃든 간에 당구
끝나곤 함흥냉면 집에 가서 냉면에 설탕 한 숟갈 넣어 버무려 먹는
게 전통이었다.

　황원무, 조윤제, 이호창, 박영길, 윤태성 등은 교회 절기 때마다
무대 장식을 했다. 금종이에 천사를 오려 붙이고, 색종이 고리를
만들어 걸고, 그 위로 오색 테이프를 드리웠다. 크리스마스 때는
창호지로 등을 만들어 들고 동네를 돌며 크리스마스 캐럴을 불렀다.
우리 집에는 언제나 마지막에 온다. 캐럴이 끝나면 권사님이신 어

머니가 밖으로 나가 집으로 불러들여 과자와 따끈한 커피를 제공한
다. 몇 시간 동안 언 몸을 훈훈한 방에서 녹이며 지내다 가곤 한다.
어떤 때는 떡국도 제공했다.

초월적 상상

고등학교 때부터 나는 시를 쓰기 시작했다. 시의 문학성이 무엇
인지 모르는 상황에서 많은 시를 읽어 머리에 맴돌던 시상을 엇비
슷하게 엮어본 것이었다. 훗날 읽으며 찢어버렸지만, 그러나 시에
대한 매력마저도 찢어버린 것은 아니었다.

나는 음악을 들으며 환상에 사로잡혀 나를 그려보기도 했고, 문
학에 심취하며 상상의 세계에서 유영하고 있는 나를 그려보기도 했
다. 이런 이상에 사로잡혀 나는 '내가 중학교 입학 때 겪었던 삶의
양면성과 인간의 야누스 같은 모습에서 생명의 경이란 결국 이율배
반적인 모습이 아닐까' 하는 엉뚱한 생각을 하곤 했다.

살아간다는 것, 지금 내가 나의 삶을 회고하며 써나가는 이 글
자체가 사실은 나의 감정과 환상적 세계관에 도취한 상태에서 나의
단면을 진솔하게 엮어가는 것일 텐데…, 이럴 때마다 나는 점점 더
깊은 정서적 느낌에 끌려가며, 문학, 음악, 미술, 조각, 심지어 내가
공부하고 싶었고, 공부했던 학문 분야까지도 연결해 보곤 한다. 너
무 지나친 비약이고 초월적 상상이라 현실성이 있을지는 모르겠지
만, 나 자신은 늘 그런 기분과 정서 속에서 새날을 맞고 숨 쉬며
즐기곤 한다.

시간과 공간

불행했던 시간은 강물처럼 흘러가 내 맘속에는 흔적만 희미하게 남아있을 뿐 새로운 강물이 대하를 이루며 청청히 흘러가고 있었다. 나는 스스로 나 자신을 행복하다고 생각하며 나의 세계관을 엮어가고 있었다. 내게 부족한 것은 내게 꼭 필요한 것이 아니므로 있어도 그만 없어도 그만인 것이라는 생각을 하며 나는 나를 성숙시켜갔다.

우리 집에서 나는 두 공간을 차지하고 있었다. 여름에는 이 층에 있는 6평 정도의 다다미방과 그 앞에 그 정도 크기의 베란다가 붙어 있는 방이다.

어느 날 어머니는 남대문시장에서 미제 병원용 철제 접이식 침대를 사 와서 내 방에 넣어 주셨다. 방바닥에 앉았다 일어나는 게 불편한 내가 편하게 지낼 수 있도록 신경 쓰신 것이다. 나는 상반신을 비스듬히 기대 책을 읽기도 하고 피곤한 다리를 올리기도 하며 참 요긴하게 사용했다.

그리고 손바닥만 한 트랜지스터라디오(Hitachi)도 사다주셔서 여유 시간에는 이어폰을 꽂고 음악을 들으며 책을 읽기도 하고, 눈을 감고 곡을 감상하며 나름대로 상상의 날개를 펴곤 했다. 침대 스프링은 몸을 움직일 때마다 출렁거리며 철선 튕기는 소리를 냈지만 그 소리마저도 나의 몸이 만드는 음악이란 생각을 하며 내 시간을 차곡히 채워 나갔다.

내게 주어진 공간은 나를 새롭게 창조해가는 세계였고, 꿈이 잉태되어가는 자궁이었다. 거기서 나를 찾아가며 점점 나의 정체성을 형성해갔다. 여기서 나의 공간을 찾았고, 나의 시간을 찾았다. 훗날

아버지가 사다 주신 Philco TV와 Nordmende 전축

내가 시간을 거슬러 수천 년의 학문 세계를 한 줄에 꿰뚫어 엮을
수 있게 된 것도, 동·서양의 문화 공간을 넘나들며 나의 지평을
거기 한구석에 넣을 수 있었던 것도 이때부터 싹터온 시간과 공간
의 유희로 창조된 춤사위 때문이라고 확신한다.

침대 옆 벽 쪽으로는 커다란 책상과 네 칸으로 된 나무 책꽂이
그리고 좌우 상하로 자유롭게 조정할 수 있는 제도용 스탠드가 놓
여있었다. 가끔 비 오는 날에는 커튼을 치고 스탠드 삿갓을 천정으
로 돌려놓아 우울한 방 분위기를 아늑하게 하여 음악을 듣거나 글
을 썼다. 편지와 시를 비롯하여 잡글도 많이 썼다.

광나루 강가의 추억

고등학교 1학년 여름방학 어느 날 어머니는 아침부터 내게 오늘
어디로 가자며 준비하라고 하셨다. 택시를 잡아타고 간 곳은 광나

루 유원지였다. 지금은 워커힐 건너편이지만 1950년대에는 잡석과 모래가 섞인 강가 기슭이었다. 군데군데에는 잡초가 무성하게 자라 있었다. 그 뒤쪽으로는 채소밭과 옥수수 같은 것이 심겨 있었다.

그곳은 그때까지도 광주군에 속하는 시골이었다. 거기에 보드 대여하는 곳이 몇 군데 있었다. 배 앞머리에 어머니가 앉으셨다. 나는 노를 저으며 광나루 다리 밑 멀리까지 내려갔다 거슬러 올라 왔는데 날씨도 덥고 힘도 들어 땀범벅이 되었다. 그늘막에서 군것 질거리로 점심을 때우고 냉차와 빙과도 먹으며, 어머니와 나는 유 유히 흐르는 강물을 보면서도 별로 말을 많이 하지 않았다.

어머니는 왜 그날 나를 데리고 거기에 갔을까? 어쩌면 찌는 듯 이 무더운 날씬데 방안에만 있는 내 모습을 보시고 밖에서 하루를 보내주신 것이 아닐까? 훗날 나는 사진을 보며 어머니의 그 속 맘을 헤아리려 했지만, 어머니가 내게 전하려 했던 묵언에 담긴 깊은 뜻

어머니와 광나루 유원지에서

을 그 이상으로는 이해할 수 없었다.

어머니는 내 모습이 마음에 걸리셨는지, 며칠 후 남대문시장에서 미군용 팔각형 대형 천막(일명 몽고천막이라고 불리던)을 사 오셨다. 다음날 어머니는 직원을 데리고 광나루 강기슭에 가서 천막을 치고, 사촌들까지 불러 여섯 명이 야영하게 했다. 그리고 매일 식량과 부식 거리, 밑반찬들을 해오시고, 간식과 과일 등도 가져다주셨다. 우리 6명은 매일 강에서 놀며 피서를 했다. 매년 여름마다 행사처럼 야영을 계속했는데, 내가 대학교에 입학한 해부턴 한 번도 천막을 펴보지 않았다.

겨울 나그네

겨울이 되면 나는 아래층 내 방으로 내려간다. 6평 정도 온돌방인데, 우리 6남매의 생활 공간이다. 마당 쪽으로는 40cm 정도 내밀려진 난간이 있는데 바깥쪽으론 투명한 여닫이 유리문이, 방안 쪽으론 불투명한 유리문이 있는 방이다.

이 공간은 나를 공동체 속으로 끌어당기는 것 같은 곳이었다. 거기서 겨울을 보내며 가끔 내 시간을 가질 때마다 나 자신이 앞으로 무엇을 할 수 있을지, 무엇을 해야 하는지 생각하곤 했다.

눈이 쌓여가며 눈보라 치는 소리가 유리창을 흔들곤 하는 겨울의 쓸쓸함과 고적함은 나의 미래를 꿈꾸는 데 많은 시간, 깊은 생각으로 이끌어 갔다. 나로서는 뚜렷이 무엇을 하고, 무엇이 되겠다는 어떤 것까지는 생각하지 않았지만, 그때그때 생각이 바뀌고, 그럴 때마다 때로는 실현 불가능성을 생각하며 실망하곤 하는 일이 한두 번이 아니었다. 밤을 새워가며 생각해봐도 내겐 할 수 있는 것보다 할 수 없는 것이 훨씬 더 많았다.

이 공간은 잠자리이기도 하지만 우리 6남매의 삶의 자리로서 항상 우리의 관계가 쉼 없이 이어지며 우리의 삶이 영글어가는 공간이었다. 여름 동안 나만의 시간과 공간에서, 겨울이면 다시 함께 살을 비비며 호흡하며 지내곤 했던 두 가지 삶의 체험은 나를 좀더 성숙하게 만들어 가는 아주 좋은 시간이었다.

이 공간은 여름 공간과는 느낌부터 달랐다. 공간의 질적 차이는 물론 시간의 질적 차이, 내게는 두 세계를 경험하고 몸으로 체험할 수 있는 귀한 곳이었다. 겉으로는 평범한, 뚜렷이 달라진 것이 없는 듯이 보이는 곳이지만 그곳은 천진난만한 어린 영혼의 순결한 생명이 꿈틀거리는 곳이었다.

긴 겨울방학에는 독서로 많은 시간을 보내곤 했다. 싫으나 좋으나 내가 할 수 있는 유일한 것은 이것이 최상이었다. 어머니는 외출하셨다 오실 때마다 호떡이나 붕어빵, 군고구마, 과자 등 군것질거리를 사오셔서 우리 방에 넣어 주셨다.

우리 집은 종류별로 김장을 한다. 맑게 거른 사골국을 부어 넣은 김치, 동태를 토막 내 포기 사이사이에 넣은 김치, 아주 실한 조선무를 엄지손가락 굵기만큼 둥글게 썰어 원반 그대로 넣은 김치, 몇 가지 재료를 더 넣은 보쌈김치, 갓김치 등등.

살얼음이 서걱거리는, 사이다처럼 쩌릿한 동치미 국물에 말아 먹는 국수는 우리 집의 겨울 별미였다. 특히 아버지가 국수를 좋아하셔서 늦은 밤에도 동치미 국수를 밤참으로 드셨다. 어느 날 밤에는 메밀묵을 채 썰어 동치미 국물에 말아 아버지께 드리거나 김장

어머니와 집 현관에서

김치를 송송 썰어 참깨와 참기름으로 양념을 하여 비벼드렸다. 아버지는 할머니와 같이 드셨고, 어머니는 내 그릇을 상 옆에 놓아두곤 하셨다.

할머니는 이가 좋지 않으셨다. 그래서 어머니는 김장 때면 할머니를 위해 삶은 무김치를 한독 담그신다. 강계에서 자주 해 드리던 김치라고 했다. 아삭하지는 않아도 속까지 쩌릿하며 쉽게 씹혔다. 할머니는 특별히 나를 많이 사랑하셨다. 친척 어른들이 양과자나 과일 같은 것을 사 오셔서 드리면, 남기셨다가 내가 학교에서 돌아오면 주셨다. 요즘도 가끔 할머니의 그 인자하신 모습을 떠올리며 그리움에 잠기곤 한다.

2장

삶의 전환점

신학, 그게 뭔데

신학이란 개념을 우리 가족 중에는 아는 사람이 없었다. 아버지는 교회에 안 나가셨지만, 권사이신 어머니를 통해 건축헌금이나 특별 헌금 등은 늘 많이 내셨다. 어머니는 교회에 열심히 다니시며 집사로, 권사로 봉사를 많이 하셨지만, 신학교라는 게 있다는 정도만 알고 계셨다. 나 역시 신학이라는 낱말, 연세대학교에 신과대학이 있다는 말을 들어본 적이 없다. 고3 겨울방학이 되어 진학할 대학에 입학원서를 접수해야 하는데, 사람이 무엇인지 관심이 많았기에 인류학과에 지원하려다 포기했다.

어머니는 연세대학교가 기독교 학교라 장애 학생도 차별하지 않고 받으리라 확신하시곤 함박눈이 쏟아지는 날이었는데 택시에 나를 태우고 언더우드 동상이 있는 곳에까지 가서 원서 파는 창구에 들어가니 직원만 두어 명 있을 뿐 교정에는 인기척이 없었다.

지난밤에 나린 눈이 발목까지 쌓였는데 그 위에 함박눈이 계속 쏟아져 설경의 캠퍼스는 아련해 보였다. 어머니는 잠시 천진난만한 소녀가 되셨다. "야! 학교가 너무 아름답다. 숭홍아, 네가 꼭 여기 다녀야 해!" 원서 봉투를 받아들고 뽀드득뽀드득 눈 덮인 백양로를 걸어 신촌 로터리 쪽으로 나오며 어머니는 너무 좋아하셨다. 30분이 넘게 기다려 겨우 택시를 타고 집에 오니 밤이 다 되었다. 나는 연대 영문과나 철학과에 지원할 생각이었다.

어머니는 김재호 목사님을 찾아가서 내가 어느 과를 가는 게 좋겠냐고 의논하셨는데, 목사님은 나의 중학교 입학 과정도 잘 알고 계셨던 터라, 영문학이나 철학은 나중에 해도 된다며 먼저 신학을 공부하는 게 좋겠다고 말씀하셨다. 어머니는 목사님이 하셨던 말씀을 내게 전하며 우선 학교에 입학하는 게 중요하다고 하셨다. 가족 회의를 마치고 나는 연세대 신과대학 신학과(당시 신과대학에는 종교음악과도 있었음)에, 동생은 이화여대 교육학과에 원서를 써서 접수시켰다.

이대는 연대보다 하루 앞서 합격자 발표를 했다. 여동생은 뛰어들어와 합격 소식을 전하며 기뻐했다. 가족들 모두가 축하했다. 친척들의 축하 전화도 이어졌다. 훗날 어머니가 그날을 회고하시며 내가 떨어지면 어쩌나 걱정이 되어 기도하며 밤을 지새우셨다고 말씀하셨다.

다음날 합격자 명단을 확인해오라고 회사 직원을 학교에 보냈는데, 몇 시간이 지나서 합격 소식을 알려왔다. 정작 나는 무덤덤했는데, 아버지와 어머니는 너무 기뻐하셨다. 친척들과 동네 친지들이 소식을 듣고 "사이다 집—아버지가 협성사이다 공장을 하셔서 친지들이 그렇게 부름—에 겹경사 났다"라며 축하해 주었다.

410322

'한승홍 학생증 번호 410322'(총장 고병간)가 찍힌 학생증과 학교 배지, 교과서를 받으니 연대생이 되었다는 실감이 났다. 3월 20일 9시에 개강을 하고, 12시에 입학식이 거행되었다. 며칠 신입생 오리엔테이션 하며 선배들 도움으로 수강신청을 마쳤다.

강의하시는 교수님들 모습은 권위가 있으시며 훌륭하셨다. 어떤 교수님은 대학 생활에 관해 길 안내를 해주셨고, 어떤 교수님은 신학이란 어떤 학문인지 신학의 용어와 학문성, 타 학문과 연계성에 관해 자세하게 설명해주셨다.

솔직히 말해서 겁먹은 아이처럼 부동자세로 듣기만 했을 뿐, 무슨 말씀을 하시는지 나로서는 이해하기 어려웠다. 상업고등학교 시절 3년 내내 주판알과 공병우 타자기 치는 소리, 속기, 단식과 복식 장부, 전표 정리 등만 머리에 꽉 찼으니 이런 말씀이 너무 생소하고 난해했다.

대다수 학생은 신학과에서는 무엇을 어떻게 배우고 졸업 후에는 무엇을 할 수 있는지 등에 관해 궁금해하였는데, 교수님마다 각자 전공과 연관하여 설명해주셨다. 한 주일이 이렇게 지나갔다. 얼마 후에는 2학년 선배들이 신입생 축하를 해준다며 다과 준비를 하여 초대했고, 그 자리에서 서로 자기소개를 하며 낯을 익혔다. 이런 관행이 당시 신학과 전통이라고 했다.

월드 펠로우십

학교 게시판이나 건물 내의 공간, 심지어 백양로 나무에도 학생 동아리마다 내붙인 안내장과 초대 포스터가 붙여졌다. 나는 SCAStudent Christian Association라는 '기독학생회' 내에서 영어 예배와 토론을 하는 동아리, '월드 펠로우십WF: The World Fellowship'에 가입했다.

지도교수는 선교사였던 제임스 레이니James Laney 목사였다. 1961년 크리스마스 때는 레이니 목사가 '월드 펠로우십' 회원들을 사택

'월드 펠로우십' 크리스마스 파티에 참석한 여자 선배들과 남자 선배들(KATUSA), 초대된 손님들 (1961년)

여자 선배와 Joan Carey

으로 초대했다. 우리는 파티를 마치고 크리스마스 캐럴을 부르며 눈이 쌓인 교정을 걸어 나왔다. 적막마저도 잠든 고요한 밤, 눈길 교정을 걸어 나오던 그 날의 추억이 생생하다.

당시 선교사들은 학교 내 서양식 사택에서 살았는데, 집이 모두 숲속에 있어 아름다움이 더해졌다. 가끔 신과대학 교수(선교사)로 계시는 반피득van Lierop 목사님이 예배를 인도해 주시기도 했다.

매주 목요일 오후 5:30~7:30에 서대문 정동교회 교육관인 젠센홀Jensen Hall에서 모였으며, 시작부터 마칠 때까지 철저히 영어만 써야 하는 규칙 때문에 신학기에는 100여 명이 가입했다가 매주 줄어들어 몇 주 지나면 30여 명만이 모였다. 또 매주 몇 명이 빠져나가고, 새로 들어오곤 했다. 시간이 되면 먼저 예배를 드리고 30분 정도 다과 시간을 가지는데, 그때 서로 친목을 나누며 이렇게 저렇게 영어로 이야기하곤 한다. 사실 문법적으로 짜 맞춰 가는 영어였기에 발음도 이상했지만 어쨌든 콩글리시는 콩글리시와 통했다. 정확한 영어는 아니었어도 서로 이해하는 데는 큰 어려움이 없었다.

6월 18일에는 회원 24명이 서오릉西五陵에서 야외 예배를 드리고 놀이를 하며 친교의 시간을 가졌는데, 한 학기 동안 서로 매주 만나다 보니 모두 학과 친구보다 더 가까워졌다. 이렇게 한 학기를 보내고 나니 영어에 대한 두려움도 사라지고, 각 학과 친구들과도 친해져 학교생활이 즐거워졌고, 다음 주가 기다려지곤 했다. 어느 학기에는 목요일 수업이 없는 날인데도 모임에 참석하러 저녁에 '젠센홀'에 가기도 했다.

나도 준비해서 주제발표를 하곤 했다. 10여 분 발표하기 위해 한 주일 내내 쓰고, 또 고쳐 쓰면서 원고를 만들어 읽고 또 읽고

'월드 펠로우십' 친구들(뒷줄 왼쪽 두 번째가 필자)

하여 가서 발표하곤 했다. 주제발표가 끝나면 서로 질문하고 토론하는 형식으로 진행했다. 서로 말을 하려 하지 않기에 회장이 지적해서 질문하게 하는 형식의 토론이었다. 오후 7시 30분에는 끝나는데, 끝날 때는 회장이 다음 주 주제와 발표자를 지정해 주고, 광고 후에 기도로 마친다.

이 모임에 4년간 참여하며 나는 이공계 친구들과 정법대, 문과대, 상과대 등 연대 내 거의 모든 학과 친구들과 사귀게 되었다. 회장은 정외과 3학년 김흥수 선배였고, 그 외에도 김형렬(연대교수), 백승기(경원대 부총장), 최연홍(미국 대학교수/시인), 문창배, 노원진, 이정일, 김광렬, 구성렬(연대 교수), 전웅(홍대 교수) 그리고 여학생으로는 이원주, 구명자, 한정자(도미), 한명자, 김유진, 김홍자, 천소자, 정태소 등등 지금 생각나는 이름이다. 60년 전의 기억이라 많은 이름이 아물거리지만 내 기억 속 친구들의 얼굴과 모습은 아직도 그때 그들 모습으로 아련히 떠오른다.

많은 친구가 지금 어디서 무엇을 하는지 궁금하기도 하고 그 당시가 그립기도 하다. 일 년에 몇 번 학기 중 공휴일이나 토요일에는

최연홍 선배(왼쪽), 필자(가운데), 김형렬 선배(오른쪽)

피크닉이나 등산도 했다. 7월 17일 여름방학이 시작되어 마지막 모임을 우리 집에서 가졌다. 캐나다에서 온 캐리Joan Carey 양도 와서 24명이 아래층 이 층에서 북적거리며 지냈다. 캐리는 간호사인데 그 당시 연대 한국어학당에 다니고 있었다. 우리 모임에 자주 참석했다.

생성과 형성

나는 첫 학기가 퍽 궁금하기도 하고 어떻게 공부해야 하는지 두렵기도 했다. 〈종교와 기독교〉(문상희), 〈현대 영어〉(이선애), 〈영어강독〉(배동호), 〈사람과 사회〉(김명회), 〈사람과 사상〉(김태길), 〈사람과 우주〉, 〈독일어〉(정경석) 같은 교양과목 시간에는 전혀 들어본 적이 없는 학자들의 이름과 저서들이 나열되었다. 강의 내용도 거의 이해하기 어려웠다. 시간이 지나갈수록 강의에 대한 두려움은 차츰 사라져갔지만, 인문·사회 과학 분야에 대한 생소함은 여전했다.

나는 책을 가지고 다닐 수 없기에, 맨몸으로 수업에 참석하곤 저녁에 집에 와서 그날 강의 시간에 배운 부분을 읽어가며 교과서적 지식을 넓혀갔다.

전교생 4천 명이 둘로 나뉘어 매주 2번씩 채플에 참석해야 했다. 조교들이 이 층에서 지정 좌석(내 좌석은 E-14)의 출결을 체크했다. 4년간 채플에 드나들며 많은 얼굴들을 익혔다. 물론 서로 통성명은 안 했지만, 좌석을 보면 어느 학과 학생인지 정도는 알 수 있었다.

1학기 중간고사가 끝나고 연고전 준비로 학교는 북적거렸다. 노천극장에서 응원가를 배우고 구호를 외치며 며칠 동안 연습을 하곤, 축구, 야구, 농구 등이 열리는 경기장마다 참석했다. 반짝이가 붙은 화려한 응원복을 입은 응원단과 악대, 응원단장이 무대에서 응원단을 이끌며 열기를 더해갔다. 그때 응원단장은 요즘 말을 빌리면 우상이고 스타였다. 신입생들에게는 애교심과 공동체 의식, 대학생의 긍지를 북돋아 주는 좋은 기회이기도 했다.

이렇게 차츰 나는 대학 생활에 적응해 가며 교과서와 관련된 책을 읽기 시작했다. 그때 읽었던 책이나 잡지(「사상계」, 「기독교사상」, 「신학논단」 등을 비롯한 학술지)의 기사들이 나의 세계관을 넓혀주는 데 큰 도움이 되었다. 물론 그 당시 독서가 훗날 나에게 어느 정도 영향을 주었는지 정확하게 알 수는 없지만, 그래도 많은 분야에서 나의 시야를 넓혀주었다는 생각에는 변함이 없다.

나는 나 스스로 물리적이며 추상적인 공간, 대학의 한 지체일뿐만 아니라 거기서 내가 '나'로 되어가고 있다는 자아의식을 하기 시작했다. 그렇다고 그 공간이 나를 구속하는 곳은 아니었다. 오히려 그곳에서 나는 나 자신을 빚어가며 나를 만들기 시작했다. 비유해 본다면 신대륙에서 미개척지를 찾아가며 영역을 넓혀가는 개척자의 모험심 같은 것이 조금씩 생겨나며 나는 나의 앞길에 대한 비전을 조심스레 그려가기 시작했다.

나는 창작시 3편을 「연세춘추」에 발표했다. 국문과 교수가 주간이셨는데, 엄격한 심사를 거쳐 뽑힌 작품만을 게재했다. 오혜령은 단편소설을, 마종기와 최연홍은 시를 자주 발표했다.

1963년 연대에서 영어 신문(*The Yonsei Annals*)을 창간했는데, 창간호에는 각계의 축하 글로 채워졌다. 나는 영어로 시를 지어 기고했는데, 제2호에 실렸다. 연세대 영어 신문 창간 후에 최초의 문학 작품으로 나의 시 〈A Song of Lamentation〉가 실린 것이다(*The Yonsei Annals*, January 21, 1963, p. 4.). 그해 10월에도 영시 한 편을 더 발표했다. 영어로 단편소설도 한 편 썼는데, 영어 문학지가 없어 발표하지 못하고 지금도 원고만 갖고 있다. 연합신학대학원 때는 단편소설 〈깃발〉을 써서 「참빛」 잡지에 세 번에 걸쳐 발표했다(「참빛」 제2권[1966], 6-8호).

1963년 12월 5일 젠센홀에서 이대와 연대가 공동으로 '연이 문학의 밤' 행사를 했다. 이대에서는 이영은, 한경자 등 육칠 명이 참석했고, 연대에서도 그 정도 참석해서 각자 시 한두 편씩 발표했고, 발표 후엔 다과를 하며 서로 인사를 나눴다. 어머니와 이모(어머니 육촌 동생)가 참석했다. 그 당시 문학의 밤이나 시화전 같은 것이 대학 교정에서 봄 개교기념 축제 때나 가을에, 때로는 초겨울 정취가 마음을 헤집고 아리게 스며들 즈음에 시내 지성인이 모이는 다방이나 음악감상실, 문학 공간 같은 곳에서 자주 열렸다. 이런 곳은 대학생들이 사랑과 낭만, 자유를 누릴 수 있는 해방 공간이기도 했다. 때로는 거기서 문예의 감상주의가 꽃피기도 했고 아방가르드와 에로티시즘의 한계 설정으로 논쟁이 벌어지기도 했다.

　문학에 관한 관심은 가끔 작가가 되려는 욕망으로 내 몸속에서 꿈틀거렸다. 20세 초반의 나이에 미래의 자아를 설계해보는 것은 자연스러운 일이겠지만, 그러나 그 욕망은 언제나 가변적이었다. 신학과 교수님 중에 강의를 잘하시며 인격자이신 분의 강의를 들으면 신학자가 되고 싶고, 철학과에서 선택과목을 들을 때는 철학 공부를 계속하고 싶었다.

1961년 신학과 친구들과 교내 수경원에서(뒷줄 오른쪽 세 번째가 필자)

신과대학 교수님들(앞줄 오른쪽 두 번째부터 차례로 이상호, 지동식, 서남동, 김찬국, 뒷줄 왼쪽 세 번째가 필자)

연합신학대학원에서

대학 생활은 낯선 환경에 대한 두려움으로 시작했지만, 졸업 때는 그 환경이 고향 같은 포근함으로 다가왔다. 신학의 학문성에 매료되어가면서 신학을 좀 더 깊이 해야겠다고 생각했다. 신학에 대한 표피적 이해가 더 알아가려는 욕망을 자극한 것이라 하겠다.

우선 연합신학대학원UGST에 진학할 결심을 하고, 4학년 2학기부터 시험과목에 해당하는 학과를 차근하게 점검해 갔다. 연합신학대학원의 신학전공 시험과목은 성서신학(구약학, 신약학), 조직신학, 역사신학(한국교회사, 서양 교회사), 기독교교육학이었다. 영어와 제2외국어 시험은 학과와 상관없이 연대 모든 대학원 응시자가 모두 똑같은 문제로 시험을 치렀다. 첫날에는 오전에 세 과목, 오후에 세 과목의 전공 필기시험을 치렀다. 둘째 날에는 영어와 제2외국어 (나는 독일어를 선택), 면접고사를 치렀다. 면접 담당 교수는 전공을 선택한 이유, 졸업 후 무엇을 하려는지 등등 몇 가지를 물으셨다.

1주일 정도 후에 합격자 발표를 했다. 나는 친구들이 연락해주어 합격 소식을 알고, 학교에 등록금 입학금 고지서를 받으러 갔다. 학교 올라가는 길에서 내려오던 이규호 교수님을 만났는데, 내가 이번에 연대 대학원 전체 독일어 시험에서 일등을 했다며 칭찬해주셨다. 나는 4학년 1학기에 이 교수님이 강의하시는 〈현대철학의 이해〉(3학점)라는 과목을 철학과에서 수강한 적이 있는데 나를 기억하고 계셨다.

연합신학대학원 사무실에 들어서니 사무원이 원장님 방으로 가보라고 해서 들어갔는데, 원장님이 나를 반가이 맞으시며 연합신학대학원 전체 수석으로 합격했다며 축하해 주셨다. 그리고 몇 가지 이런저런 이야기를 하시더니, 작년에 입학해서 병으로 휴학하고 이번에 등록하는 시골 학생이 있는데, 가정 형편이 어렵고 하니 "한 군에게 나오는 수석 장학금(입학금과 등록금)을 이 학생에게 양보하면 어떻겠냐"고 하셨다. 나를 부르신 목적이 바로 이것이었다. 나는 원장님의 말씀이고 하여 주저 없이 따르겠다고 했다. 원장님은 바로 옆방 사무원을 부르시더니 그렇게 조처하라고 지시하시곤 내게 고맙다고 말씀하셨다. 집에 와서 어머니에게 오늘 학교에서 있었던 일을 자초지종 말씀드렸더니 어머니는 너무 기뻐하시며 돈이 문제가 아니라고 몇 번이고 되풀이해서 말씀하셨다.

만남

입학식이 끝나고 사무실에서 수업시간표와 학생수첩(53006)을 받았다. 그리고 바로 나는 그 자리에서 기숙사 입주 신청을 했다.

신입생 오리엔테이션이 끝나고 방이 배정되었다. 연합신학대학원 건물 2층이 기숙사였다. 내가 배정받은 방은 학교 전경을 내려다보게 되어 있어 전망이 좋았다. 건물 밖 잔디밭을 지나 왼쪽에 '평화의 집'이라는 간판이 붙여진 식당이 있다. 건물을 둘러싸고 숲이 우거져 여름학기의 더운 오후에는 숲에서 책을 읽거나 방문 온 친구들이나 가족들과 시간을 보내기도 한다.

연합신학대학원은 1964년 국제선교협회IMC의 신학교육기금TEF: Theological Education Fund으로 설립되었다. TEF재단의 방침은 신학교를 졸업한 지 오래된 목사님을 단기 재교육과정(한 학기) 연구생으로 선발하여 대학원생과 한방을 쓰게 하라는 것이었다. 목사님들에게는 급변해가는 신학의 흐름을 배우게 하고, 학생들에게는 목회 현장의 이야기와 경험 같은 것을 들으며 서로 배우라는 취지였다. 목사님들에게는 학비와 기숙사비, 식비가 무상으로 제공되었다.

나는 울산에서 목회하시는 윤응오 목사님과 한방을 쓰게 되었다. 목사님은 나보다 10여 년 위인데, 늘 싱글거리며 이야기를 재미있게 하셨다. 저녁식사 후 방에 오시면 현대 신학 흐름이나 최근에 화두로 회자 되는 신학 문제 등에 관해서 꼬치꼬치 물으시고, 이에 대해 설명해드리면 바로 비판하시는 등 퍽 진지하셨다.

그 당시 "신 죽음의 신학The Death of God Theology", "세속화신학", "토착화신학", "과정신학" 등등 다양한 신학이 세계 신학의 한 축을 흔들었다. 하비 콕스Harvey Cox, 바하니안, 토마스 알타이저, 로빈슨, 본회퍼 등등 신세대 신학자들의 논문이나 관련된 글이 신학 잡지의 지면을 채우곤 했다. 한국 신학계에서는 토착화신학에 관한 논쟁으로 신학자들(윤성범, 이종성, 한철하, 유동식, 박봉랑 등등) 간에 감정이 상하는 일도 벌어졌다.

이해의 지평

연합신학대학원에는 이단에 속하는 신학대학 졸업생이 아니면 누구나 지원할 수 있어 학생들의 출신 배경이 다양했다. 매 학기 강의도 각 신학대학교에서 파견된 교수들이 담당했다. 한 학기에 몇 번 외부 전문 학자들의 특강이 있는데, 불교(이기영)나 유교(유승국)에 관한 특강은 신학의 폭을 넓혀주었다.

세미나 시간에 과제를 가장 많이 내주시는 분은 루터교신학교 지원용 교수였다. 그분은 조용하면서 깐깐하시며, 정확하셨다. 첫 시간에 이번 학기 세미나를 어떻게 진행해 갈 것인지, 과제와 준비 과정, 논문 등에 관해 자세하게 설명해주셨다. 경청했던 10여 명의 학생 가운데 다음 시간에 수강신청하고 출석한 학생은 5명이었다.

지 교수는 학생들에게 펠리컨Jaroslav Pelikan이 지은 루터의 생애와 신학에 관한 원서 한 권씩을 나눠주고, 루터와 그 당시의 교회와 사회, 시대 상황 등에 관해서 개략적으로 설명해주셨다. 수업을 마칠 때 영어로 타자된 주제발표 목록을 한 장씩 나눠주곤, 다음 시간부터 발표해야 한다며 발표 순서를 즉석에서 정했다. 한 학기에 5번 정도 원서를 읽고 정리해가며 발표해야 하고 토론하며, 학기말에

앞줄 왼쪽부터 필자, 지원용 교수, 조문경/ 뒷줄 왼쪽부터 윤현, 이해신, 신성종(템플대 출신과 동명이인)

논문도 제출해야 하므로 부담이 큰 과목이다. 몇 주 후부터는 영어로 타자해 등사한 자료들을 묶어 나눠주시고 그것으로 계속 수업을 했다. 2학년 1학기 교수님의 세미나 과목은 "룬드학파 신학"이었다. 니그렌A. Nygren의『아가페와 에로스Agape and Eros』를 중심으로 발제를 시키고, 아울렌Gustaf Aulén, 빙그렌Gustaf Wingren 등 학부에서 들어 본 적이 없는 신학과 신학자들에 관한 세미나였다.

나는 이어서 두 학기 교수님 세미나에 참석했는데, 이 세미나는 내게 자신감과 의욕을 북돋아 준 계기가 되었다.

신학은 배워갈수록 신비롭고 재미있었지만, 그 분야에서도 나는 특히 철학적 신학에 관심이 많았다. 철학과에 가서 이규호 교수의 철학 강의를 들으며 철학의 매력에 빠져들었기 때문인 것 같다. 대학교 때 서남동 교수로부터 파울 틸리히의 신학에 관해 배우면서 점점

연합신학대학원 원우회 기념사진(앞줄 앉은 이 왼쪽 네 번째부터 백낙준 명예총장, 박대선 총장, 김정준 원장)

그쪽으로 기울어지기 시작하여, 원서 강독까지도 틸리히의 저서로 하다 보니 신학을 하는 데 철학이 얼마나 필요한지 알게 되었다.

연합신학대학원에는 '철학적 신학'이라는 전공 영역이 없어 나는 조직신학을 전공하며 이 분야를 집중적으로 공부했다. 이종성 교수의 〈신학 체계론〉과 〈아우구스티누스 연구〉, 서남동 교수의 〈철학적 신학 세미나〉는 나의 관심을 더욱 증폭시켜 주었다.

이규호 교수가 독일어로 강독하는 교육철학도 수강하면서 나는 독일어도 잊어버리지 않으려고 열심히 공부했다. 그 당시까지도 세계 신학의 주류는 독일 신학자들이 이끌고 있었다.

신학과 철학의 연계성 그리고 교육학까지 접목한 삼학일체三學一體의 학문 구조를 어렴풋이 구상하며 나는 대학원 생활을 즐겼다. 신

대학원 봄 소풍(뒷줄 오른쪽이 필자)

학에서는 이종성, 서남동, 철학과 교육철학에서는 이규호 교수의 인격과 학자적 전문성이 나를 형성시켜가는 동인이었다. 지원용 교수의 루터 세미나와 정하은 교수의 기독교윤리학, 이장식 교수의 18세기 도덕론 등의 세미나도 신학에 관한 이해의 지평을 넓혀주었다.

꿈과 이상

나는 학문과 이상이 상반되거나 서로 이질적이라고 생각하지 않는다. 학문에 대한 열정은 이상을 키워가는 과정에서 발로될 수 있는 것이며, 이런 과정에서 학문의 에너지가 이상을 충족시킬 수 있다고 생각한다. 이상을 일장춘몽이라거나 실체와 형체가 없는 허상과 같은 것이라는 생각은 편견일 수 있다. 학문에 대한 매력은 이상에 의

기숙사 방에서

해 점화될 수도 있으리라고 나는 생각이다.

인간에게 꿈이 있다는 것, 꿈을 꿀 수 있다는 것은 인간에게 주어진 축복이다. 이 꿈의 세계를 동경하고 그것을 붙잡아 보려는 욕망의 힘이 이상을 잉태한다는 것은 진리라 하겠다. 인간은 꿈, 이상, 욕망 등과 관계하고 있을 때만 자신의 삶을 엮어가며 전진할 수 있다는 것이 나의 지론이다.

문제는 꿈을 꾸기만 하다 깨어나면 그 꿈은 환상이나 환영으로 그칠 가능성이 있지만, 꿈을 이루려는 의지는 이상을 실현하려는 힘으로 작용하기 때문에 인간은 언제나 이상의 날개를 퍼덕이며 꿈을 찾아 창공 높이 날아갈 수 있다고 생각한다.

정빈회

대학원 입학과 동시에 신과대학 선배가 나를 불렀다. 정빈회라는 모임에서 나를 회원으로 받아들이기로 했다며 가입하라는 것이다. 이 모임은 5년간 졸업한 동문 중에 학년별로 한두 명 정도씩 엄선하여 결성된 모임이라며, 내가 마지막 학년 회원이라고 설명해

주었다. 5년 선배인 김중기(미국 노스웨스턴대학교 Ph.D.) 선생이 회
장으로 모임을 이끌었다. 회원으로는 신성종(미국 템플대학교
Ph.D.), 이종윤(영국 세인트앤드류스대학교 Ph.D.), 남재현(미국 에모
리대학교 Ph.D.), 장종철(미국 SMU 신학대학원 목회학 박사), 민영진
(예루살렘 히브리대학교 Ph.D.), 김상일(미국 필립스대학교 Ph.D.), 강
사문(예루살렘 히브리대학교 Ph.D.)과 한숭홍(독일 아헨대학교 Dr.
phil.) 그리고 특별 회원으로 철학과 출신 김용복(프린스턴 신학대학
원 Ph.D.) 선생도 가끔 참석했다. 어느 회원이 헬렌 윤이라는 분이
모임에 참석하고 싶다고 해서 함께 왔다며 미국에서 공부했다고
소개했다.

　학기 중에 매월 12명 내외로 모였으며, 식사 후 쉬었다 주제발
표를 하고 토론하는 형식으로 진행되었다. 토론을 마친 후에는 서
로 학문과 연관하여 이런저런 이야기를 하며 장래 계획 등도 나누
곤 했다. 모든 회원이 외국에서 박사학위를 받고 귀국하여 신학대
학 교수로 봉직했고, 대학 총장을 지닌 회원, 초대형 교회 담임목사
로 사역한 선배, 대학교수로 봉직하다 성서공회에서 총무로 일한
선배 등등 모두 제 자리에서 큰 몫을 했다.

던저짐과 추스름

　2년 동안 기숙사 생활을 하며 나는 새로운 현실에 직면하게 되
었다. 집을 떠나 한 번도 혼자 생활해 본 적이 없는 나로서는 생소한
분위기와 낯선 얼굴들과 마주치는 순간순간이 퍽 어색했다. 외로움
도 아니고, 두려움이나 공포감도 아니고 어쩌면 소외된 이방인의

심정 같은 것이 내 속에서 용솟음치는 것 같은….

숙식을 같이하며 매일 보는 얼굴들이다 보니 빨리 친하게 되어 수업이 없는 날에는 내 방에서 북적거렸다. 내가 찾아가지 않으니 친구들이 찾아오는 것이다.

대학원 시절 가까이 지내던 친구로는 일본 동경신학교를 마치고 연신원에 유학 온 이태우(조직신학), 한신대 출신 이종헌(기독교윤리학), 감신대 출신 김용화(구약학)와 황효남(기독교윤리학), 최승제(기독교교육학), 도병일(기독교교육학)이었다. 윤현(기독교윤리학), 박송(기독교교육학)은 우리보다 10년 정도 위였기에 동석해도 조심스러웠지만, 오히려 그분들이 매우 개방적으로 어울리며 분위기를 재미있게 이끌어갔다.

이종헌 군은 이야기를 재미있게 하며 늘 웃는 얼굴이다. 제주도 토박인데 가끔 제주도 방언도 가르쳐주고, 제주도 민요도 부르며 언제나 분위기를 주도했다. 종헌이는 수도여자사범대학 부속교회에 출석했는데 그 당시 정하은 교수가 그 교회에서 가끔 설교하신다는 이야기를 들은 적이 있다. 정 교수는 종헌이의 주임교수로서 한신대 출신이며 제주도 토박이라는 공통점을 갖고 있었다. 9월 어느 날, 종헌이는 내 방에 와서 "10월 첫 주일 수도사대 부속교회 야유예배"에 가자며 기도를 맡으면 어떻겠냐고 물었다.

나는 기도문을 시로 작성해 몇 번 음독音讀하고 갔다. 내 순서가 되었을 때 나지막한 목소리로 천천히 낭송했다. 옛 원고 뭉치에서 그날 적어 두었던 기도 시 원고를 찾았다.

주의 동산에서

_ 한숭홍

주여!
세상 젊은이들과 성별 된 자녀들이
주의 동산에서 주일을 경건하게 맞나이다
가을빛 짙어가는 이 하루를 온전히
당신께 봉헌하오니 받아주소서

주여!
아름다운 자연에서 주의 솜씨를 찬양하며
죄의 역사에서 구속의 섭리를 보나이다
자연의 산천초목에서 주를 만나며
주의 놀라운 사랑과 은총에 감사하나이다

주여!
어린양을 잔잔한 물가로 인도하셨듯이
이들의 갈급한 심령에 생명수를 채워주소서
성부 성자 성령의 역사가 이 자녀들에게
이제로부터 영원토록 함께하소서

아멘

(1965. 10. 3, 광릉에서/ 수도여자사범대학 부속교회 야유예배)

야유예배 후(앞에 이종헌, 뒷줄 왼쪽 첫 번째가 필자, 그 옆에 이태우)

20분 정도 예배를 드리곤 점심을 먹고 저녁때까지 젊은이들은 발랄하게 놀았다.

애니의 추억

2학기부터 장종철 형과 한방을 쓰게 되었다. 나보다 4학년 위 선배인데, 늦게 대학원에 진학해서 동급생이 되었다. 나를 많이 생각해주고 배려심이 많은 형이었다. 1학기까지는 소설가이신 곽학송 선생님 댁에서 하숙 생활을 했는데, 2학기에 기숙사로 옮겨 온 것이다. 그런데 기숙사에서 지내면서도 가끔 곽 선생님 댁에 가서

수도여자사범대학 부속교회 야유예배(앞줄 왼쪽 정장 입은 친구가 이종헌, 두 번째 줄
가운데 정장 입으신 분이 정하은 교수, 마지막 줄 왼쪽 세 번째가 필자)

지냈다.

　어느 날 오후에 나를 데리고 곽 선생님 댁에 갔다. 식사 후 다과
를 하며, 나는 느닷없이, "아, 사모님! 참 미인이시네요. 기생 같으
세요"라고 말해 버렸다. 그리고 그 순간 몹시 당황하여 얼굴이 홍당
무가 되었는데, 사모님은 살며시 웃으시기만 할 뿐 말씀이 없으셨
다. 그때 나는 '미인 = 기생'이라는 그런 고정관념을 갖고 있었기에,
그저 아름답다, 예쁘다는 의미로 표현하려 했는데, 큰 실수를 한
것이다. 그 자리에서 나는 정중히 사과했다. 그분은 당황해하는 내
모습을 보시며 "한 선생, 너무 미안해하지 마세요!"라며, 차를 따라
주셨다. 그 후 그 집에 가게 되면, 사모님 얼굴을 잘 쳐다볼 수 없었
는데, 몇 번 그런 초대를 받으며 지내다 보니 부끄러웠던 마음이
조금씩 옅어져 갔다.

　어느 날 장 형이 곽 선생님 댁에 가서 저녁식사나 하자고 해서

따라갔다. 그런데 서양 소녀가 있었다. 20대 초반 정도 되어 보였다. 백인 아버지와 한국 엄마 사이에서 태어났는데 곽 선생댁에 잠시 와서 지내고 있었다. 그 애는 낯선 사람 앞이라 수줍었던지 머리를 숙이고 조용히 있었다. 그 집에선 애니Anny라고 불렀다.

그 후에 한 달이 훨씬 지난 어느 주말, 곽 선생 사모님과 애니가 "오랫동안 한 선생 얼굴 못 봐 보고 싶어 왔어요"라며 찾아왔다. 적적하고 적막한 주말이었는 데 예상치 않았던 방문으로 오래간만에 식사도 같이하며 즐거운 한때를 보냈다.

아직도 나는 애니가 왜 곽 선생님 댁에 있었는지 모른다. 그리고 물어보지도 않았다. 그럴만한 이유가 있었겠지…. 귀국해서 장 형에게 물어보니 미국에 갔다고 한다.

추억 속의 그때

1966년 5월 30일(월) 연신원 주최 〈제1회 전국신학대학생 연구회〉가 여러 신학교 학생들이 참석한 가운데 열렸다. 나는 신학 분과를 맡아 최근 세계 신학계를 강타하고 있는 "신 죽음의 신학"에 관해 발표했다. 학생 30여 명이 참석했다. 행사를 마치고 모두 '평화의 집'에서 만찬을 하며 친교의 시간을 가졌다.

6월 11일(토) 연대 재단 사무처에서 걸려온 전화를 받고 갔더니 여직원이 기다리고 있었다. 알려주는 대로 일을 처리하고 나서, "토요일인 데…" 이렇게 이야기를 시작해서 이런저런 사적인 이야기까지 나누게 되었다. 이미 그녀는 내 이름을 알고 있어 이름을 물었더니 서진순이라고 알려주었다. 그 자리에서 나는 학기말 논문 한 편을 한글로 타자해 줄 수 있는지 조심스레 물었다. 그랬더니 가져오라며 퇴근 후 다 치고 나서 연락하겠단다.

6월 14일(화) 나는 지원용 교수에게 제출할 룬드학파 신학에 관한 원고를 가져다주었다. 그 이틀 후 깨끗이 타자한 논문(지금도 소장하고 있음)을 받아 제출했다. 이렇게 데이트가 시작되었고 만남이 이어졌다. 6월 18일(토) 7시 진순 양과 광화문 리버티 다방에서 만나 자이언츠로 자리를 옮겨 이야기를 나누고, 코나 하우스에서 스파게티로 저녁식사를 하고 이런저런 이야기를 하며 늦게까지 있다가 서강에 있는 집까지 데려다주고 기숙사로 돌아왔다. 진순 양은 퍽 친절하고 명랑하다. 이야기할 때는 웃으며 재미있게 말을 이어갔다.

6월은 참 바쁘게 보냈다. 27일(월)은 흐리고 빗방울이 떨어지는 음산한 날이었다. 용화가 내일 오후 2시에 여자친구가 파독 간호사로 떠난다며 적십자병원 근처 중국요리점에서 약혼식을 하니 꼭 참석하라고 전화를 했다. 용화 선배, 황효남, 나 이렇게 다섯이 둘러앉아 선배의 주례로 몇 분 만에 약혼식을 마쳤다.

신학석사 논문

2학년이 되니 석사 논문 주제를 정하는 것과 졸업 후 무엇을 해야 할지 고민이 한 두 가지가 아니었다. 5월 말까지 논문 지도교수와 논문 제목을 정해 대학원에 제출해야 한다. 조직신학으로 석사 논문을 쓰려는 학생은 이종성 교수와 서남동 교수 두 분 중에 정해야 한다.

김용화와 교정에서

이태우와 필자

가운데 필자, 왼쪽 윤현, 오른쪽 장종철

　나는 학부 2학년 때부터 다섯 학기 그리고 대학원에서도 두 학기서 교수 과목에 적극적으로 참여했다. 이런 관계 때문인지 1966년 4월 22일(금), 저녁 6시 30분, 교수님은 나를 댁으로 초대해 저녁식사를 하며 여러 말씀을 해 주셨다. 내가 석사 논문을 본인 밑에서 쓰리라고 확신하셨던 것 같다. 그 후 며칠간 나는 두 분에게서 배웠던 과목들을 떠올리며 어느 분에게 무엇으로 논문을 쓸 것인지 장고 끝에 이종성 교수 밑에서 논문 쓰기로 마음을 정했다.

나는 5월 13일(금) '평화의 집'에서 이종성 교수께 논문에 관해 말씀을 드렸는데 바로 허락을 해 주셨다. 그날 곧바로 대학원에서 받은 신청서에 논문 제목과 목차, 연구 목적 및 방법, 참고문헌 목록 등을 적고, 지도교수 성명란에 이종성 교수 성함을 적어 제출했다. 논문 제목은 "파울 틸리히의 역사철학 연구"였다. 나 외에 이태우도 이 교수 지도를 받으며 석사 논문을 쓰겠다고 신청했다.

서 교수는 내가 본인 밑에서 논문을 쓰리라고 믿었다가 그 기대에 어긋나자 섭섭함을 비추셨다. 지도교수가 정해지고 얼마 후 학교에서 오가며 우연히 만났을 때 "나는 한 군이 철학적 신학에 관해서 논문 쓰리라고 생각했는데…" 이 한마디 말씀만 하시곤 가버리셨다.

논문 목차를 몇 번 고쳐가며 새로 만들고 참고문헌을 수집하며 1학기를 마쳤다. 여름방학에는 우편엽서만 한 독서카드에 틸리히 원서를 읽으며 번역해 정리했다. 학교 도서관에 있는 틸리히 원서들과 그의 신학과 관련된 서적들도 대출해서 읽고 정리한 후 반납하고, 역사철학과 관련된 여러 저자의 저서도 빌려와 읽으며 여름방학을 보냈다. 원서들을 정독하며 핵심만 간추려 압축한 카드가 200여 장이 되었다. 틸리히의 저서를 모두 독파하고 그의 신학에 접하면서 역사철학을 규범, 구조, 방법론적으로 인식할 수 있는 내 나름의 관점을 가질 수 있게 되었다.

이렇게 하며 나 자신을 발견하고, 공부에 대한 자신감이 생기게 된 것은 좋은 경험이었다. 하지만 여전히 해야 할 일이 많았다. 틸리히에 관한 여러 학자의 저서를 읽으며 비판의 관점을 새겨 두어야 했는데 그 당시 연대 중앙도서관에는 이와 관련된 자료가 한 권도 없었다. 시간이 촉박하여 광화문에 있는 외국 도서 취급 서점에 가서 항공 주문을 하여 받기도 했다.

11월 16일(수)부터 목차에 따라 원고 작성을 했는데, 한 달 만에 200자 원고지 200여 장 분량의 초고를 완성했다. 12월 중순부터는 초고를 읽어가며 문장을 다듬고, 용어를 바꾸고, 어휘를 고쳐가며 원고를 완성했다. 영어로 초록도 작성해 붙여 제출 기간 첫날 사무실에 제출했다.

미국이냐 독일이냐

나는 홀가분한 기분으로 연말을 보내며 졸업 후를 설계하고 있었는데, 1월 초 어느 날 이종성 교수님이 집으로 부르셨다. 와서 논문을 받아가라는 것이었다. 나는 어머니와 연희동 교수님 댁으로 찾아갔는데, 사모님이 저녁식사를 준비해 놓으셨다.

식사를 마치자 교수님은 차를 권하며 논문을 내주시곤 "아주 잘 썼다, 바로 논문 제본소에 넘겨도 된다"라고 하시며, 수고했다고 말씀하셨다. 그러시곤 졸업 후에 무엇을 하려는가 물으셨다. 나는 갑작스러운 질문에 당황해서 우물쭈물하며 말을 못 하고 있는데, 교수님은 미국에 유학 가라며, 본인이 졸업한 샌프란시스코신학교에 가면, 장학금도 받도록 해준다고 하셨다.

그런데 그 당시 나는 독일로 유학 갈 준비를 하고 있었다. 이규호 교수는 내게 독일 튀빙겐대학교에 가서 볼노우Otto Friedrich Bollnow 교수 밑에서 철학 공부를 하라며 적극적으로 권하셨다. 이 교수는 볼노우의 가르침을 받으며 박사학위를 받았다.

집에 와서 논문을 넘겨보니 빨간 볼펜으로 토씨와 띄어쓰기 몇 군데, 불필요한 한자 몇 자를 삭제하였을 뿐 깨끗했다. 1967년 1월 16일(월) 학교 제출용 논문(양장본) 여덟 부를 사무실에 제출했다.

전환점

나는 연세대학교에 입학하면서부터 여러 인물과 만나고 접촉하며, 삶의 폭과 의식의 세계를 넓혀나갔다. 비유적으로 말해본다면, 우물 안 개구리처럼 제한된 공간에서 하늘의 극히 일부만을 보다가 그곳을 벗어나 무한한 세계에 던져지면서 내 삶에는 예기치 못했던 일들이 벌어졌다. 내게는 모든 것이 열려있었고, 내가 숨겨진 나를 찾았다는 자아발견의 환희에 나의 나날은 기쁨이 넘쳤다.

연세대학교가 내게는 삶의 세계였으며, 내 인생관을 형성해가는 수련의 장이었다. 여기에서 6년 지내며 나는 많은 것을 얻었고 놀라울 정도로 많이 변했다. 우선 인간과 인간의 관계에서 영적 깊이를 간파할 수 있었고, 그 깊이에서 인간의 순수성을 발견할 수 있었다. 좀 추상적 이야기 같은데, 풀이해보면 내가 만난 사람은 한결같이 친구가 되고, 나와 대화를 나누면서 가까워지고, 서로 아끼고 사랑하는 그런 관계성을 형성했다. 이것은 인간의 본성, 말하자면 인간의 삶 자체가 환상적 실체로 꾸며진 것이 아니고, 그 핵심에는 사랑이 바탕을 이루고 있다는 것을 의미한다.

이 개념을 어떤 관계에서 이해하느냐에 따라 서로 자신의 세계관을 만들어 가겠지만 나는 이 개념을 인간관계의 순수성 같은 것이라고 확신하며 사용한다. 다른 사람과의 관계에서뿐만 아니라, 친구 간에도, 가족 간에도, 초월적 존재인 신과의 관계에서도 나는 그 관계성을 사랑이라고 쓴다. 학자에게는 학문에 대한 열정 같은 것, 예술가에게는 미학적 예술혼 같은 것, 이런 다양한 이해를 동반하는 이 개념을 찾았다는 것은 내게 큰 행운이었다.

어느 날 내가 형성되어 왔던 과정을 뒤돌아보며 나는 자신감이 나를 형성해 온 원동력이었다는 것을 알게 되었다. 자신감은 자기가 할 수 있는 능력이 얼마나 되느냐에 따라 그 농도가 달라진다. 나는 여러 면에서 부족했지만, 연세대학교에서 6년간 공부하며 좌절한 적이 한 번도 없었다.

학부 때 교수님들은 내가 교과서나 노트도 없이 수업에 참석해 앉아있곤 했으니 공부할 자세가 안 된 불량한 학생으로 여겼을 것이다. 다른 학생들은 교과서를 펴놓고 줄을 쳐가며, 강의 요점을 노트에 적어가며 수업을 받는데, 그저 칠판만 보고 앉아있으니…. 게다가 비가 오거나 눈이 오는 날에는 결석을 하곤 했으니, 성적도 좋지 않았다. 교수님들 눈 밖에 난 학생이었다.

내가 연합신학대학원에 수석으로 합격하자 신과대학 교수님들의 나에 대한 편견은 한순간에 사라졌다. 연신원 1기 입학시험 때는 타 신학교 출신이 수석을 해서 신과대학 교수님들 체면이 서지 않았는데, 2기 때 내가 수석을 하니 모두 축하하며 너무 기뻐하셨다. 특히 김찬국 교수님은 진심으로 축하해 주셨다.

곡간에 식량을 차곡히 채워 놓아 춘궁기에 남들이 식량을 얻으러 오면 나눠줄 정도가 되어야 여유가 생긴다. 이 지경에 이르면 삶의 순간순간이 창조적이고 그 과정에서 새로운 것을 발견할 수도 있게 된다.

자신을 믿는다는 것은 자신의 부족함을 깨닫는 순간 그것을 채워가기 위해 노력할 용기가 있다는 말과 같다. 이런 용기는 자신감에서 나온다. 나에게 주어진 6년은 이렇게 마감되었다.

3장

뮌헨—튀빙겐—아헨의 합류

새로운 세계로의 여행

1967년 2월 20일(월) 검은색 석사 가운 입고, 석사모 쓰고 학위 증 들고 있는 사진, 이 사진 몇 장 찍으며 끝난 학위 수여식! 이렇게 2년이 마감되는 시간, 세월이 유수 같다는 옛말을 실감하며 한순간 에 밀려오는 허망함에 내 기분은 묘하게 가라앉았다. 장래 일이 결 정되지 않은 상황에서 학교라는 울타리를 벗어나는 것, 어떻게 생 각하면 2년의 마지막에 내밀려져 나온 것 같은 심정이 밀물처럼 밀 려들었다. 나는 전부터 졸업 후 유학을 계획하고 있었고 또 준비하 고 있었으나, 한순간에 닥친 이 시간의 물결은 좀처럼 그전 같은 날로 이어지진 않았다.

1967년 5월 용화의 편지에는 처형 사정이 자세히 적혀있었고 찾아가면 잘 도와주라는 간곡한 내용으로 채워있었다. 그 당시 용 화 처형은 적십자병원에서 간호사로 근무하고 있었는데 1967년 여 름 미국에 취업 신청을 한다며 미국 병원에서 보내온 각종 신청서

졸업 기념사진(앞줄 왼쪽 두 번째부터 교수님들. 김찬국, 정하은, 김정준 원장, 박대선 총장, 김용옥, 김형태, 뒷줄 오른쪽에서 세 번째가 필자)

1967.2.20. 신학석사 학위(Th.M.)를 받고(앞줄 왼쪽부터 남동생, 아버지, 김정준 원장, 필자, 어머니, 여동생, 뒷줄 왼쪽 두 번째가 이규호 교수)

와 경력서, 대사관에 신청할 취업 신청서, 비자 신청서 등등 여러 서류의 번역과 작성을 부탁해서 작성해 주곤 하며 몇 차례 만난 적이 있었다. 이렇게 작성해 준 서류들이 모두 한 번에 통과되어 처형은 그해 가을 취업비자를 받고 미국으로 떠났다.

어머니는 요즘 회사 일이 너무 바쁘니 총무과에서 일 좀 하라고 하셨다. 그래서 10월 말까지 회사에 출근하고, 11월부터 서서히 유학 준비를 했다. 우선 독일어 공부에 집중하며, 국사 공부도 시작했다. 유학시험 과목은 유학 가려는 국가의 언어 그리고 공통 과목으로 영어와 국사였다. 나는 1968년 3월에 응시 계획을 세우고, 독일어 공부에 집중했다.

합격자 발표날 나는 문교부 게시판에서 내 이름을 발견하고 곧바로 어머니께 전화를 드렸다. 나는 유학시험에 처음 응시해서 한 번에 합격했다. 여권 신청서, 신원조회 서류, 신원보증서, 사상·교양 교육 수료필증, 뮌헨대학교 입학원서Zulassung 등등, 모든 서류를 갖춰서 외무부에 접수했다. 여권 발급일 1968년 4월 8일, 여권번호 168845, 외무부 장관 최규하의 서명이 날인된 여권을 직접 외무부 여권과에 가서 받았다. 서독 대사관에 비자 신청을 하고 7월 9일 비자(Visa 291/68)를 받았다.

1968년 9월 9일 김포 공항에서 출발해 방콕에서 일박, 네덜란드에서 일박씩 하고 11일 루프트한자로 프랑크푸르트에 도착해 용화네 집에서 이틀을 보냈다. 뮌헨 갈 때 프랑크푸르트를 거쳐 가라는 편지를 여러 차례 받았기에 일부러 들렀다. 용화 처는 내가 작년에 언니를 도와줬던 게 고마웠던지, 본인들 약혼식에 참석한 하객 두 명 중 한 명으로 남편의 절친한 친구이기 때문인지 만나자 너무 반가워했다. 이틀 있는 동안 용화 부부는 나를 융숭하게 대접해 주었고, 명승지 몇 곳도 데리고 다니며 관광시켜 주었다. 그 후 용화는 의과대학에 진학해 졸업하고 의사가 되어 남부 독일에서 개업의로 일하였다.

뮌헨

1968년 9월 13일(금) 뮌헨 공항에 도착해서 우선 큰 가방은 로커에 넣고, 휴대용 작은 가방 하나만 들고 택시를 타고 뮌헨대학교 본부로 갔다. 저녁 6시가 좀 넘었는데, 직원은 모두 퇴근하고 남자 한 분이 잔일을 정리하고 있었다. 그는 내가 택시 기사와 들어오는 것을 보고 무엇 때문에 왔는지 물으며 의아한 표정을 지었다. 나는 한국에서 방금 온 학생이라며 뮌헨대학교에서 보내준 서류들을 보여주었더니, 한참 읽더니 지금은 책임자가 없어 자신이 할 수 있는 일이 없다고 한다.

나는 기숙사가 있느냐고 물었더니 없다며 신청해봤느냐고 물었다. 그때까지 나는 외국에서 오는 유학생에겐 특별히 기숙사가 제공되는 줄 알고 있었는데, 큰 착오였다. 난감해서 우선 숙소를 소개해 달라고 했더니, 전화번호부를 뒤져 호텔 몇 곳에 전화를 걸었는데 모두 자리가 없다는 것이다. 가을로 접어들며 관광객이 많이 와서 방 얻는 게 쉽지 않다는 것이다.

전화를 몇 군데 걸더니 남자 직원 한 분이 들어왔다. 서로 무슨 말을 하더니 그 남자가 자기를 따라오라며 내 가방을 들고 엘리베이터로 가서 몇 층인지 내려 방문을 열고 들어갔다. 커다란 방인데,

뮌헨 이자르강이 흐르는 영국정원에서(1968.10.)

서류철을 꽂아놓은 장과 책상, 구석에 세면대가 있고 소파가 놓여
있는 깨끗한 방이었다. 그러면서 이번 일요일까지 여기서 지내고
월요일에 기숙사를 알아보기로 했단다.

이야기를 마치고 그가 벽장에 가서 한쪽을 누르니 커다란 벽장
문이 바닥으로 서서히 내려오는데, 그게 침대였다. 그 위에 침구도
있었다. 그는 자기 집에서 저녁식사를 하자며 좀 있다가 올 테니
여기서 쉬고 있으라고 하고는 방 열쇠를 건네주고 나갔다. 그는 몇
층 위에 살고 있었다. 그를 따라 그 집에 들어서니 부인과 딸 두
명이 현관에서 반갑다며 인사를 한다. 단란한 가정이라는 인상을
받았다.

이분은 대학본부 건물 총관리인이었다. 빙클러Winkler라고 자기
소개를 하고 아내와 딸들도 소개했다. 식탁에 앉았는데, 처음 보는
음식인 데다, 피곤도 하고 긴장도 되어 식사를 어떻게 했는지, 하여
튼 식사를 마치고 이런저런 이야기를 하며 무엇을 공부하러 왔느냐,

한국에서 광부들이 많이 왔다는 등의 이야기도 했다. 완전히 알아
듣지는 못했지만 대강 이해를 하며 대화를 했다. 내 방에 데려다주
고 내일 아침도 같이 하자며 잘 자라는 인사를 하고 나갔다.

다음날 아침에 오라는 시간에 갔더니 식사를 차려 놓고 기다리
고 있었다. 아침을 마치고 커피를 마시고 있는데 얼마 있으니 청년
한 명이 찾아왔다. 그 집 식구들과 말을 놓고 이야기하는데, 큰딸
앙겔리카Angelika의 남자 친구란다.

그 청년은 나보고 혹시 짐이 있느냐고 물어 공항 로커에 넣어두
었다고 하니 열쇠를 달라고 하곤 둘이 나갔다. 두어 시간 후 내 가방
을 찾아와 내 방에 넣어주곤, 무슨 성(Burg이란 말이 강하게 들림)에
가자며 나를 태우고 셋이서 떠났는데, 님펜부르크 궁전이었다. 곳
곳을 구경시켜주고 설명해주며 몇 시간을 보내곤 집에 데려다주고
그 둘은 다시 차를 타고 떠났다. 주말 데이트가 나 때문에 좀 어긋난
것 같았다.

월요일 오전이면 방 주인―아마 처장일듯한―이 출근할 테고
하여 아침 일찍 일어나 이불을 잘 펴서 제 모습 그대로 침대 양옆
밴드로 묶은 후 침대 끝을 들어 올려 벽에 붙여놓았다. 빙클러 씨가
데리러와서 올라가 식사를 하고 사무실로 내려갔다. 좀 있으니 직
원들이 들어오기 시작하고 이내 사무실은 북적거렸다.

빙클러 씨가 누군가와 한참 이야기를 하더니 내게 서류를 달라
고 하여 그것을 보여주니 또 무슨 이야기를 하다가 어디로 전화를
하더니 따라오라며 자기 차에 짐을 싣고 나를 태우고 떠났다. 그곳
은 국제학사International Haus인데, 한 주일 정도 여기서 지내고 9월 23
일 뮌헨 북쪽에 있는 새 기숙사로 옮긴다며 방에 짐을 넣어주면서

어려움이 있으면 전화하라고 번호를 적어주고 떠났다.

9월 23일(월) 날씨가 아주 화창했다. 아침 10시경 빙클러 씨가 와서 새 기숙사로 가자며 짐을 챙겨 들고 나섰다. 나는 미리 준비하고, 방도 처음 상태로 깨끗이 정리해 두었기에 그대로 따라 그의 차에 올라탔다. 새로 지은 기숙사(Lateinamerikanische Kolleg, 8 München 23, Guerickestr. 19)인데 신부가 관장이고, 남미 출신 수녀가 사감이었다. 수녀는 감정 기복이 너무 심했다. 주말이면 가끔 남미에서 온 유학생들과 어울려 맥주도 같이 마시며 남미 노래도 부르곤 하는데 아코디언 켜는 솜씨가 대단했다. 나는 독방을 배정받았다. 며칠 후 전득주(정치학), 윤기황(정치학), 임승기(독문학)가 입주했고, 그 후에 벨기에서 법학 박사학위를 취득하고 뮌헨대학교 법학연구소에서 독일법을 좀 더 연구하러 왔다며 김욱곤 박사가 들어왔다.

9월 29일(일) 나는 쾨니히스도르프königsdorf에서 기숙사 개관 기념으로 야유회를 한다고 하여 참석했다. 의무적으로 참석해야 하는 것은 아니었지만 나는 구경도 할 겸 동행했다. 쾨니히스도르프는 베터슈타인산맥Wettersteingebirge과 추크슈피체Zugspitze(2,964m)로 둘러 쌓여있는 아름다운 마을이다.

어학 과정

대학에 입학하려는 외국 학생은 누구나 어학시험을 보고 그 결과에 따라 결정된 과정에서 독일어를 배우게 된다. 나는 3등급에 해당하는 〈중급 2Mittelstufe II〉 과정에서 공부하게 되었다. 5단계로 등급이 나뉘는 데 〈중급 2〉 과정을 마치고 시험에 합격하면 독일 내 어느 대학교에도 입학할 수 있고, 그 이하면 입학 가능 등급에 합격할 때까지 계속 어학 과정에 다녀야 한다.

10월 15일(화)부터 어학 과정이 시작됐다. 각 나라에서 온 학생 20여 명이 함께 공부했는데, 스페인과 멕시코에서 온 학생들은 다른 학생들에 비해 쾌활했다.

3개월 독일어 과정(한 학기)을 마치고 입학자격 시험에 응시했다. 문법, 작문, 듣기, 한 페이지 정도 되는 글을 읽고 요약하기 등의 시험을 몇 시간 동안 보았다. 나는 며칠 후 합격 통지서를 받았다.

에리카 보르네

10월 말경 버스 정류장에서 집으로 가는 버스를 기다리고 있는데, 빨간 차 한 대가 지나가다 옆에 서며 어디로 가는지 묻고 같은 방향이니 타고 가겠느냐고 하여 동승했다. 젊은 여자였는데, 가면서 자기소개를 하면서 나에게 어디서 와서 무엇하냐고 묻곤 자기는 교사인데, 지금 집으로 가는 중이라고 하며 이런저런 이야기를 해 주었다. 자기 이름은 에리카 보르네Erika Borne라며 기숙사에 내려 줄 때 이름, 주소Bäckerstr, 전화번호를 적어주고 다시 만나자고 하고는 떠나갔다. 키가 크고 서글서글한 성격의 여자였다. 그녀가 떠나고 '저 선생의 반 아이들은 행복하겠다'고 생각하며 나눴던 이야기를 되새겨 보았다.

며칠 후 기숙사로 전화가 걸려왔는데, 그녀는 이번 주 토요일 오후에 시간이 되냐며, 집으로 초대하겠다는 것이다. 정해진 시간에 와서 나를 태우고 집에 갔는데, 여자 방이라 그런지 퍽 깨끗하다.

좌우 벽과 침대 벽에는 그림 네 점이 걸려있고, 침대 머리 벽에 붙여 놓은 작은 책꽂이, 책상과 2단 책장이 있는 방이었다. 현관문 오른쪽으로는 간이부엌kochnisch과 욕실이 있었다.

다음 해 3월에 튀빙겐Tübingen으로 떠날 때까지 자주 만났다. 나의 제한된 생활을 알고는 뮌헨 텔레비전 탑에도 데려가고, 뮌헨 근교로 드라이브도 하며 우리는 많은 시간을 함께 보냈다.

나는 뮌헨을 떠나며 그녀에게 그 사정을 말할 수 없었다. 튀빙겐에서 얼마 후에 편지를 보냈는데 답장에 원망과 서운함, 외로움과 고독이 서린 편지가 왔다. 명랑하고 성격이 개방적이며 서글서글한 그녀의 마음에서 무언가 나를 울적하게 하는 것이 묻어 나왔다. 우리는 많은 편지를 교환하며 서로의 생활과 이상과 미래를 이야기하기도 했다.

5월의 편지에서 에리카는 이렇게 적었다.

나는 요즘 점점 우울하고 서글퍼져. 너무 외롭고, 너무 슬퍼. 지금, 이 순간 나는 아무것도 생각하고 싶지 않다. 내게 아무런 도움이 되지 않을 테니. 아아, 이제 나는 무엇을 해야 해, 나는 울어야 해, 초침이 계속 달려가는 시계를 보며 기다려야 해, 그렇지 않으면 다시 깨어나지 않기를 바라며 잠을 청해야 해. … 너에게 이렇게 몇 줄 적다 보니 마음이 차츰 진정되어가며 슬픔이 조금씩 사라지고 있구나….

_ 뮌헨에서, 너의 에리카(1969년 5월 2일)

에리카는 나를 많이 생각하며 친구로 다가왔고 우리는 서로 좋아했는데, 이렇게 지냈던 아름다운 기억이 반세기가 지난 오늘날에도 생생하게 떠오르곤 한다. 내가 튀빙겐에서 한참 공부하고 있을 때 1970년 가을 결혼한다며 청첩장에 편지를 넣어 꼭 오라고 초대했다. 결혼식에 양가 가족들과 친척들, 친구들이 참석할 텐데 이방인 남자가 하객으로 참석하면 누구냐고 수군거릴 텐데 옛 남자 친구를 초대하다니, 나로서는 상상이 안 되는 일이다. 에리카가 신랑에게 무어라고 말할지도 궁금하고.

나는 음반을 사서 결혼 축하 카드와 함께 보내주었다.

> 사랑하는 에리카에게, 너의 결혼을 진심으로 축하한다. 유감스럽게도 결혼식에 참석할 수 없구나. 하지만 내가 언젠가 뮌헨에 가게 되면, 그땐 신랑(W. Pintgen)과도 인사를 나누게 되겠지. 아름다운 결혼식, 행복한 삶이 되도록! 진심으로 인사를 전하며….
>
> _ 너의 숭홍(1970년 7월 16일)

에리카가 내 나이 정도 되니 지금은 할머니가 되어 지낼 텐데, 주소를 알면 편지라도 띄우고 싶을 때가 가끔 있다. 에리카의 편지한 구절이 지금도 내 가슴에 울림을 주고 있다.

> 나는 너와의 우정을 결코 잃고 싶지 않아. 내가 너를 늘 생각하고 있다는 고백은 거짓말이 아니야!
>
> _ 뮌헨에서 에리카

임승기

뮌헨에 있는 동안 나는 임승기와 각별히 친하게 지냈다. 그는 조용하고 성실한 성품과 순수한 면이 소년 같은 깨끗한 인격자였다. 음악을 좋아하고 문학을 즐긴다. 옥토버페스트에도 두 번인가 같이 갔고, 뮌헨 과학박물관에도 그리고 영국정원에도 같이 갔었다. 크리스마스 즈음에는 빈소년합창단 공연도 같이 갔었다.

1969년 독일에서 맞이하는 첫 번째 새해, 뮌헨은 눈에 묻힌 겨울의 도시로 변했다. 거리에는 자동차 지붕에 스키를 올려 묶고 오가는 차들, 두터운 털 코트를 입고 다니는 사람들, 분주하게 오가는 사람들로 붐볐다. 하지만 도시 정경은 퍽 가라앉아 있었으며 또 차분했다. 1월 3일 임승기와 나는 기차를 타고 가르미쉬-파르텐키르헨Garmisch-Parten-kirchen에 가서 케이블카 (Seilbahn)로 슈네페른너하우스Schneefernerhaus에 올라가 설경을 감상하며 몇 시간을 보냈다.

내가 튀빙겐으로 떠나고 나서도 임승기와는 계속 편지를 주고받곤 했

뮌헨 영국정원 중국탑 앞에서(1969.3.10.)
오른쪽 두 번째 임승기, 그 옆이 필자

는데 1970년 2월 21(토), *Von Hegel zu Nietzsche*(Karl Löwith)라는 책과 편지가 동봉된 소포를 보내주었다. 내가 보냈던 편지에서 니체에 관한 관심이 있다는 것을 알고 이 책을 보내준 듯하다.

나는 가끔 멘자에서 점심을 먹고 영국정원Englischer Garten에 가서 산책하며 지내곤 하는데, 3월 10일 한국 유학생 여러 명이 어울려 와서 나도 합류하게 되었다. 이덕호, 이인웅 그리고 이름이 기억 안 나는 몇 명과 통성명했다. 임승기와 마인츠에서 간호사로 있는 여자분도 있었다. 송영자라며 자기 이름을 소개했다. 저녁 기차로 올라가는 데 가서 사진을 보내주겠다며 각 사람 이름과 주소를 적었다.

나는 그들과 헤어지고 중국 탑 근처, 모노톱리스까지 걸으며 접어든 뮌헨의 공기에 취했다. 그날은 모처럼 날씨가 화창했고 높새바람Foehn도 없었다.

브리기테 볼만

1969년 3월 말경 나는 뮌헨을 떠나 튀빙겐으로 가게 되었다. 브리기테Brigitte Bollmann가 겨울방학이 되어 코블렌츠Koblenz 집에 가는데 그때 나를 튀빙겐까지 데려다주겠다고 했다. 브리기테도 같은 기숙사에 살았는데, 한국 남자 친구 때문에 한글을 배우겠다고 해서 내가 한 주일에 두 시간씩 가르쳐 주곤 하여 나와도 친해졌다. 뮌헨 떠나기 전에 좋은 곳을 드라이브시켜 준다며 에탈수도원 Benedictiner-Abtei Ettal, 린더호프궁전Königsschloss Linderhof에도 데려갔다. 때마침 눈이 와서 눈에 덮인 겨울 궁전을 본 셈이다.

린더호프궁전에서 브리기테와(1969.3.)

며칠 후 나는 뮌헨 생활을 접고 아름다운 추억을 가슴에 고이 담고 튀빙겐으로 떠났다. 내게 중요했던 것은 그 어떤 것, 아름다운 경치나 환경보다도 좋은 사람을 많이 만나고 알게 되고 사귀며, 가 슴에 와닿는 따뜻한 정을 나눌 수 있었던 것이었다. 사람 간의 만남 보다 아름다운 것이 어디 있을까.

튀빙겐

뮌헨에 있을 때 튀빙겐대학교에 기숙사 입주 신청을 했다. 그런 데 4월 15일에 라이프니츠-콜렉Leibniz-Kolleg에 들어갈 수 있다고 하 며, 그 이전까지 머물 수 있도록 언덕 위에 있는 기숙학사를 소개해 주고, 주소를 보내주어 그곳에 도착했다. 내게 배정된 방은 1층이었 는데, 브리기테는 짐을 넣어 주고 행운을 빈다는 작별인사를 하고 떠나갔다. 북쪽으로 몇 시간을 올라가야 하므로 밤에나 도착할 텐

데, 나 때문에 몇 시간이 늦어졌으니 미안하기도 하고 고맙기도 한
생각이 스쳤다. 한국어를 가르쳐주며 친하게 지냈던 인연이 내게
예상치 못한 호의로 이어진 것이다.

학사 1층에는 공동 세면실과 샤워실, 작은 취사장이 있다. 건물
은 낡았지만, 실내 구조와 분위기는 매우 아늑하고 옛 정취가 그대
로 느껴져 마치 집에 있는 것 같았다. 뒷마당은 잔디와 일광욕할
수 있는 접이식 의자들과 빨랫줄이 길게 드리워져 있었다.

뮌헨에 있을 때 튀빙겐에 도착하면 거주신고를 하고 서류 원본
을 제출하라는 편지를 받았기에, 주말을 지나고 월요일에 학교 유
학생학생처Akademisches Auslandsamt에 가서 거주신고를 하고, 요구하
는 서류들(어학증명서, 학사학위증, 석사학위증, 대학과 대학원 성적증명
서, 여권, 뮌헨대학에서 지정한 병원에서 받은 건강 검진 서류 등)을 제출
하니, 확인하고는 즉석에서 복사해 확인 공증인을 찍은 후 원본을
돌려주었다.

라이프니츠-콜렉

개학하는 날 라이프니츠-콜렉Leibniz-Kolleg(Brunnenstrasse 34)
에 가서 사감(Dr. Henning Siedentopf)을 만났는데, 내방으로 안내
를 해주고 짐을 넣어주었다. 이번 학기(SS 1969)에 남·녀 학생 57
명이 들어온다며 나에 관해서 몇 가지 묻고는 기숙사 생긴 내력
(1948년 설립)과 규칙이 적힌 안내서를 건네주었다. 이 기숙사는 숙
식이 제공되며, 2인 1실을 쓰게 되어 있는데, 내게는 대학원까지
마치고 온 시니어라며 독방을 내주었다. 외국 학생은 7명이었다.

라이프니츠-콜렉 기숙사 방에서

　기숙사 목적은 고등학교를 졸업하고 대학 전공 학과를 결정하지 못한 학생들을 정선精選하여 튀빙겐대학교 내의 여러 학과에 가서 강의를 들어보고, 교수들을 만나 학과 안내도 받고, 조언도 들으면서 학과 결정을 해 대학 생활에 실패하지 않도록 하려는데 있었다. 학생들은 독일뿐만 아니라 여러 나라에서 선발되어 오는데, 경쟁이 심하였다. 나는 이 학생들처럼 몇 과정에 의무적으로 참여해야 하는, 예비 대학생의 조건으로 받아들여진 것이 아니었다.

크리스토프 뮐베르크

　4월 중순 어느 날 사감이 만나자는 메모를 내방 문에 붙여놓았다. 어느 학생이 같이 있고 싶다는데, 어떻게 생각하느냐는 것이었다. 그렇게 하라고 하고 방에 돌아왔는데, 잠시 후 한 학생이 작은

트렁크 하나를 들고 들어오며 같이 있게 돼서 좋다며 자기 이름은 크리스토프 뮐베르크Christoph Mühlberg라고 소개했다. 그는 게시판에 붙여놓는 명단을 보고 내 이름을 알고 있었다. 내가 유일한 아시아 인이라 눈에 띄었던 것이다.

크리스토프는 쾰른에서 왔는데, 교수 아들이었다. 무엇을 공부 하려고 하느냐고 물으니 법학을 전공하고 싶다고 한다. 우리는 빨 리 가까워졌고, 식사 때도 같이 내려가고, 넥카강에 가서 보트도 타며 지냈다.

그는 기타를 참 잘 쳤는데, 저녁이면 가끔 조르쥬 브라상Georges Brassens이나 무스타키Georges Moustaki의 샹송을 치기도 하고, 지미 헨 드릭스Jomi Hendrix, 존안 바에즈Joan Baez 등등 60년대 팝송도 쳤다.

크리스토프는 늘 나와 붙어 다녔는데, 비키Vici: Victoria Drasen와 사 귀며 우리 셋이 같이 보내는 시간도 점점 많아졌다. 비키는 가톨릭 신학을 전공하고 싶다고 했다. 내가 신학 한 걸 알고 있었고 나이도 자기들보다 7살 정도 위이고 하니 가끔 상담도 하고, 어려운 점을 이야기하기도 하며 퍽 가깝게 지냈다.

1969년 여름에 비키 부모님이 딸을 만나러 튀빙겐에 왔을 때 비키가 나를 부모님에게 소개했다. 내 이야기를 많이 들었다며 반 가워했다. 그해 크리스마스에 집으로 초대하여 12월 27일 그 댁에 서 보냈다. 어머니는 여러 말씀을 하셨는데, 비키의 성장 과정에 관한 이야기도 들려주셨다.

▲
비키와 함께

◀
크리스토프 어머니와
함께

비키 부모님 초대를 받고(1969.12.27.)

"독일에서 철학 하기 어려울 텐데"

여름학기 시작은 4월 14일(월)이었다. 나는 대학본부에 가서 등록을 마쳤다. 독일 대학교에서 첫 학기를 시작하는 순간이었다. 개학한 첫날 대학교 학생식당인 멘자Mensa에서 식사하고 있는데, 한국 학생 서너 명이 식판을 들고 자리를 찾다 내 앞에 와서 한국에서 왔느냐고 묻고는 합석했다. 서로 자기 이름을 말하는데, 나이가 좀 많은 학생이 언제 독일에 왔느냐, 여기서 무얼 공부하려느냐, 한국에선 무엇을 전공했느냐 등등 반말로 꼬치꼬치 물으며 자기는 지금 박사 논문을 쓰고 있다고 장황하게 자기소개를 했다. 그리곤 대뜸 "독일에서 철학 하기 어려울 텐데…"라며 말을 흐렸다. 나는 세미나에 간다며 자리를 떴다.

한국 학생들에게는 멘자가 함께 식사하며 친목의 시간을 갖는 만남의 장소다. 내가 등록한 첫 학기 튀빙겐대학교에서 공부하는 한국 학생은 10명쯤 되었다. 그 후에 매 학기 몇 명씩 와서 1970년 말경에는 20여 명이 공부하고 있었다. 한국 학생들은 철학(주원엽, 강돈구, 김성수, 백승균, 김영근, 한숭홍), 법학(허경, 정기남), 독문학(이준모, 차봉희, 황진), 심리학(김경희), 경제학(오길남, 이상우), 신학(김균진), 교육학(오인탁), 정치학(양대현), 미학(임범재) 등등 여러 학과에서 공부하고 있었다. 경제학을 공부한다는 학생이 두 명 더 있다는 데 나는 그들을 한 번도 만난 적이 없다.

볼노우 교수에게서 박사과정 공부하는 한국 학생은 철학 전공 6명, 교육학 전공 한 명, 이렇게 7명이나 되었다.

유고 아줌마

멘자 배식대 앞에서 기다리다 내 순서가 되어 배식하는 아주머니에게 식권을 건넸더니, 머리를 끄덕이며 저기가 앉아있으라고 하고는 내 식판에 음식을 듬뿍 얹혀 가져다주며 맛있게 먹으라는 말을 하곤 배식대로 돌아갔다. 10여 명의 유고슬라비아 아주머니들('유고 아줌마'라고 부름)이 부엌에서 일하고 있었다. 퍽 친절하고 인정이 많았다. 그 아주머니는 매번 내 식판에 모든 것을 많이 담아 가져다주곤 한다. 내가 식권을 건네주며 "Guten Tag!"이라고 인사하면 나를 보고 웃으며 인사말을 건넨다. 이 친절한, 사람 냄새가 몸과 마음에서 물씬 배어 나오는 유고 아줌마도 튀빙겐의 아름다운 시간에 깊이 새겨진 추억의 한 토막이다.

볼노우 콜로퀴움

1969년 4월 17일(목) 나는 볼노우 교수의 면회 시간(16:30)에 찾아가 그 자리에서 이규호 교수가 써준 추천서를 드렸다. 교수님과 첫 만남이다. 교수님은 내가 지금까지 공부해온 과정과 본인에게서 무엇을 공부하려는지 등 몇 가지를 물어보시고는, 다음 주부터 본인 강의Vorlesung와 세미나에 들어오라는 이야기 외에 별말씀이 없었다.

불노우 교수의 철학함Philosophieren이라는 개념에는 해석학이 중추를 이루고 있다. 하지만 그즈음에는 영미 철학, 과학철학, 언어분석학, 구조주의, 네오마르크스주의 등등 다양한 흐름이 세계 철학계를 주도해 가고 있었다. 독일 철학계의 상황도 이런 추세에 편승하여, 젊은 학자들을 중심으로 재편되어가기 시작했다.

나는 주전공을 철학으로 정했기 때문에 철학 개론부터 시작해야 했다. 철학사도 필수로 들어야 했는데, 슐츠Walter Schulz 교수가 강의했다. 언어철학, 언어 분석학 등은 파렌바하H. Fahrenbach 교수에게서, 미학은 예니히Jänich 교수에게서 배웠고, 덴커Denker 박사에게서는 이데올로기를 배웠다. 이렇게 다양한 학문 영역을 접하다 보니 독서의 폭은 물론 학문의 시각도 넓혀졌다.

에른스트 블로흐 세미나

나는 매주 에른스트 블로흐E. Bloch에 관한 세미나에도 참석했다. 블로흐 자신이 세미나를 이끄는 것이 아니고, 교수님은 아무 말씀하지 않고 파이프 담뱃대를 빨며 앉아있고, 교수자격 논문Habilitation을 준비하는 강사 몇 명이 공동 진행하는 형식의 세미나였다. 세미나실 제한으로 참석하려는 학생은 우선 블로흐 저서와 그의 철학과 사상에 대한 비판서 등등 지정한 독서 자료를 읽고, 강사들이 정한 시간에 가서 테스트(면접)를 받아야 한다.

박사과정 조교들이 블로흐 교수 양쪽 겨드랑이에 팔을 끼고 부축하여 세미나실로 모셔온다. 파이프는 그의 트레이드마크였다.

몰트만과의 만남

내가 몰트만 교수를 처음 만난 건 튀빙겐에서 첫 학기(SS 1969)

를 시작한 지 몇 주 되던 때였다. 5월 초로 기억되는 어느 날 강의가 끝나서 밖으로 나왔는데 비가 약간 뿌리고 있었다. 아침부터 비가 왔으면 강의에 빠졌을 텐데, 아침에는 날만 흐렸는데 비가 내리니 나로서는 비를 맞으며 철학부 강의실로 갈 수밖에 없는 형편이었다. 급하게 걸어가는데 어느 분이 내 곁에 성큼 다가와 우산을 씌워졌다. 처다보았더니 몰트만 교수였다.

그는 내게 어느 나라에서 왔느냐 묻고는 한국에서도 신학을 했느냐고 물어 석사까지 했다고 대답을 했더니, 잠시 후 자기 밑에서 공부할 생각은 없냐는 것이었다. 나는 예상치 못했던 질문을 받고 당황해 망설이다, 지금 볼노우 교수 밑에서 공부를 시작했고, 우선은 철학을 좀 공부하고 싶다는 식으로 얼버무려 대답했다. 이렇게 몰트만 교수와 만나게 되었는데, 그분의 인품이나 학자로서의 몸가짐 등은 참으로 훌륭하다는 말 밖에 어떤 수식어도 필요 없는 분이었다.

지금도 나는 그분의 인간성과 학자로서의 선비정신을 존경하고 있다. 독일 신학자로서, 그만큼 한국 제자들을 많이 키워놓은 학자는 없다. 족히 20여 명이 넘을 듯하다. 이것은 그가 얼마나 제자들을 사랑하고 아끼며 키워주는지 보여주는 큰 스승의 표상이다. 그의 한국 제자들은 오늘도 신학대학교나 목회 현장에서, 신학 관련 기관이나 연구소 등에서 그의 학문과 정신을 펼치며 열심히 일하고 있다. 그는 헤겔, 블로흐, 바르트의 영향을 많이 받았다고 알려져 있다.

하이데거와의 만남

6월 중순에 라이프니츠-콜렉에서 모저 박사가 학생들을 위하여 하이데거를 소개하는 초급세미나Proseminar를 한 학기 동안 지도했는데, 나도 가끔 참석했다. 나는 내 문장력이 어느 정도인지, 논문은 어떻게 써야 하는지 스스로 테스트해 볼 심산에서 참석했다. 후설의 언어철학에 관한 소논문도 한 편 써 평가를 받았다. 그 교수는 학생들을 데리고 하이데거 집에 가는데 같이 가자고 했다. 학기 초에 학교 측에서 공문을 보내 면회 신청했던 게 이때 성사된 것이다.

하이데거의 서재 벽 한쪽에는 풀지도 않은 책 뭉치 여러 개가 쌓여있었다. 족히 수백 권이 될 듯하다. 우리가 대화 중인데도 노란 우체국 차가 책이 담긴 커다란 광주리와 편지 더미를 내려 집에 넣어주고 갔다. 매일 세계 각국에서 본인 관련 저서나 논문이 실린 잡지들이 보내지는데 너무 많아 요즘에는 읽지 못하고 받아놓기만 한단다. 내게 일본에서 왔냐고 물어 한국에서 왔다고 하니 별말씀이 없었다.

우리는 어느 아주머니가 갖고 나온 포도즙을 받아놓고, 자유롭게 질문을 했는데 고등학교 갓 졸업한 학생들이라 사실 무엇인가 질문다운 것은 없었다.

하이데거는 그때 80세였는데, 듣는 게 좀 어려운 듯했다. 질문에 답할 때는 한참 생각을 하고 아주 천천히 말했다. 집을 나서기 전 나는 준비해간 흰색 카드에 사인을 받았다. 튀빙겐에 돌아와서 유리 액자에 넣어 지금도 갖고 있다.

나는 그를 만나 무엇을 배웠다는 지식적 충족감보다는 20세기 세계 철학계에 충격파를 던졌고, 철학뿐만 아니라, 신학, 문학, 예술 등등 거의 모든 지성계에 영향을 미친 거인을 만났다는데 큰 의미를 두며 감격했다. 7년 후 그가 서거했다는 소식을 언론 매체를 통해 들었을 때 그의 인생 역정과 전후에 겪었던 여러 가지 일화가 한순간 내 머리에서 맴돌았다.

「디벌트」 신문 인터뷰

1969년 7월 5일 라이프니츠-콜렉에서는 학기말에 즈음하여 종강 파티가 열렸다. 한 학기 동안 쌓인 중압감을 털어버리려는 몸부림이었다. 초저녁부터 밤늦도록 음악을 틀고 춤을 추고 맥주를 마셔대는 광란이 이어졌다. 그 기숙사 출신 선배도 많이 왔다. 식당 홀과 복도까지 사람으로 북적거렸다.

나는 심심할 때 독서카드에 튀빙겐 경치, 강의실, 친구들 얼굴 등을 그려 두었던 그림 50여 점을 복도 벽에 7월 5일부터 6일까지 이틀 동안 전시했다. 비키는 그걸 「디벌트Die Welt」 인터뷰 기사 흉내를 내서 나와 인터뷰한 장문의 글을 육필로 작성해 그림 옆에 붙여놓고 학생들이랑 깔깔대며 즐겼다.

그날 축제에서 내 그림이 화제가 되었는데, 그 일로 수줍어하던 학생들이 퍽 가깝게 다가왔다. 학생들은 19살 정도라 나이 많은 내가 좀 어려웠던 것 같았다. 며칠 붙여놓았다 가져왔는데, 여러 학생이 자신들 얼굴이 그려진 그림을 달라며 가져갔다. 지금도 남은 그림들과 비키의 육필 인터뷰 원본은 갖고 있다.

거기 있는 한 학기 동안 나는 크리스토프, 비키, 하네로레Hannelore,

튀니지에서 온 파우지Faouzi, 고트프드Gottfried Altmaier와 친하게 지냈다.

그리운 얼굴, 추억의 색깔

여름방학이 시작되면 라이프니츠-콜렉을 나와야 한다. 7월 초부터 기숙생들이 한두 명씩 떠나갔다, 우리는 "다시 만날 때까지 안녕!", "행운을 빈다." 서로 작별인사를 하며 헤어졌지만, 나는 이 순간이 서로 얼굴을 마주 보며 말을 나눌 수 있는 마지막이라는 생각에 마음 한구석이 아렸다. 한 학기 동안 숙식을 같이하며 서로 초대도 하고 산책도 하며 친하게 지냈던 사이인데….

아프리카 라이베리아에서 온 오드리, 튀니지에서 온 파우지 그리고 유럽 몇 나라에서 온 학생들 외는 모두 독일 각지에서 온 학생들이다. 이제 이 학생들은 겨울학기에 각자 원하는 대학교, 원하는 학과에 진학하게 된다. 57명 중에 10여 명은 튀빙겐대학에 진학한다며 각자 방을 얻어 나갔는데, 크리스토프, 비키도 튀빙겐에 남는다고 한다. 크리스토프는 법학과에, 비키는 가톨릭 신학과에 입학했다. 우리는 한 주일에 서너 번은 멘자에서 만나고, 가끔 서로의 기숙사에 초대해 저녁식사를 함께하며 우정을 이어갔다.

7월 10일 나는 라이프니츠-콜렉을 나와 뮌헨에 있을 때 신청해놓고 기다리고 있던 대학기숙사(Wilhelmstrasse 30/1)에 자리가 나서 옮겨갔다. 학생회관 뒤에 있는 기숙사인데 이 두 건물 사이에는 잔디밭 공간이 있다. 내가 배정받은 방은 12호실이었다.

룸메이트는 개학하고 들어왔다. 키가 190cm쯤 되어 보이는 아주 건장한 청년인데 기타를 메고 워커 같은 것을 신고 있었다. 인사

넥카강에서 칼 아킴과

넥카강에서

라이프니츠-콜렉 친구들(앞줄 왼쪽부터 베라, 크리스토프, 노르웨이에서 온 투베, 필자, 뒷줄 왼쪽 레나테 카야츠, 오른쪽 마틴)

를 나누고 나가더니 잠시 후에 짐을 갖고 들어왔다. 슈투트가르트
에서 왔다며 버나드Bernard라고 한다. 그도 법학을 한다고 했다.

독일에서의 첫 여름방학

김욱곤 박사가 1969년 7월 26일 슈타른베르크 호반의 한 성당에서 결혼한다는 청첩장을 보내왔다. 나는 결혼식 참석차 뮌헨에 가서 에리카도 만났다. 에리카는 시간을 내어 나를 데리고 뮌헨 교외로 드라이브도 하고, 슈타른베르크 호반에 가서 호숫가를 산책하며 서로 지내온 이야기를 하다 석양에 물든 호수를 따라 드라이브를 하며 어슬녘에 뮌헨으로 올라왔다.

김정준 교수님이 1969년 함부르크대학교 신학부에 교환교수로 오셨는데 여름방학이니 놀러 오라고 하여 8월 11일에 가기로 했다. 크리스토프도 집으로 초대하여 거기서 3일 지내고 함부르크로 떠나기로 계획을 짰다. 8월 8일 쾰른역에는 크리스토프가 어머니와 마중 나와 있었다. 3일 있는 동안 쾰른 대성당을 비롯하여 시내 명소를 데려 다니며 구경시켜주고, 본에도 가서 베토벤 하우스와 시내를 다니며 많은 곳을 보여주었다.

크리스토프 어머니는 마인츠대학교 도서관에서 일하시고, 아버지는 같은 대학교 예술 교수라고 한다. 여동생이 한 명 있는 다복한 가정이다. 내가 가 있는 동안 여동생 방을 내주어 3일간 지냈다.

11일 아침 쾰른역에서 크리스토프와 작별하고 함부르크에 도착했는데 김 교수님이 마중 나오셔서 시내 몇 곳을 구경하고 저녁식사를 하고 사택으로 가서 이런저런 이야기를 하시며, 공부하는 게 어떠냐는 등을 물으셨다.

다음날부터 도시 투어버스카드Grosse Stadtrundfahrt를 끊어 함부르크 곳곳을 구경시켜 주셨다. 비스마르크 동상, 성 미카엘 교회, 유람선 관광(Alstersee, Binnenalstersee), TV 탑 등을 교수님과 3일 동안 관광하며 나는 사도師道의 참모습을 많이 배웠다.

14일 교수님이 함부르크역까지 데려다주어 크레펠트Krefeld에 내려 마이클과 만나 시간을 보내고 15일 튀빙겐으로 돌아왔다.

친구의 초대를 받고

빌헬름과 함께

방학이 길다 보니 친구들이 돌아가며 초대하여 기숙사나 자취방에서 간단히 식사하며 친교를 나누곤 했다. 한 학기 동안 공부하며 받은 스트레스를 방학에 여행하거나 친구들과 어울리며 에너지를 재충전하는 것이다. 8월 27일은 하네로레 생일이라 친구들을 초대했는데 7명 정도 모였다. 베라-마리아, 빌헬름, 한스-요르그 등등. 하네로레는 크리스토프, 비키와는 친한 사이가 아니지만 나와는 가깝게 지내는 사이였다.

여름방학의 마지막 여행

여름방학이 끝날 무렵 크리스토프와 비키 그리고 나는 남부 독일로 여행하기로 하고 내가 기숙사에 있는 독일 친구에게서 폴크스바겐을 빌려 10월 4일 아침 뮌헨으로 출발했다.

7월에 헤어지고 3개월 만에 에리카와 재회했다. 에리카는 뮌헨의 명소들을 데리고 다니며 우리를 안내했고, 다음날에도 미스바흐Miesbach, 슐리어제Schliersee, 슈피칭제Spitzingsee, 발렙프Valepp, 바드 아이브링Au bei Bad Aibling까지 동행하여 안내해 주고 밤에 뮌헨으로 올라갔다. 나는 천천히 굴러가는 그녀의 차가 숲속으로 완전히 사라질 때까지 바라보며 언제 다시 만날 수 있으려나, 이 헤어짐이 우리 관계의 마지막이 아닐까 이런 생각을 하며 갑자기 밀려오는 추억의 순간순간이 떠올라 가슴이 가볍게 떨렸다.

6일 우리 셋은 로젠하임Rosenheim, 바써부르크Wasserburg, 킴제Chiemsee 등을 돌며 구경하고 튀빙겐으로 올라가던 길에 파일른바하Feilnbach am Wendelstein 고속도로에서 차 엔진에서 연기가 나 길에 세워놓고

에리카, 크리스토프, 비키와 산책하다 잠시 쉬며

슈피칭제 호반 카페에서 크리
스토프, 에리카와 함께

크리스토프가 마을로 가서 정비사를 데리고 왔는데, 정비소의 다른
기술자가 보며 엔진을 교체해야 한다고 해서 폐차 직전의 차였지만
빌린 차이기에 새 엔진을 주문해 교체하고 10월 8일 늦게 튀빙겐에

와서 차 주인에게 하루가 늦어진 사정을 말하며 건네주었다. 지금도 관광의 추억보다 차 고장으로 당황했던 그때가 인상 깊게 남아 있다.

1969년을 보내며

연말이라 도시 분위기가 썰렁하고 상가 쪽으로만 약간 들떠 있었다. 대학 도시의 겨울은 학생들이 떠나 한산했다. 나는 책상 앞 창가에서 커피를 마시며 음악을 듣기도 하고 책을 보다 바깥 풍경에 눈을 꽂곤 한참 동안 상념의 꼬리를 이어가기도 하며 시간을 보냈다. 이방인에겐 겨울이 쓸쓸한 계절이고, 찬 공기마저 향수를 자극하는 애상의 계절이다.

용화가 크리스마스에 혼자 있느냐며, 연말도 되었으니 오라고 날을 정해주었다. 용화는 프랑크푸르트에서 홈부르크Homburg로 옮겨가 살고 있었다. 12월 23일부터 4일간 머물렀는데, 27일 하이델베르크까지 드라이브해서 대학, 의학박물관 등을 구경시켜주고 내 일정에 맞추어 만하임에 내려주었다. 27일을 비키 집에서 지내고 나서 튀빙겐으로 내려오는 기차에서 친구들의 순수한 우정과 아름다운 마음씨를 되새겨보며 여러 생각에 잠겼다.

1970년 1월 22일 목요일 오후 8시 볼노우 교수 면회시간이다. 교수님은 방학에 무엇을 하려는지, 두 학기가 끝나가는데 공부하는 게 어떤지 등 내 생활에 관해 자세히 물으셨다. 나는 그동안 내가 공부했던 것, 철학, 신학을 수강하며 참석했던 세미나 등에 관해서 말씀드렸다. 들으시면서 가끔 머리를 끄덕이셨다. 학기말 논문들과 과제를 마무리하며 매우 지쳐있었는데, 교수님 말씀을 들으며 좀 더 열심히 해야겠다고 생각했다.

2월 3일 볼노우 교수 조교인 로디Rodi 박사와 면담이 잡혀있어 연구실에 갔다. 별말씀은 없으시고 새 학기에 어느 과목을 수강할지 생각해봤냐며 간단하게 과목 안내를 해주셨다.

2월 5일 신학과 스트렁크Strunk 박사에게 리포트를 제출했고, 퀼멜Friedrich Kümmel 교수에게 학기말 논문 "퍼스 철학에서의 학문 방법론"(die wissenschaftliche Methode in Philosophie Peirces)을 제출했다.

마렌 힌릭스

멘자에서 식사하고 있는데, 어느 여학생이 식판을 들고 내 옆에 와서 여기 앉아도 되냐고 물어서 나는 '자리도 많이 남는데⋯'라는 생각을 하면서 그러라고 했다. 서로 이야기를 하자, 자기소개를 먼저 했다. 마렌 힌릭스Maren Hinrichs인데, 생물학을 전공하고 옛 식물정원 근처 다락방(Lazarettgasse)에 산다며 이름과 주소를 적어주었다.

그다음 주 월요일 아침 11시경 마렌이 내 기숙사에 찾아왔다. 나는 깜짝 놀라 '가까운 사이도 아닌데 이렇게⋯.' 이런 생각을 하며 방으로 안내하여 이야기를 나누다 멘자로 함께 갔다. 그리곤 가끔 멘자에서 만났는데, 어느 날은 2월 7일 파싱Fasching에 누가 나를 초대했다며 같이 가겠느냐고 물었다.

나로서는 파싱이 어떤 축제인지, 어떻게 하는 것인지 호기심에서 그리고 나를 초대했다는 여학생이 누군지도 궁금해서 가겠다고 하곤 주소를 받아두었다.

레나테 펠카

2월 7일 저녁 8시가 조금 지나서 나를 초대한 여학생 자취 집 (Albrechtstr.)에 도착했다. 이미 여러 명이 분장을 하거나 가면을 쓰고 춤을 추고 있었다. 빈 술병이 여기저기 널브러져 있는 것을 보니 한차례 술판이 벌어졌던 것 같다. 자그마한 여학생이 반갑다고 인사말을 건네며 나를 맞아 구석 소파에 안내하고는, 마실 것을 갖고 왔다. 그녀는 이미 술을 좀 마신 상태였다. 자기는 레나테 펠카 Renate Pelka라고 하며 생물학을 전공한다고 소개했다. 마렌과 가까운 친구였다. 그리고 같이 있던 오빠(Rohland)와 올케(Ursula)를 소개하고선 다른 학생들을 손으로 가리키며 소개해 주었다. 자정이 지나며 한두 명씩 돌아갔고, 몇 명은 방바닥에 웅크리고 자기도 했다. 그날 몇 명은 새벽녘까지 놀다가 아침에 커피를 마시고 갔다.

그날은 그렇게 지내고 돌아왔는데, 며칠 후 레나테가 내 기숙사로 찾아왔다. 그래서 내 방에서 커피를 끓여 마시며 이야기를 하는데, 나는 카니발에 왜 나를 초대했는지 궁금해서 물었다. 나를 어떻게 알았는지도 퍽 궁금했다. 멘자에서 자주 봤는데, 이야기하며 지나고 싶었다는 것이다. 나에 관해서도 여러 가지 물으며 우리는 차츰 마음을 열기 시작했다.

그녀와 만남이 잦아지고 함께 보내는 시간이 많다 보니 그녀가 보수적인 가정에서 자랐던 것을 알게 되었다. 참 신기한 것은 서양 여자인데 의식이나 행동, 몸가짐 같은 것은 동양적인 정서에 가까

레나테와
외스터베르크 산책
(1970.3.26.)

었다. 대화할 때마다 느꼈던 바이지만 그녀는 다소곳하고, 조용하며, 퍽 차분했다.

어느 날 크리스토프와 비키가 며칠 나를 못 봤다며 내게 들렀는데, 그 자리에 레나테도 있어 소개하고 그 후 우리는 서로 기숙사를 오가며 지냈다. 그 당시 레나테 오빠는 역사학 박사과정에 있었는데, 후에 함부르크대학교 역사학 교수로 있다가 은퇴했다.

9일에는 바르트 세미나가 있었다. 19일 스트렁크 박사에게 바르트 과제물을 제출했다. 26일 오후에는 파렌바흐 교수의 언어철학 세미나가 있어 참석했는데, 그는 언어의 소통 관계를 상징적 기호로 해석하고 있었다.

3월 5일 크리스토프와 막스 에른스트 작품이 전시 중인 슈투트가르트 미술관에 갔다. 이번 학기 과제물을 모두 제출했기에 홀가분한 마음으로 다음 학기 준비를 서서히 하며 친구들과 예술 행사에 자주 가곤 했다.

26일 레나테와 외스터베르크Österberg에 산책하며 오후 한나절을 즐겁게 보냈다. 레나테는 한 달 전에 비해 많이 활발해졌다.

리키 라인간스

1970년 4월 13일(월) 여름학기(SS 1970) 등록을 마쳤다. 새 학기 준비를 하며 며칠 지내고 16일(목) 멘자에서 나와 기숙사 앞 잔디밭에서 커피를 마시고 있는데, 어느 여학생이 옆 의자에 앉으며 인사를 하곤 말을 걸었다. 서로 이런저런 이야기를 하며 자기소개를 하는데, 불문학을 전공하고 있는 리카르다 라인간스Ricarda Rheingans라고 한다. 그냥 리키Rici라는 애칭으로 부르라며 바로 말을 놓고 이야기를 했다. 다른 여학생들보다는 씩씩하고 매우 털털했다. 표현을 좀 바꿔보면 덜렁거리는 듯한, 그러면서도 여성스러움이 이야기하는 데서 섞여나오는 여학생이었다. 청바지에는 시커먼 기름이 군데군데 얼룩져 있었고, 노란 스웨터를 입고 있었는데, 갈 때는 자전거를 타고 갔다.

다음날 멘자에서 우연히 또 만났다. 그날 수업이 없어 식사 후 기숙사로 오려는데, 자전거를 타지 않고 밀며 따라와서 내방에서 커피를 마시면서 가족 이야기, 고등학교 때 이야기, 언니 이야기 등등 참 많은 이야기를 하며 저녁식사 때까지 시간을 보냈다.

5월 1일(금)은 공휴일이라 침대에 기대어 음악을 들으며 쉬고 있었는데 리키가 자기 자취 집(Schwärzlochstr. Gartenhaus)에 가

기숙사 앞 잔디에서 리키, 클라우스와 필자

자며 데리러 왔다. 우리는 가는 길에 장을 봐서 30여 분을 더 걸어
갔다. 자취 집이 학교에서 멀리 있어 자전거로 다녔던 것이었다.
그곳은 포도밭 농막 같은 곳이다. 근처에 집 몇 채가 있었다. 이른
저녁인데 빵, 버터, 치즈, 독일 소시지 부르스트Wurst, 맥주 몇 병,
후식으로 사과가 전부다. 이게 대다수 독일 대학생의 생활상이다.

　멘자에 가면 우리 중에 누구랄 것 없이 먼저 온 사람 곁에 모였
다. 거의 내 곁에 와 앉는데, 그러다 보니 크리스토프와 비키도 마렌
에게 소개하게 되었고, 4월부터는 리키도 소개하여 우리 여섯은 죽
마고우처럼 가까워졌다. 비가 오거나 눈 내릴 때면 나는 방에서 식
사하고 공부하는데, 그럴 때면 어김없이 한두 명이 찾아온다. 나를
보고 싶다며 찾아오는 친구들이니 얼마나 고마운가. 그럴 때마다
내방은 우정의 카페가 되곤 한다.

'그 시간에 책을 더 읽지 친구들과 환담이나 하며 날을 보내는 것은 공부에 도움이 되지도 않을 뿐만 아니라 리듬마저 깨져 의욕 상실로 이어질 것'이라고 생각하는 이들도 있을 것이다. 하지만 나는 친구들과 즐겁게 시간을 보내고 나면, 그날 계획했던 분량의 목표를 집중적으로 채워가기 때문에 의욕은 더 고조되고 성과는 더 빨리 이뤄진다. 10시간을 계속 공부할 때보다 5시간을 즐겁게 놀고 나머지 5시간에 집중하여 공부하는 게 내게는 더 생산적이었다. 내게 친구가 많고, 그들과 보내는 시간이 많다는 게 내게는 오히려 삶의 활력소가 되었다. 이들이 내게는 비타민과 같은, 베르그송의 용어를 빌리면 "생명의 약동élan vital"과 같은 존재다.

6월 6일부터 니체 수정 작업을 했다. 시간 개념을 내 주관으로 해석한 작업인데, 볼노우 교수의 관점에서 보면 궤도를 이탈한 것이다. 그는 헤라클레이토스의 "만물유전" 사상을 시간 개념의 정석으로 믿는다. 이런 관점에서 니체의 "영원 회기설die ewige Wiederkehr"을 해석해야 한다는 것은 내겐 나의 시간관을 포기해야 한다는 것이나 마찬가지였다.

볼노우 교수는 영원한 흐름, 그게 삶이라고 주장하는데, 나는 아우구스티누스나 하이데거의 시간 개념, 베르그송의 삶의 시간과 의식, 불교적인 환생과 동양적 우주론에서도 그런 사상을 도출할 수 있다는 점을 부각하곤 했다.

나는 교수님과 생각이 다른데 '계속 교수님의 의식에 맞춰 가며 공부해야 하나'라고 가끔 자문自問하곤 했다. 이 '계속'이란 나의 사상이나 관념, 의식이나 세계를 개조해야 하는 것, 즉 나를 '나 아닌 나'로 비존재화, 탈자아화하는 것인데, 결국 나의 존재성을 부정하는 것이다.

6월 9일 김정양 선배가 나를 만나러 와서 이틀간 같이 지내고 슈투트가르트로 가서 TV 탑에 올라가 시내 전경을 구경하고, 슈투트가르트 공대(TH) 멘자에서 식사하며 이승우 씨, 신 박사, 김의숙 씨 등과 만났다. 나로서는 초면인 분들이다.

버나드는 기숙사를 나갔고, 겨울학기(WS 1969/70)에 새 룸메이트가 들어왔다. 탱크 운전병으로 복무하다 제대하고 온 학생이었다. 클라우스Klaus Peter Laas라고 하는 데 전공이 생화학이다. 매우 얌전하고, 수줍음이 많고 내성적이다. 저녁에 방에서 만나는 때 외에는 거의 멘자에서도 볼 수 없었다.

몇 번 방에서 리키와 마주쳤는데, 그럴 때마다 두툼한 책을 갖고 바로 나가곤 한다. 어느 날 저녁 나는 이런저런 이야기를 하며 마음을 열도록 유도했다. 우리와 어울리고는 싶은데 수줍어서 그렇다는 걸 눈치챘기 때문이다. 나는 리키와 잘 어울릴 것 같다는 예감이 들어 셋이 만나는 기회에 둘을 정식으로 소개했다. 그 후부터 리키가 내게 놀러 오면 셋이 자연스럽게 이야기도 하고 멘자도 같이 가며 지내게 되었는데, 이 둘은 그 후 연인 관계로 발전했다. 오래전이기는 한데 부부가 의사가 되어 프라이부르크 근처에서 개업의로 일한다는 소식을 들었다.

도서관 아르바이트

1970년 7월 2일부터 나는 철학부 도서관에서 시간제 아르바이트를 하게 되었다. 내가 각 과목 과제물 준비 때문에 도서관에 자주

가다 보니 관장과 인사도 하며, 담소하는 정도로 안면이 있었다. 어느 날 복도에서 관장을 만나 인사를 나누는데 도서관에서 일하지 않겠냐고 물어와 그렇게 된 것이다. 관장은 50대 전후로 보이는 여자분인데 박사이며, 친절한 분이다. 내게 맡긴 일은 서가 앞에서 대출 도서를 확인하고, 대출 카드에 도장 찍어 주고, 도서 반납을 확인하는 것이다.

나는 책을 대출하지 않고, 도서관에서 바로 읽고, 간추리고, 메모하며 과제물(발제, 간단한 리포트, 논문 등) 준비를 하는 편이다. 도서관에서 일하다 보니 나로서는 필독서를 가져와 읽으며 시간당 돈을 받게 된 셈이다.

여름방학

7월 10일 볼노우 교수가 본인이 지도하는 한국 학생들을 집으로 초대했다. 식사하며 일상적인 이야기, 에피소드 같은 것도 이야기하시다가 각자 방학 계획을 물으셨다. 교수님은 워낙 근엄하셔서 면담 때마다 나는 매우 긴장하곤 했는데, 댁에서 우리를 손님으로 맞으시며 대하는 태도는 소박한 촌부의 모습처럼 부드럽고 순수해 보였다. 본인의 사적인 이야기 등도 말씀해 주셨다.

7월 19일 큄멜 교수에게 학기말 논문을 제출했다. 10일 후 연락을 받고 갔더니 논문을 돌려주시며 논문의 내용에 관한 평가와 문제점이 무엇인지 상세히 지적해 주셨다.

마이네르트 마이어

철학 세미나와 교육철학 세미나에 참여하는 학생 수가 적다 보니 같은 사람을 자주 만나게 된다. 어느 날 옆자리에 앉게 된 학생과 세미나에 관해 말을 섞게 되었다. 우리는 서로의 이름을 알고 있었다. 그는 마이네르트 마이어Meinert Meyer인데, 늘 웃는 얼굴에 말을 재미있게 했다.

도서관에서 아르바이트하고 있는데 마이네르트가 와서 헤겔 탄생 200주년 기념 학술대회(슈투트가르트)에 내일 가려고 하는데 같이 가잔다. 학교 게시판 곳곳에 붙여져 있는 학술대회 포스터를 보면서 한 번쯤 가보고 싶었는데 뜻밖의 기회였다. 여러 분과로 나뉘어 헤겔 전문 학자들이 논문 발표를 하는 데 나는 칼 뢰빗트의 발표에 참석했다. 논문 내용보다는 세계적인 석학들의 발표와 학술대회 진행 과정 등이 궁금했고, 이름만 알고 있던 학자들을 직접 볼 수 있다는 점에 큰 의미를 두었다.

1972년 어느 날 자기 집에 초대한다며 가잔다. 그 당시 나는 경숙이와 약혼한 사이라 같이 갔는데, 그는 결혼한 아기 아버지였다. 부인(Christel)은 매우 친절하고 지적이었다. 신혼집이라 방안 전체가 새 가구들과 가전 등으로 채워져 너무 아름다웠다. 스위트홈이라는 생각이 강하게 다가왔다. 부인도 학생이었는데, 언제 요리를 배웠는지 처음 먹어 보는 음식으로 깔끔하게 상을 차렸다. 그 후부터 마이네르트 가족과 우리는 자주 만났다.

사실 그 이전까지 우리는 세미나에서 서로 인사하며 지내는 정도의 사이였는데, 함께 식사하고 차도 마시며 서로 마음을 열기 시

경숙과 클라스, 크리스텔, 마이네르트(기숙사 앞에서)

작했다. 대화가 한참 무르익을 즈음 그는 교육학적 인간학이나 실
존주의 교육철학보다는 교육학의 새로운 흐름을 공부하고 싶은데,
튀빙겐에서는 불가능한 것 같다고 이야기했다. 내가 받은 인상은
그가 삶의 철학이나 실존주의에 근간을 둔 교육학보다는 새로운 교
수 방법론과 과학적 학습자료를 활용한 교육학의 실용성에 접하고
싶던 것 같았다. 난 그와 이야기를 터놓고 하게 되면서 그가 퍽 진지
하고 성실하다는 인상을 받았다.

　나 역시 튀빙겐 철학부 모든 교수님의 강의나 세미나, 콜로퀴움
에 참여하면서 첫 3년간은 많은 것을 배웠는데, 4년째 접어들면서
수강할 수 있는 과목이 반복되곤 하여 점점 식상食傷해 있었다.

　내 마음은 이미 튀빙겐을 떠나있었다. 한두 학기 내에 마이네르
트도 어떤 곳으로든지 옮겨가게 될 것 같다는 예감이 들었다. 나는
과학철학 계통의 학술 논문들과 저서를 읽었던 이야기를 꺼냈고,

그는 교육학의 새로운 방법론과 교수 방법론이 함부르크에서 가능하다고 이야기했다.

그는 책을 빌리려 도서관에 자주 왔다. 그때마다 그는 내 곁에 앉아 빌려 가는 책의 내용에 관한 이야기도 하고 개인적인 이야기도 하다 가곤 하는데 어딘지 모르게 자신감이 넘쳤다. 어느 순간 나는 그가 교육학 교수가 되려고 한다는 인상을 받았다. 교육학 세미나에 참석하는 대다수 학생은 석사Magister 정도로 학업을 마치고 일반 교직에 종사하는데, 마이네르트는 야망이 컸다.

나는 이 글을 쓰며 추억거리를 찾아 튀빙겐 시절 사진첩을 넘겨 가다 마이네르트 가족과 지내던 사진을 발견하고 그 가족과 지내던 생각이 나서 구글에 들어가 'Meinert Meyer'를 쳤더니 그의 행적이 나왔다. 그가 함부르크대학교 교육학과 교수로 있으면서 유럽교육학회EERA에 크게 공헌하다가 2018년 11월 9일 타계했다는 부고와 그의 영정사진을 접하게 된 것이다. 마이네르트와 지내던 시간과 크리스텔과 첫아들 클라스Claas의 모습이 생생하게 떠오른다. 홀로 된 크리스텔의 슬픔과 외로움을 생각하니 무언가 내 가슴을 짓누르는 것 같다. '친구여! 튀빙겐에서의 우정이 어제 같은데 이렇게 허망하게 떠나다니. 언젠가 다시 만나게 될 텐데 그땐 삶과 우정, 시간과 영원에 관해 이야기를 나누며 우정을 이어가세. 그럼 다시 만날 때까지…'.

우연한 만남

1970년 8월 6일 박창건이 슈투트가르트 공항에 도착하여 마중 나갔다. 4일간 내 방에서 같이 있으며 튀빙겐 곳곳을 구경시켜주고, 10일 오전 8시에 함부르크로 떠났다. 박창건은 감리교신학대학을 졸업하고 연세대 연합신학대학원에서 신약 신학을 전공했다. 우리는 1968년 봄에 2달 정도 독문화학원 회화반에서 같이 공부했다. 그때 이형기도 만났는데, 초면이었지만 독일 유학의 꿈으로 이야기가 통했다.

이형기는 뮌스터로 유학 왔다 귀국하여 미국으로 가서 하버드신학대학을 거쳐 드류대학교에서 박사학위를 받고, 1980년 9월 1일 장신대 역사신학 교수로 취임하였다. 같은 날 나는 철학과 신학 교수로 취임했다. 12년 만에 전혀 예상치도 못했던 곳에서 만남이 이루어진 것이다.

9월 17일, 용화 부부가 나를 만나러 튀빙겐에 왔다. 리키도 와서 용화 부부를 소개하고 같이 이야기하다 리키가 자취 집으로 가자고 해서 나서다 크리스토프도 만나 용화 차로 5명이 타고 리키 자취 집에서 식사하며 지냈다. 용화 부부는 21일까지 튀빙겐에 머물렀다. 나는 근처 마을들과 주변 명소들을 안내했고 학생 카페, 학생 단골 식당, 학생 전용 팝Kneife 등에도 다니며 많은 시간을 함께 보냈다.

겨울학기, 만남과 만남

여름방학 동안에는 시간을 내어 가며 도서관에서 일하고, 겨울 학기 과목들과 관련된 자료들을 찾아 읽고, 여행도 하며 바쁜 시간을 보냈다.

10월 말경에 김영근이 튀빙겐에 왔다. 영근이는 신과대학 선배의 동생인데, 연대 철학과에서 석사학위까지 하고 온, 이규호 교수 제자다. 선배가 동생 편에 친서를 보내며 동생 소개를 자세히 했다.

12월 5일(토) 아침 지그린데 차로 레나테와 영근이랑 뮌헨 미술관에 가서 여러 작가의 작품들과 파울 클레 특별전에 전시된 작품들을 감상하며 주말을 보냈다. 한국에서 듣기만 했던 거장의 작품을 감상하며 깊은 인상을 받았다. 하지만 나는 기하학적 도형과 상징성을 표출하고 있는 듯한 색채의 조화, 선과 색 배열의 의미까지는 이해할 수 없었다. 현대 미술을 눈으로 호흡한 것에 고무되었을 뿐이다.

6일은 레나테 집에서 오빠 부부, 지그린데, 클라우스, 리키, 영근과 나까지 니콜라우스축제로 식사를 하며 주말을 보냈다. 20일에는 레나테 집에서 그녀의 친구인 치대생 울리케Ulrike, 이름가르트Irmgardt, 영근, 나, 이렇게 5명이 식사 후 크리스마스 선물을 교환하며 조용하게 축제를 즐겼다. 레나테가 22일 부모님 댁(Kettwig)에 가서 크리스마스가 지나고 오기 때문에 가까운 친구들끼리 먼저 파티를 한 것이다.

레나테가 떠나고 23일에는 클라우스 아버지가 나와 영근이를 데리러 왔다. 클라우스가 이번 크리스마스에 자기 집에서 보내자고 하여 그렇게 된 것이다. 클라우스는 아버지와 함께 다음날부터 울름Ulm 시내 곳곳과 세계에서 제일 높다는 울름 대성당(161m)도 데려가서 구경시켜 주었고, 어머니는 축제 음식을 준비하여 저녁에는 크리스마스 파티를 했다. 아침에는 집 근처 교회에 가서 예배도 드리고 산책도 하며 조용하게 한낮을 보냈다. 26일 아침 일찍 집을 나서 린다우-보덴제-오버스도르프-네벨호른(2,224m) 관광을 하

클라우스 부모님과 김영근

네벨호른(2,224m)
정상에서

며 설경의 아름다움과 자연의 멋을 차곡차곡 기억에 담았다. 27일
에힝겐 관광을 하고 집에서 음악을 들으며 지내고, 28일에는 리키
가 자기 집에 꼭 들르라고 하여 로이틀링겐 리키 어머니 댁에 들러
준비해 놓은 여러 가지 음식을 먹으며 즐겁게 명절을 보냈다. 어머
니는 매우 개방적이었다. 이야기도 재미있게 많이 하셨다.

연말이 되어 튀빙겐 한국학생회에서 송년회 준비를 하고 있는
데, 대학병원에서 근무하는 한국 간호사 모임에서 송년회를 같이
하는 게 어떠냐고 하여 공동으로 하기로 했다. 그 당시 튀빙겐대학

병원에는 한국 간호사 10여 명이 일하고 있었고, 이 근처 곳곳에 있는 작은 병원에도 한국 간호사들이 몇 명씩 일하고 있었다.

튀빙겐에서 차로 1시간 거리에 있는 쯔비팔텐Zwiefalten 병원에는 한국 간호사 10명이 한 달 전(1970.11.29)에 도착하여 튀빙겐대학교에 재학 중인 유학생에게서 독일어를 배우고 있었다. 이 학생이 쯔비팔텐에 새로 온 간호사들도 초대하자고 하여 학생기숙사 Geigerle Studentenheim 홀을 빌려 30여 명이 함께 식사하고 놀이도 하며 시끌벅적하게 연말을 보내게 되었다. 12시가 되어 실내조명을 낮추고, 일어서 서로 손을 잡고 〈나의 살던 고향〉을 합창하고, 이어서 턴테이블에서 준비해 온 〈올드랭사인〉이 나오자 분위기는 한순간에 가라앉았다. 훌쩍이는 소리, 흐느끼는 소리가 여기저기에서 들려왔고, 어떤 이들은 밖으로 뛰쳐나가기도 했다. 한순간 모두 말이 없었다.

대학병원에서 근무하는 한국 간호사들은 주로 결혼한 분들인데 연말이고 하니 가족 생각이 많이 났으리라. 쯔비팔텐에서 온 10명은 20세 안팎의 소녀티가 묻혀나오는 처녀들인데, 어린 나이에 가족을 떠나 외국에서 혼자 있는 외로움, 가족에 대한 그리움이 복받쳤던 것 같다는 생각이 든다. 학생들도 한동안은 그저 멍하니 있었다.

새 아침을 열며

1971년 1월 1일, 나는 새해를 맞으며 여러 가지 생각에 잠겼다. 독일 학생들은 연말 연초를 집에 가서 지내기도 하고 스키 여행을 떠나기도 하여, 기숙사에는 나만 남아있게 되었다. 침대에 누워 유리창 밖의 설경을 보며 새해 계획을 한 가지씩 세워봤다. 우선 앞으로 탐구할 주제를 찾기 위해서 신간 도서, 철학 학술지 등을 차근차근 찾아 읽어갈 계획을 세웠다. 그렇게 해가다 보면 어떤 구상이 구체화 될 수 있으리라 판단했기 때문이다.

삶의 철학은 기이하게도 일본과 한국에서만 20세기 철학의 주류처럼 인식되어 다뤄지고 있었지만, 독일에서는 물론이려니와 세계 철학계에서도 중심에서 벗어난 철학이 되어가고 있어, 그것에 매달리는 것도 싫고, 그렇다고 아직 구체적으로 어떤 것을 다루겠다는 구상도 없어 올해에는 집중적으로 철학의 새로운 영역을 찾아 탐험의 길을 가야겠다고 생각했다.

나의 관심은 철학의 일상적인 한계선을 넘어서려는 것이다. 이것의 성공 가능성은 철학을 고정관념, 철학에 대한 전통적이고 보수적인 의식의 우상을 파괴하고, 모험에 가까울 정도로 새로운 대지를 찾아가는 것이다. 철학이란 배우는 과정에서 방법론을 익히고 나면 그 후에는 스스로 만들어 가며 자신의 철학을 세워갈 수 있다는 것이 나의 생각이다. 이런 구상의 성공 가능성은 사고의 틀을 철저히 새로운 차원으로 전환하여 초극超克의 상태에 접해야 한다는 것을 의미한다. 이런 구상이 만일 그저 계획으로 끝난다면, 마무리가 없고 실체를 남길 수 없는 것으로 끝난다면, 그것은 꿈속의 이상향과 같을 것이다.

이런 구상을 하며 나는 올해도 열심히 공부하고, 나를 아끼고 사랑하는 친구들과 인간애의 풋풋함을 삶의 원소로 채워가는 멋진 해가 되기를 기원했다. 내게는 인간이 자산이고, 재물보다 귀한 보배다. 그것은 나 스스로 사람들에 의해 나를 형성해가고 있기도 하고, 사람과 만남으로 인해 나의 세계관과 인간관이 점점 깊어가고 있어 나를 보다 성숙한 나로 만들어 가고 있다는 것을 의미하기도 한다.

올해에도 도서관에서 일하기로 했다. 1월에는 월요일과 목요일 오후 이틀만 일하기로 했다. 여름방학 때부터는 사무실에서 타자 치는 일을 하기로 했다. 아르바이트 학생이 커다란 카트에 책을 가져다 놓고 가면 색깔별로 도서카드 5장에 책 정보(저자명, 저서명, 페이지 수, 분류번호 등등)를 타자하는 일인데, 고등학교 때 아버지가 미제 로열 타자기를 사주셔서 치곤 하다 대학교 때부터는 펜팔 하면서, 영어 편지나 작품을 쓰면서 타자기를 많이 사용하다 보니 비교적 빨리 칠 수 있게 되었다. 우연히 배워두었던 게 이런 기회로 이어지니 참 신기하다는 느낌이 들었다.

1월 26일부터 두 달 동안 튀빙겐에서 버스로 1시간 정도 떨어진 곳에 있는 헤렌베르크 종합병원에서 며칠 전에 도착한 한국 간호사 12명에게 독일어를 가르치게 되었다. 유학생학생처에서 그곳으로부터 독일어를 가르칠 한국 유학생을 소개해 달라는 공문을 받고, 나를 소개해 주었다. 한 주일에 두 번씩 화요일과 금요일 오전과 오후 집중적으로 수업하는데, 우선 병원에서 간단한 회화가 가능할 정도로 가르쳐 달라는 것이다.

콜로퀴움

1월도 내게는 바쁜 달이었다. 도서관에서 일하고, 헤렌베르크에 가서 독일어도 가르쳐야 하고, 그런데 과목마다 해내야 할 과제들을 정리하는 것은 너무 힘에 겨웠다. 이것만이 아니었다. 크레빌 박사의 리바이어던Leviathan 세미나에서 내게 주어진 과제는 6장을 해석解釋하며 비판하라는 것이었다. 한 작품을 자신의 관점에서 해석한다는 것은 상당한 수준의 이해와 그에 대한 확실한 관점이 세워져 있을 때 가능한 일이기에 나는 읽고 또 읽으면서 아주 오랫동안 그 문제에 몰입했다.

매주 목요일 밤마다 두 시간씩 볼노우 교수 콜로퀴움에 참석했다. 그 당시 나는 발표할 단계에 있지 않았기 때문에 참석하여 수업의 진행 과정을 배워가고 있었다. 발표자(대다수 석·박사 과정 학생)가 본인이 써가고 있는 논문 중의 한 장을 발표하면 참여자들은 각자의 관점에서 논평하거나 토론하고, 교수의 최종 평가로 끝마치곤 한다. 나는 발표 논문을 집중해서 들으며 발표자가 무엇을 주장하고 있는지 이해하는 것만으로도 만족했다.

어느 날 콜로퀴움을 마치고 나오는데, 눈이 많이 쌓였고, 계속 펑펑 쏟아지고 있었다. 나는 새로 옮긴 기숙사(Mohlstr. 44)까지 늘 큰길로 오갔었는데, 그날은 옛 식물원 산책길로 갈 수밖에 없었다. 식물원 안의 주변으로는 가꾸지 않은 잡목들과 나무들, 군데군데 수풀이 우거져있어 밤에는 다니는 사람이 거의 없다. 어슴푸레한 낡은 가로등이 두세 군데 있어 산책길 전체는 매우 어두웠다. 이 길을 질러가면 기숙사까지 조금 빨리 갈 수 있어 나는 이날 밤 이 길을 이용했다.

한 시간이 넘게 눈밭을 헤쳐가다 몇 번씩 넘어지며 기숙사에 돌아왔는데 손발에는 감각이 없었다. 눈이 쌓여 가는 밤의 한적한 숲 속! 요즘도 함박눈이 하늘을 가리며 쏟아지는 겨울밤이면 튀빙겐

옛 식물원에서 느꼈던, 경외감敬畏感이 엄습해오며 그때가 아련히 떠
오르곤 한다.

스칸디나비아

1월부터 계속 아르바이트하고 과제물과 논문 작업하며 긴장하다 보니 온몸이 무기력해지며 지금까지 경험하지 못한 무력감이 밀려왔다. 4월 15일이면 여름학기(SS 1971)가 시작된다. 그때도 지금처럼 긴장된 생활이 이어질 텐데, 이런 상태로 새 학기를 맞는다면 기대하는 만큼 학업에 충실할 수 없을 것 같다는 예감이 들었다. 우선 머리를 식히며 몸의 긴장을 풀어야겠기에 어딘가 가서 좀 쉬다 와야겠다고 생각했다.

스칸디나비아 삼국이 여행의 목적지였다. 동행할 친구가 필요해서 레나테에게 내 계획을 말했더니, 같이 가자고 해서 출발 일자를 정했다. 각자 유스호스텔 카드Jugendherbergen Karte도 만들었다. 돌아오는 날은 시간의 제한을 받지 않기 때문에 어떤 어려움도 없었다.

1971년 3월 10일(수) 오전 8시 30분 튀빙겐을 출발해서 함부르크에 도착했다. 우선 유스호스텔에 숙소를 정하고 시내에 나가 거리 풍경을 보며 그날은 함부르크에서 보내고 다음날 아침 코펜하겐으로 가서 하루를 그곳 명소를 찾아다니며 구경하고, 인어공주 동

인어 동상

코펜하겐 시청

상에도 가서 사진을 찍으며 시간의 여유로움을 만끽했다. 헬싱괴르
에서 스웨덴 헬싱보리로 건너가서 저녁 기차로 오슬로로 떠났는데
덴마크-스웨덴-노르웨이의 국경을 넘을 때마다 이웃 마을 지나가
듯 그냥 넘어가는 게 참 기이했다.

오슬로

오슬로는 그때까지 내가 다녀 본 도시 가운데 너무 조용하여 도
시 전체가 휴양지 같다는 느낌을 받았다. 사람들이 붐비며 복잡하
게 지내고 있는 서울의 활기찬 도시 양상과는 너무 대조적이어서

이런 인상을 받은 것 같다. 그런데 그런 분위기에 몇 시간 지나며 익숙해지니 몸과 마음이 평온해지며 조용함 속의 정취가 한층 더 멋있게 느껴졌다.

도시의 분위기는 독일에서의 도시풍과는 너무 달랐고, 노르웨이 전통 가옥과 도시를 꾸며 놓은 디자인이나 거리 풍경, 풍물들도 독특했다. 나는 여행을 할 때마다 그 도시의 인상과 사람, 그곳의 생활상에 관심이 있는데, 이곳은 그런 점에서 내겐 신선하게 다가왔다.

첫날 그곳에서 유스호스텔을 찾아 숙소 문제를 해결하고 시내로 나가서 거리 곳곳을 다니며 시내 관광을 했다. 그런데 겨울이기도 했지만, 그 당시 유럽에서도 노르딕 삼국 관광은 활성화되어 있지 않아 거리에서 관광객을 거의 볼 수 없었다.

13일(토) 오전 10시 30분 외스타인Øystein과 약속한 시간에 그의

오슬로 삼위일체 교회 원경

집에서 만났다. 1969년 여름에 라이프니츠-콜렉에서 헤어지고 이렇게 재회한 것이다. 레나테를 소개하고 서로 그동안 지냈던 이야기로 회포를 풀며 준비해 놓은 음식으로 점심을 먹고, 우리 셋은 시내로 나갔다.

오슬로 시청은 10여 층 이상 될 듯한 붉은 벽돌 건물 두 동이 10층 정도의 중앙건물로 연결되어 진 건축 양식인데 참 독특했다. 그 앞 항구에는 유람선인듯한 크고 작은 배들과 여러 종류의 배가, 다른 한쪽에는 요트들이 가지런히 정박해 있었다.

뭉크 미술관

외스타인은 우리를 뭉크 미술관으로 안내했다. 오슬로 관광에서 뭉크 미술관은 거의 필수 코스처럼 되어 있어 관광객으로 그곳을 놓치고 가는 경우는 거의 없다고 한다. 그 전시 기간에 체코 화가의 작품도 전시되어 있었는데, 예상치도 못했던 행운이 겹친 것이다.

대체로 뭉크를 자연주의를 탈피하려 했던, 표현주의에 작품성을 실었던 화가로 현대 미술 평론가들이 평하는 글을 읽은 적이 있다. 나는 그것이 옳은지 다른 가능성이 작품 이면에 내재 되어 있는지 알 수는 없지만, 내가 받은 인상은 퍽 괴기스럽고 외경스럽고 초월성 같은 것이 복합적으로 혼합되어 있는 신화를 떠올리게 했다. 인간의 고뇌와 번민, 사랑과 증오, 피와 죽음 등등 다양한 주제가 내겐 종교적 인간학의 주제로 함축되곤 하였다. 내가 신학을 바탕으로 학문에 입문하면서 점진적으로 구축해 온 기독교적 경건주의와 전이해가 뭉크의 작품을 감상하며 해석함에 이런 인상으로 각인된 것이라는 생각이 든다.

아무튼, 뭉크는 참 독특한 화가이다. 그러기에 그의 작품 세계를 미학의 한 장르로 규정하거나 해석하는 것은 무모함과 모호함을 동시에 감내할 수 있는 지경에 있을 때 가능할 것이다. 그런데 이런 행위는 모험일 수도 있고 만용일 수도 있으리라고 나는 그림 앞에서 강하게 느꼈다.

그는 프리드리히 니체의 초상화도 그렸는데, 니체는 "신은 죽었다"라는 표제어로 함축될 수 있는 철학자로서 비극의 탄생과 초인의 도래를 거의 신앙처럼 역설하며 시간의 순환을 영원회귀의 사상으로 압축한 본인이다. 이 점에서 본다면 뭉크는 니체와 철학과 사상, 세계관과 인간관에서도 유사할 뿐만 아니라 솔직히 표현하면 사상의 일치성을 드러내고 있다고 하겠다. 뭉크의 작품에는 실존주의 영향이 수면 밑에 깔려있었다. 내가 받은 인상이 그렇다는 것이다.

그날 관람객이 별로 없었는데, 나오면서 기념품 가게에서 그의 작품 포스트 카드 몇 장을 샀다. 내가 오랫동안 갖고 있던 것은 〈절규〉였다. 그게 유명한 작품이라는 명성 때문이라기보다는 그 그림에서 나는 현대인의 자화상을 발견할 수 있었기 때문이다. 뭉크의 의식에 잠재된 절규는 내가 받은 인상과는 다를 수도 있고, 나의 감상 수준이 틀릴 수도 있겠지만 어쨌든 나는 현대인의 삶의 과정을 이런 의미로 해석하고 싶다.

외스타인과 헤어지고 시내 관광을 하다 어느 카페에서 휴식을 취하면서, 레나테도 나도 말이 없었다. 초저녁인데도 어둠이 나리기 시작하며 밤이 찾아오고 있었다. 오늘의 강행군으로 우리 몸은 피곤하고 허기도 져서, 카페를 나와 어느 식당(노르웨이어로 쓰여있어 식당 이름을 읽을 수 없음)에서 식사하며 내일 일정에 관해 의논했다. 오슬로에서 둘째 날을 보내는 것이다.

바이킹 박물관과 콘티키 박물관

14일 11시 30분 바이킹 박물관에 도착했다. 노르웨이라는 개념이 표출하는 상징성은 바이킹 아닐까? 박물관 자체는 단순한 구조물로 건축된 자그마한 건물이었다. 전시물은 바이킹 배 3척과 유물들이 전부였다. 그런데 어느 배는 밑단을 아름답고 정교하게 조각하여 배 자체가 예술품 같게 했고, 외형적인 상태도 깨끗했다. 나는 이 배를 타고 거친 대양을 누비고 다녔을 모습을 상상하며 파도와 풍랑을 뚫고 나가야 하는 배의 특징을 찬찬히 뜯어보았다. 왜 이리 크지도 않은 배가 거친 파도와 풍랑을 잘 견뎌낼 수 있었을까.

어느 배는 바이킹의 부장품으로 매장되어 있었는데, 발굴되어 복원했다고 한다. 통나무 바퀴로 된 마차와 썰매, 가죽신과 그릇 등등 일용품도 전시되어 있어 당시의 사회상과 생활상을 추측할 수 있었다. 전시품 중에 동물 머리 조각상은 단순하면서 투박스럽기도 했다. 하지만 이 지역의 지리적·생태적 조건과 연관해보면 바로 그런 모습이 그 당시 이곳에서는 가장 자연스러운 삶의 표현일 수밖에 없었겠다는 생각이 들었다.

콘티키 박물관 역시 개인 집이나 자그마한 연구소 같은 건물인데, 그 안에는 갈대로 엮은 배 한 척이 전시되어 있다. 그런데 그 배에 관한 역사를 읽으며 모험의 위대성은 인간의 탐구심을 자극하여 북돋아 줄 수 있는 마력 같은 것이라는 생각을 했다.

어쨌든 이 박물관에는 노르웨이의 탐험가 헤위에르달Thor Heyerdahl
이 종족 이동과 문화 전파 과정을 증명하기 위해 갈대로 엮은 배를
타고 항해했던, 역사적 증거자료들이 전시되어 있었다. 아메리카
원주민이 폴리네시아로 이동했을 것이라는 가정을 증명하겠다는
의지로 이 배로 동료 5명과 탐험을 시작한 것이다. 그런데 아무리
보아도 이런 배로 태평양을 건널 수 있었다는 것이 믿기지 않았다.
나는 저들의 모험심과 용기에 깊은 경의를 표했다. 목숨을 건 도전
이었기에….

비겔란 조각공원

오늘 일정의 마지막 코스는 프로그너 공원 내에 있는 비겔란
Gustav Vigeland의 조각 작품을 감상하는 것이다. 공원도 평화롭고 아
름다웠지만 내 눈을 끄는 것은 직선으로 뻗은 중앙로의 좌우에 세
워진 비겔란의 조각상들이었다. 이곳을 찾은 목적도 거기에 있었다.
모든 예술은 예술가의 구상을 소재화하여 표현한 것 일진데, 특
히 조각의 경우는 그 창작 행위가 구상 작업뿐만 아니라 표현 기법
에 따라 미학적 의미와 표출하고자 하는 작가의 창작성이 평가되기
때문에 어떤 면에서 보면 작가 자신의 삶, 그 속에서 솟구치는 욕망
과 생명력, 영혼의 무한한 흐름, 시간과 공간을 함몰시키고 있는 초
월성, 작가의 세계관과 인간관이 농축되어 탄생하는 것이라 하겠다.
나는 작품을 감상하며 무언가 배울 수 있고 새로운 이상을 찾을
수 있기에 천천히 훑어보고, 눈과 머리로 읽으며 해석하는 과정으
로 그 앞에서 경외감을 느꼈다. 나는 이런 순간에 몰입하는 버릇이

있는데, 내 눈에 오직 지금 보고 있는 작품 외엔 주변이 눈에 들어오지 않았다.

조각에는 생명이 꿈틀거리고 있으므로 조각의 위대성을 언어로 표현한다는 것은 부담스럽다. 상업주의에 편승한 조각이 지루함과 짜증스러운 권태감을 던져주는 데 비해서 참 예술혼이 깃든 작품의 경우는 그 존재성이 지속하기 때문에 시간의 관점에 따라 계속 의미화된다.

비겔란의 조각 하나하나에는 인간의 본성에서 표출되는 욕망, 사랑, 인간성과 사회성이 얽혀 있어, 단조로운 조각 한 점에서 받는 느낌과는 비교가 안 된다. 어쩌면 내가 조각가도 아니면서 철학적 미학과 예술철학을 배운 지식으로 조각에 관해 이렇게 관조하고 있는 것이 전문가들이 보기엔 문외한의 독단적 해석으로 보일 수도 있을 것이다. 나 자신도 그 점을, 그런 비판을 겸허하게 받아들인다. 어쨌든 모든 예술은 세계를 해석하고 인간의 삶을 표현하려는데 있다는 점은 확실하다.

내가 가장 감명 깊게 감상한 것은 계단을 올라가서 중앙에 세워진, 20m쯤 되어 보이는 조각 기둥 모노리스monolith였다. 수백 명의 나체상이 얽히고설켜 생명의 경외감, 사랑의 본성을 드러낸 것이라고 나는 해석하며 작품을 읽어갔다. 감상자에 따라서는 인간의 아귀다툼을 형상화한 것, 지옥의 모습 같은 현상을 추상한 것으로 읽을 수도 있겠고, 그렇지 않으면 서로 상승하려는 욕망, 서로 짓밟고 먼저 올라가려는 현대 사회의 인간상으로 느낄 수도 있을 것이다. 작품을 감상하며 표상 행위를 거쳐 개념화된다는 것은 작품이 의식을 거쳐 감상자의 예술관으로 정립되어 간다는 의미다.

모노리스를 감상하며 비겔란이 인도 여행을 한 적이 있거나 인도 종교와 문화에 관한 자료와 사원 사진이 실린 화보를 본 적이 있지 않을까, 내 나름대로 이런 추측을 해 보았다. 인도 카주라호 힌두교 사원 외벽에 다양한 나신의 조각과 남녀의 성애와 성행위를 표현한 조각들이 비겔란의 작품을 감상하며 겹쳐지곤 한다.

카주라호 사원 외벽 조각은 '성聖과 성性', '성聖과 애愛'의 일체감을 종교의 진수로 부각浮刻해 표현한 예술 조각이며, 그 자체로서 종교성의 상징이다. 나는 미학과 예술철학을 공부하며 예술 자료들과 종교 화보들을 많이 보아왔기에 감상하며 이렇게 느꼈다.

15일(월), 오늘 일정은 골Gol에 가서 하루 쉬며 800년 된 목조 스타브교회Stavkirke 및 노르웨이 전통 목조 건물 몇 곳을 가볍게 구경하고 돌아와 스웨덴으로 떠날 예정이었다. 눈이 많이 와서 차편

스타브 교회에 가는 길이 눈으로 막혀 오슬로행 버스를 기다리며

이 끊기고 관광 명소도 겨울에는 문을 닫아 중도 어느 마을에서 오슬로로 가는 버스를 기다리며 새 여행계획을 짜야 했다.

오슬로에 돌아와 쉬엄쉬엄 눈 쇼핑도 하고, 카페에서 석양빛에 물든 하늘과 잔물결이 이는 바다, 수평선 넘어 그 너머를 상상해보며 휴식을 취했다. 보고 즐기는 여행의 맛도 있지만, 낯선 이국의 풍물과 생활 모습을 보며 느끼고, 그 속에서 무언가 깊은 인상을 얻을 수 있다면 그것 또한 여행의 좋은 추억이 될 수 있을 것이다.

스톡홀름

16일 오후 10시 15분, 야간열차로 스톡홀름으로 출발했다. 겨울인 데다 북극지방이라 낮이 너무 짧았다. 기차는 숲과 평원을 달린다. 호수는 달빛에 반짝이고 큰 호숫가에 드문드문 있는 오두막 같은 집은 어렴풋이 윤곽만 드러내고 있다. 스쳐 가는 차창 밖 풍경은 을씨년스럽고 쓸쓸해 보였다. 그러면서 이런 곳에서 무얼 하며 살아갈까, 이런 곳에서 생활하는 것은 어떨까 하는 생각이 들었다. 호수도 참 많았다. 연못만 한 작은 호수에서 큰 호수, 한참 달려야 하는 긴 호수 등등 어둠 속에서 흰 눈 사이로 호수 구경하는 것도 신비로웠다.

잠시 눈을 붙였다 깨어 차창 밖을 내다보았는데 어둠 속의 풍경은 달라진 게 없었다. 좀 지루하다는 생각이 밀려오지만, 나는 이런 경험도 여행의 별미라는 생각을 하며 스쳐 가는 차창 밖 밤 경치를 열심히 눈에 담았다.

다음날 아침 7시 37분 스톡홀름에 도착했다. 오슬로에서 스톡

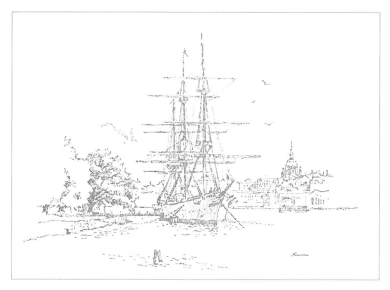

유스호스텔로 사용하는 af Chapman 요트

홀름, 9시간 22분의 긴 여정으로 자리에서 일어나는 순간 몸의 균형이 흐트러져 휘청이며 내려왔다. 역 근처 식당에서 아침식사를 하고 택시로 유스호스텔에 도착했다.

유스호스텔은 원형 그대로 폐선된 요트(af Chapman)였다. 침실은 좁고 불편했지만, 이런 유스호스텔은 세계 어디에도 없으리라고 생각하며 흔하지 않은 이런 기회도 여행 중에 경험하는 묘미라는데 의미를 두었다.

스톡홀름은 도시 전체가 조용하고 한적했다. 오슬로와 다른 풍광을 찾으려 했지만, 도시가 풍겨내는 분위기는 거의 비슷했다. 며칠 지내고 떠나는 여행객의 눈에는 두 도시의 생활 양식과 주거 형식 등에 어떤 차이가 있는지 뚜렷하게 구별할 수가 없었다. 바닷가에 정박해 있는 크고 작은 배들, 마리나에 나란히 정박해 있는 요트들, 건축 양식도 겉으로 보기에는 별로 다르지 않았다.

도심에는 현대식 고층 빌딩이 거의 없어 옛 모습을 그대로 느낄 수 있었는데, 그 당시만 해도 도시를 상징하는 뚜렷한 랜드마크가 없었다. 반세기 전의 스톡홀름을 지금 관광객들로서는 상상하기 어려울 텐데, 그 시절 유럽은 파리와 로마 정도 외에는 관광이 활성화되어 있지 않았고, 더욱이 노르웨이나 스웨덴은 거의 관광지로 매력 있는 곳이 아니었다.

스톡홀름이 내게 매력 있게 다가오는 것은 시간의 흐름이 느리다는 것이고, 공간의 흔적이 원형적이라는 점이다. 대도시의 복합적 뒤엉킴과 시간과 공간을 급진적으로 변질시키며 전쟁하듯, 서로 투쟁적으로 살아가는 삶의 모습과는 너무 다르기 때문이다. 아마 낙원의 지상적 표현은 시간과 공간의 원초적 양태에 가깝다는 말이 아닐까?

스톡홀름에서의 4일은 스웨덴 의회와 왕궁, 의회 주변과 시내 곳곳을 쉬엄쉬엄 구경하고, 도시의 생활상을 눈여겨보며 지냈다. 겨울이 길어서 그런지, 바다에서도 눈에 띌 수 있게 하려고 배려한 것인지는 알 수 없지만, 오슬로 시청과 마찬가지로 스톡홀름 시청도 붉은 벽돌 건물이었다. 종탑이 건물 한쪽으로 아주 높이 솟아있었다.

3월 20일(토)은 경숙과 친구들에게 포스트 카드를 보내고, 내일 아침 이곳을 떠날 준비를 했다. 12일간의 북유럽 여행이 내게는 휴식을 위한 공간이었으며 내 삶에 생기를 불어넣을 수 있었던 시간이었다. 이번 여행에서 내가 얻은 것은 인간의 발길이 덜 밟힌 곳—1970년 당시—에서 느리게 흘러가고 있는 시간을 체험하며, 비록

짧은 기간이었지만 그곳의 삶에 잠시나마 동화되어 함께 숨 쉬고
생활해보았다는 점이다.

5장

만남의 여운

1971년 여름학기: 창조적 진화

4월 15일이면 여름학기가 시작되는데, 나는 여행으로 흐트러진 마음을 추스르며 서서히 개학 준비를 했다.

그즈음 유럽의 대학가에는 ML(마르크스-레닌) 계통의 학생운동권과 적군파, 네오마르크스주의에 경도된 일파, 반전 반핵을 기치로 운동하는 그룹 등등 다양한 집단이 학생운동을 이끌고 있었다.

나는 무엇이 젊은이들을 자극하여 이런 지경으로까지 올 수 있게 했는지, 그것이 궁금했다. 그 자극제가 마르크스라는 것에는 누구도 부정하지 않았다. 나는 〈소외이론 세미나〉에 참석해서 주어진 과제를 읽어가며 소외 개념의 이면까지도 배웠다.

일반적으로 문학적 개념으로 받아들여졌던 소외 개념이 마르크스-엥겔스의 사상에서는 사회구조와 그 틈바구니에서 밀려난 하부구조의 삶의 이면을 파헤쳐 그 비극성을 증폭한 개념이라는 것을 알 수 있었다. 그러던 중 나는 마르크스의 정치경제학에서 경제적 차원에서의 사회와 사상, 인간의 삶이 계층화되어가는 과정과 그 구조를 읽어가며, 사회학적 기저에서 철학의 기초를 다져야 하겠다는 의식을 갖게 되었다.

우선은 '소외'라는 주제가 완전히 새로운 개념이 아니라, 원시 시대부터 어느 집단이나 사회에서 필연적으로 삶의 한 형식으로 생성되었다는 것을 왜 마르크스의 이론이 나오기 전에는 모르고 있었는지가 의문으로 남았다. 나는 소외란 계급 간의 차이에서 오는 필연성이라고 주장했고, 그 이론을 증명하기 위해 여러 자료를 찾아 인용하며 비판적 결론을 내렸다. 교수의 반응은 참신하다는 것이었고, 이렇게 마르크스의 소외론에 관한 철학적 · 정치 · 경제학적 논증은 성공적으로 마쳤다.

볼노우 교수는 이번 학기에도 니체에 관한 과제를 내주셨다. 나는 니체의 영원회귀설과 초인의 도래에 의한 순환적 삶의 숙명적 고리를 내 나름대로 파악하고 있었지만, 교수님의 시각으로는 나의 해석이 궤도를 이탈한 것이었다. 수용 불가능이었다. 니체에 대한 해석과 이해에 있어서 교수님은 하이데거, 야스퍼스, 칼 뢰비트, 오이켄 핑크 등등 이런 철학자의 관점과도 너무 거리가 멀었다.

김찬국 교수님의 방문

한참 강의와 세미나 등에 집중하며 지내던 중, 1971년 6월 10일 김찬국 교수님이 오시겠다고 편지를 보내서, 슈투트가르트공항에 마중 나갔다. 비행기(LH 945.21.45)가 도착하고 교수님과 3년 만에 상면하니 나를 찾아 일부러 시간 내어 오신 교수님이 너무 존경스럽고 고마웠다.

교수님은 제자를 진심으로 사랑했다. 교수와 학생의 피상적 관계에서보다는 스승과 제자, 사부의 도에서 그분의 따뜻한 마음이 묻어나왔다. 교수님은 민주화운동을 하다 구속되어 고문을 당하시고 해직되었는데 미국 동문회에서 초청하여 곳곳에서 설교도 하시고 지내시다 나를 만나러 시간을 내어 찾아오신 것이다.

튀빙겐에 도착했을 때 너무 밤이 깊어 우선 교수님을 호텔로 모셨다. 다음날 아침 찾아뵈었더니 왜 숙박비를 미리 냈냐며 나무라시고, 아침을 드셨기에 모시고 튀빙겐 구경에 나섰다. 저녁에는 간호사들이 교수님이 오셨다는 이야기를 듣고 꼭 모시고 싶다고 해서 기숙사 라운지에서 예배를 드렸다. 예배를 마치고 이곳 생활의 애로사항을 물으시고, 고생이 많겠다며 위로의 말씀을 해주셨다. 이 자리에 유학생도 여러 명 동석했다. 12일에는 이상우의 차로 교수님을 하이델베르크로 모시고 가서 도시 곳곳을 구경시켜 드리고 저녁 늦게 튀빙겐에 돌아왔다. 13일(일), 슈투트가르트공항에서 교수님은 취리히로 떠나셨다.

해방과 자유

7월 1일(목) 나는 콜로퀴움에서 "니체의 시간성"(Zeitlichkeit bei F. Nietzsche)에 관한 논문을 발표했다. 내 과제는 이로써 끝난 것이다. 15일에는 오후 3시에 아르헨티나에서 유학 온 마르티누스가 마지막 발표자로 인간학에 관한 논문을 발표했다. 슈베르츠로흐 Schwärzloch에 있는 식당 마당에서 종강 파티를 하고 방학을 맞았다.

내 경우 과제를 다 제출하고 종강을 맞는 날은 한순간에 긴장감이 풀리며 뭔가 빠진 듯한 느낌이 들기도 하고 허전함도 밀려온다. 방학 때마다 내게 닥쳐오는 증후군이라고나 할까. 어쨌든 홀가분했다. 이렇게 다섯 번째 학기를 마쳤다.

볼노우 교수님과 19일(월) 오후 3시에 연구실에서 만나기로 되어 있어 찾아갔는데, 교수님은 방학 계획을 구체적으로 물으며, 짐멜 G. Simmel에 관심을 가져보라고 하셨다. 나는 이미 그 책을 정독해서 머리에 담고 있었기 때문에 대강의 오리엔테이션은 되어 있었다. 연구실을 나오며, 다음 학기에는 짐멜과 씨름하게 될 것 같다는 예감을 했다.

도서관 사무실에서 타자로 도서 카트 찍는 아르바이트를 계속했다. 방학 후 열흘쯤 되었는데, 지그린데가 어디 놀러 가자며 찾아왔다. 주일이라 쉰다고 한다. 레나테는 부모님 댁에 올라가서 우리는 둘이서 드라이브를 했다. 튀빙겐 주변 알텐스타이그, 나골드를 돌며 오후를 보냈다. 지그린데의 성격은 털털하고 퍽 씩씩했다. 짧은 머리에 소박한 차림이 그의 매력이다.

라이프니츠-콜렉에서 지내던 친구들은 한두 명씩, 다른 대학으로 옮겨가거나 본국으로 돌아가서 내 곁에 남아있는 친구는 크리스토프와 비키, 발트라우트, 하네로레, 마틴과 마리온, 스잔느(루포) 정도이고, 그 외에 레나테, 마렌, 지그린데, 리키와 클라우스를 비롯해 몇 명뿐이었다. 이 친구들은 내가 소년 시절에 꿈꾸던 이상의 세계에 사는 존재 같았고, 그 순수함에서 배어 나오는 푸른빛 순정은 나의 유학 생활을 우정과 애정, 지성과 감성의 교묘한 쌍곡선으로 이어주는 가교 같았다.

마틴과 마리온의 초대

스잔느(루포)와 하네로레(오른쪽)

하네로레와
마리온(안경 쓴 친구)

스잔느의 초대(왼쪽부터 하네로레,
스잔느, 필자 옆 발트라우트

내겐 이 우정이 인생 일대에 가장 순수하게 정제된 사랑Philia의 결정체였다. 며칠이 멀다 하고 나를 만나러 도서관에 와서 잠깐씩이라도 이야기하다 가고, 주말에는 내 시간표에 맞추어 산책 계획을 짜거나 바람이나 쐬자며 튀빙겐 근교로 드라이브도 하며 나와 함께하려는 그 마음! 이 우정이 현실적으로는 종교적 성스러움에 못지않은 절대적 신성함이라고 느끼곤 했다. 나는 이 친구들이 생일 때가 아니어도 한두 달에 한 번씩 나를 초대하여 친교를 나누며 우정을 이어가는 것이 너무 행복했다. 이런 게 나의 유학 생활에 활력소가 되었다.

유학 생활에서 외국 친구가 많다는 것은 서로 피부색이 다르고 문화가 달라도 인간적으로 어울리며 함께 '인간'을 배워간다는 것이다. 독일 학생들의 자존심은 우리가 생각하는 그 이상이었다. 거의 유색인종과는 어울리려 하지 않고, 그래서 외국 학생들은 자기들끼리 어울리며 시간을 보내는 경우가 많다. 내게 독일 친구가 많다는 것, 저들이 나와 친구가 되고, 나를 사랑한다는 것은 학업에서 얻는 성취감과 더불어 사람 내음에 젖어 든 삶의 진정한 의미를 체험하며 문화적으로 인간의 본성에 접근해 간다는 것이라 하겠다.

프리드리히-에버트 장학금

1970년 7월 18일 나는 프리드리히-에버트 장학재단FES: Friedrich-Ebert-Stiftung에 학술장학금 신청을 했다. 튀빙겐에서 3학기 마친 학업성적으로 장학금을 신청하는 것 자체가 모험일 수 있었겠지만, 나는 그동안 내가 해왔던 과정과 결과에 자신감을 가지고 신청했다.

장학금이란 학예 능력이 뛰어난 연구자에게 지급되므로 선발되는 그 자체만으로도 영예로운 것이라는 게 당시 나의 생각이었다.

나는 FES에 장학금 신청서를 보내기 전에 잠시 머뭇거렸다. 이런 재단의 장학금은 거의 석사과정이나 박사과정에서 오랫동안 연구한 신청자 중 엄선된 극소수에게만 지급되기 때문에 3학기 공부한 성적만으로 신청한다는 것 자체가 당돌한 행동으로 보일 수도 있겠다는 생각이 들었기 때문이다. 하지만 그래도 용기를 내어 우체국을 찾았다.

9월 21일 홀로나Maria Holona 여사의 편지를 받았는데 본에 가서 국회의원MdB 쉐퍼Prof. Dr. Schäfer를 만나라며 왕복 교통비도 지급한다는 내용이었다. 결정이 오래 걸릴 수도 있다는 추기 몇 줄도 덧붙였다. 여기에는 내가 제출한 신청서와 증빙자료가 1차 관문은 통과되었지만 쉐퍼 의원과 인터뷰(사실상 면접고사) 결과가 장학생 선발에 중요한 요인 가운데 하나라는 의미가 암시되어 있었다. 쉐퍼 의원을 만나고 두 달쯤 되어가던 11월 9일 홀로나로부터 장학금 신청서류가 모두 다 통과되었으며 11월 24일 장학위원회에서 선발 여부를 최종적으로 결정하게 되는데 기다리라는 편지를 받았다.

1970년 12월 14일 FES 사무총장 그룬발트Dr. Günter Grunwald가 보낸 등기 우편을 받았는데(서류 봉투에 우체국 소인은 12월 21일로 찍힘) 장학생으로 선발되었다며 축하한다는 내용과 1971년 3월 1일부터 매월 DM 500(장학금 450+도서대금 50)씩 방학 때도 지급한다는 내용의 편지가 들어 있었다. 이외에 동봉된 우편물 중에는 '현재 어떤 장학기관에서도 장학금을 받고 있지 않다'는 확약서에 서명하여 보내라는 것과 1971년 2월 28일부터 3월 6일까지 외국 장학생

600년 된 코헬 호숫가 전통 여인숙 겸 음식점(Gasthof zur Post)

을 위해 FES에서 마련한 코헬 세미나에 참석 여부를 체크 하여 보내라는 두 가지 공문도 들어 있었다. 나는 1월 11일 현재 타 기관 장학금을 받고 있지 않으며, 이번 세미나에 참석하겠다는 답장을 보냈다.

2월 28일(일) 튀빙겐에서 뮌헨을 거쳐 오후에 소집 장소인 코헬 호숫가 폴마르아카데미Georg von Vollmar Akademie, Kochel am See에 도착하니 젊은 직원이 등록 데스크로 안내하였다. 그곳 직원은 1주일 동안 진행하게 될 시간표와 재단 관련 책자, 유인물 등이 들어 있는 두툼한 서류 봉투와 명찰을 건네주며 저녁식사 후에 간단한 자기소개와 친교의 시간이 있다고 알려주었다.

3월 1일(월)에는 아침식사 후 홀로나가 참석자들에게 몇 가지 안내 사항과 자세한 일정에 관해 설명한 후 곧이어 FES 장학부서 책임자 뮐러Egon Erwin Müller가 FES가 외국 학생에게 장학금을 지급하는 취지가 무엇인지 설명했다. 이어서 사정관 한 명이 배당된 칠팔 명을 데리고 방에 들어가 자유롭게 이야기하는 형식으로 질문을 이어갔다. 편안하고 자유로운 분위기를 조성하려 했지만, 질문 하나하나는 즉답하기에는 아주 예리한 것들이었다. 유머러스하게 웃으며 묻는데, 우물쭈물하고 당황해하면 "좋다 그러면…"이라고 안정을 주는 듯하면서도 또 날카로운 질문을 한다. 각자에게 묻는 것도 달라서 옆에서 들으며 '나는 이렇게 대답하겠다'라고 생각하고 있어도 주어지는 질문은 미처 준비할 수 없는 것들이었다.

점심 후 2시까지 자유시간이었는데, 2시부터 5시까지 새로운 사정관이 들어와서 전혀 다른 주제를 갖고 각 사람의 의식을 파고들었다.

매 식사때마다 각 식탁에 FES 관계자 한두 명씩이 함께 식사하며 이런저런 주제들, 예컨대 오늘 날씨라든가, 무엇을 공부하고 있느냐, 왜 그런 분야를 전공하게 되었느냐 등등 변두리를 돌아가며 묻는 심사방식이었다. 모두 긴장하고 있어 분위기는 냉랭했다. 세미나의 조별 모임이라지만 숨 막히는 시간이었다.

3월 2일(화)에는 10시 15분 버스로 코헬을 출발하여 무르나우Murnau와 로텐부흐Rottenbuch 성모 마리아 탄생성당Mariä Geburt Kirche 관

광을 하고 비스Wies에서 점심식사(Gasthof Moser) 후 에탈수도원
Benedictiner-Abtei Ettal을 둘러보고 반크Wank에서 잠시 커피 시간을 가
졌다. 오늘 하루의 여행은 시간을 쪼개가며 이어가는 듯한 강행군
이었다.

　가르미슈-파르텐키르헨 정상에 올라가 눈길을 걸으며 설경에
묻혀 자연을 감상하는 즐거움은 신성함 그 자체였다. 하산하여 마
을 전통 음식점(Bräustüberl Garmisch)에서 저녁식사를 하고 10시
가 넘어 코헬로 돌아왔다. 에탈수도원과 가르미슈-파르텐키르헨은
뮌헨에 있을 때도 갔는데 다시 와서 보며 느끼는 감상은 또 다른
신비로움으로 다가왔다.

　삼 일째 되는 날에는 아침식사 후에 코헬과 그 주변 명소 몇 곳을
관광시켜 주었고, 코헬 호숫가에 있는 600년 된 전통음식점(Gasthof
zur Post)에서 점심을 먹고 커피 시간을 갖고 휴식을 취했다.

　4일(목)에는 점심시간까지 다른 사정관이 조별 모임을 인도했는
데, 한결같이 수법도 다르고 방식도 다르며, 질문 양상도 종잡을
수 없는 것들이었다. 2시부터 프란츠Fritz Franz 박사가 외국인 법에
관해 발제하고 사례를 들어가며 조목조목 설명도 해주었다. 주로
외국 학생이 아르바이트할 때 주의해야 할 사항, 준수해야 할 노동
관계 법령 같은 것이었다.

　5일(금) 일정은 매우 벅차게 짜여있었다. 오전에는 인권에 관한
특강이 있었고, 점심 후 3시까지는 대화의 시간, 3시 이후부터는
자유시간이었다. 사정관들 방문에는 상담 시간표가 붙어 있지만 나
는 한 번도 찾아간 적이 없다. 특별히 상담할 내용이 없기에 매일
일정에 따라 움직였다. 자유시간에는 같은 조에 속해있던 학생들과

FES 세미나를 마치고 뮌헨행 기차에서(인도네시아 친구와 체코 여학생 나다)

환담을 하며 지냈는데, 인도네시아 학생(화교)과 체코에서 온 나다
Nada(동양학 전공)와 많은 이야기를 하곤 했다.

6일(토) 아침 10시 15분 기차로 코헬을 출발해 뮌헨을 거쳐 튀
빙겐으로 돌아왔다. 참 피곤하고 긴장된 한 주일이었기에 기숙사에
도착해서는 바로 침대에 쓰러졌다.

1971년 9월 4일(토) FES 홀로나로부터 학업 보고서Semesterbericht
를 보내라는 공문을 받았다. FES 장학생은 누구나 학기말이 되면
의무적으로 학업 보고서를 제출해서 다시 심사를 받아야 한다. 나
는 내가 그동안 참여한 강의와 세미나, 콜로퀴움 등에 관한 학업
보고서를 관련 자료와 함께 제출했는데, 9월 말경에 장학금을 계속
받게 된다는 통보를 받았다. 학업 결과에 따라 장학금이 중단될 수
도 있으므로 매우 긴장됐던 순간이었다.

1973년 1월 9일 FES 장학부서 책임자 뮐러의 편지를 받았는데

1972년 10월부터 소급하여 1973년 3월까지 장학금을 인상하여 월 DM 570 지급한다는 내용이었다. FES는 장학 기간이 끝난 이후에도 정기적으로 회원들에게 소식지를 보내주며 관계를 이어갔다. FES의 특징이며 장점은 한번 맺은 관계를 연대성Solidarität, 동지애로 포용하는 것이다.

FES 장학금은 독일 사회민주당SPD에서 외국 유학생에게 지급하는 장학금인데, 크게 두 가지를 본다. 첫째, 정당에서 운영하는 장학재단인 만큼, 외국 유학생이 학업에 성공하고 본국에 돌아가서 정치, 경제, 사회 등 제 분야에서 지도자급으로 역할할 수 있을 정도의 역량이 있는가, 둘째, 본국의 학계에서 영향력 있는 학자로 학술 활동을 할 수 있는 탁월한 인재인가를 심사의 제일 조건으로 한다. 그 재단에서 제공하는 책자에 이점이 분명히 명시되어 있다.

아름다운 사람들

만남에는 항상 관계가 존재한다. 그러나 만남은 관계 형성에 있어 개별적이고 독창적인 형식으로 이어지기 때문에 그 안에는 개성이라는 실체가 개재되어 있다. 우리는 그 만남에서 인생의 의미와 가치, 삶의 조건을 찾아가며 시간의 흐름에 얹혀 가는 것이다. 내 존재 속에서도 이 만남의 관계가 실체화되어 가고 있다. 나는 가족, 친지, 친구나, 예술작품, 학문의 대상 등에서도 그런 것을 감지하곤 한다. 독일에서 내가 절실하게 체험하며 느낀 것은 이 만남이 어떤 형식으로든지 인간 간의 사랑으로 창조되어 그 맛과 멋을 더욱더 깊게 하고 풍성하게 한다는 것이다.

나에겐 만남이란 추상적이기도 하고 구체적이기도 한 개념으로 다가오지만, 항상 내 존재를 성숙시켜왔던 실체였다. 내가 한국에서도 그랬지만, 독일에 와서부터 늘 많은 만남과 관계를 통해 내 삶을 풍요롭고 폭넓게 만들어 갈 수 있었던 것도 내게 주어진 축복이라고 여긴다. 뮌헨에서뿐만 아니라 튀빙겐에서도 내 주위에 나와 관계하고 있는 친구가 많다는 것은 내 의지로 그렇게 될 수 있는 것도 아니고, 의도적으로 만들어 갈 수 있는 것도 아니며, 억지로 시도한다고 이루어질 수 있는 것도 아니었기에 이런 것을 나는 내게 내려진 숙명, 혹은 운명이라고 여길 때도 있다.

차봉희

내가 1년 전에 옮겨 온 기숙사(Mohlstr. 44, Annette-Kade Heim) 바로 옆방에 몇 달 뒤 차봉희가 들어왔다. 벽 하나를 사이에 두고 붙어 있었다. 그래서 우리는 자주 어울리며 대화를 나누곤 했는데, 내가 뮌헨에 있을 때 차봉희도 거기 있었으나 나와는 만난 적이 없었다. 시간이 지날수록 나는 그녀의 학문 방식과 전문 지식이 좀 독특하다는 느낌을 받았다. 그녀는 서울대학교 문리대 및 동 대학원에서 독문학을 전공했는데, 어느 수준까지 연마했는지는 알 수 없었으나 대화 중에 그녀의 안목이 넓다는 것을 직감할 수 있었다.

독문학 박사과정에 있었는데, 문학 전공자들과는 다르게 철학에 관한 해박한 지식을 갖고 자기 자신의 관점을 엮어가고 있었다. 이 점에서 나는 그녀와 호흡이 맞았고, 우리는 가끔 식사도 하며 밤늦도록 대화를 이어갔다. 초저녁에 시작한 대화는 자정을 넘기는 때

왼쪽부터 차봉희, 경숙, 리키 친지, 리키

도 있었다.

그녀는 문학을 작품 해석이나 비평의 경지에서 탈피해서 문학과 철학, 문학과 미학의 지평으로 이동시키며 굴착했다. 내가 1973년 여름 튀빙겐을 떠나며 우리는 헤어졌기에, 그 후에 그녀의 연구가 어느 방향으로 정립되었는지는 알 수 없었다.

차봉희는 박사학위를 받고, 훗날 전남대학교 인문대학 독어독문과에서 교수를 했는데, 그 제자 중의 한 명이 장신대 신대원에 입학하여 나를 연구실로 찾아와 인사하며 차 박사의 문안을 전했다.

1983년 7월 광주광역시에서 문교부 주관 전국대학교수협의회에 참석했을 때 연락하고 만났는데, 차 박사는 예향의 도시 곳곳과 1980년 5월 피 흘렸던 거리를 안내하며 설명해주었다. 그리고 어느 다방에 들어갔는데, 그곳은 광주에서도 유명한 문인, 화가 등이 모이는 문예 공간이라고 했다. 일반 다방과는 분위기가 너무 달랐다. 다양한 화풍의 작품들이 좌석 벽을 장식하고 있어 작은 갤러리 같은 분위기를 풍겨주었다. 손님 중 여러 명의 행색에서는 예술가의 어떤 묘한 멋이 배어 나왔다. 이곳에 전시된 그림을 그린 화가들일 것 같다고 생각을 했다. 그 후 차 박사는 한신대 인문대학 독어독문과로 옮겨와서 저술, 번역, 소설 창작, 학술 활동 등을 활발하게 하다 은퇴했다.

가을을 넘기며

10월 15일 겨울학기(WS 1971/72)가 시작되었다. 나에겐 언제나 새 학기가 기대와 긴장감, 내게 어떻게 다가올 것인가에 대한 설렘으로 시작된다. 이런 현상이 때로는 내게 꿈을 실현해가는 과정에서 맞닥뜨리게 되는 필연성처럼, 때로는 내게 던져진 개연성처럼 밀려오며, 묘한 느낌으로 엄습해온다. 나는 이런 상황에서도 꿈을 꾼다. 눈을 뜨고 꾸는 꿈속에서 나는 내일을 보기도 한다. 내 꿈은 언제나 미래로 도약하며 새로움을 추구하곤 한다. 이런 걸 꿈의 진화라고 하면 지나친 비약일 테지.

어쨌든 개연성에는 항상 가변성이 동반되게 마련이다. 때로는 그 개연성을 구현하기 위해 투쟁적으로 삶을 추진해야 할 때도 있다. 나는 이런 현상을 젊음의 용기라고 본다. 이번 학기도 나는 투쟁적 삶을 이어가게 될 것이다. 그것은 나 자신과의 투쟁이며, 내가 실현하려고 하는 학문과의 투쟁이라 하겠다.

새 학기가 시작되었으나 나의 일상에는 변화가 없었다. 기숙사, 세미나, 아르바이트, 멘자 그리고 친구들과 우정은 계속 이어지고 있었다. 충격적이라 할 만한 상황이나 환경의 변화도 없었다.

방학 때 교수님이 면회시간에 하셨던 말씀이 내 예상대로 들어맞았다. 이번 학기에는 짐멜에 관한 과제가 많았다. 나는 짐멜 철학의 초석이 되는 삶, 형식, 인생관, 초월성 등등 그의 철학의 주요 동인과 방법론을 집중적으로 찾아 독파하며 나 나름대로 삶의 개념을 정립해 갔다.

삶이란 실재가 쇼펜하우어에게서는 의지의 표상에서, 니체에게서는 힘에의 의지에서, 베르그송에게서는 지속성에서, 딜타이에게서는 체험에 대한 표현을 이해하고 해석함에서 역동적으로 추진되는 에너지 같은 것인데 반해서, 짐멜에게서는 단계적으로 초월 되어가는, 다분히 종교적 양태로 비추어지는 현상이었다.

나는 저들의 저서를 읽어가며, 그 동인과 방법론을 숙지하고 있었기 때문에 좀 새로운 해석을 해보려는 욕망—나의 이런 행위를 오만함과 독선적인 괴기로 보는 이들도 있을 텐데—에 차 있었다. 대체로 이 철학자들은 삶을 운동으로 이해하고 있는데, 나는 삶이란 만남에서 형성되어 가는 관계성, 사랑(Agape, Eros, Philos, Caritas 등)이라고 생각한다.

11월 11일(목) 나는 볼노우 교수에게 독서 보고를 하고, 18일에는 짐멜 철학에 관한 요지를 발표했다. 참석자들에게는 짐멜이 사회학과도 연결되어 있기 때문에 생소하기도 했겠지만, 그보다는 튀빙겐대학교 철학과에서 짐멜에 관하여 강의나 세미나를 열었던 적이 없기 때문에 매우 낯설었을 테고 그래서 그 자체를 이해할 수 없었던 것 같다. 짐멜을 대표하는 사상의 축은 사회학적 구조론, 경제학적 가치체계론, 도덕적 인간관계론 등과 직결된 동인에 대한 철학함이다.

이번 경우에도 교수님은 나의 해석을 본인의 관점에 맞추려 했다. 제자의 사고구조와 의식의 지평까지도 본인의 철학관으로 주형하려는 도제식 교육방식이 나를 매우 난감하게 했다. 제자의 독창성을 인정하며, 비록 서툴고 부족하더라도 좀 키워졌으면 하는 아쉬움이 늘 내 가슴에 섭섭함으로 사무쳤다.

감성의 빛깔

가을로 넘어가며 튀빙겐은 여러 가지 감성의 빛깔로 뒤섞여갔다. 넥카강에는 가을의 낙조가 쓸쓸함을 서글픈 시상으로 떠올렸고, 횔더린이 시를 지으며 강에 자신의 시상을 띄웠던 물결은 유유히 흘러가며 가을을 점점 깊이 물들여갔다.

플라타너스 가로수가 양옆으로 이어져 있는 넥카 섬에서 석양 녘에 낙엽길 밟으며 걸음걸음마다 사색의 발자취를 남겼던 잊을 수 없는 데이트 그리고 젊음의 풋풋함을 그 시간과 공간에 채워가며 잠시나마 망아忘我의 한 존재로서 고뇌와 번민이 없는 한순간에 빠져들었던 신비, 자연에 도취하며 비경을 헤매었던 황홀감, 그 자체가 예술에 묻히는 것이며 시원의 마음 바탕에 언어 이전의 언어로 쓰여가는 서정시였다. 나는 파란 하늘과 붉게 물들어가는 물결에 나의 투박한 언어로는 도저히 표현할 수 없는 그리고 설령 그럴 수 있다 하더라도 드러내고 싶지 않은 나만의 밀어를 써서 띄웠다.

튀빙겐의 가을은 항상 나의 감성을 자극했고, 때로는 나를 우울하게도, 때로는 우수에 잠기게도 했다. 나는 벌이 꽃을 사랑하기 시작하는 봄에 태어나서 우수와 애수에 젖어 들며 가을에 빠지는 병 앓이를 하곤 했다.

때때로 나는 책에서 깨달은 진리보다 꽃의 색향色香에 취하여 삶의 진수를 찾아내었을 때 느끼는 행복감에서 진리의 참을 터득하기도 했다. 그리고 곱게 물든 낙엽에 내 마음을 담아 책갈피에 고이

넥카강변의 횔더린탑 전경

꽂아놓으며 가을과의 석별에서도 내일을 맞는 시간 선상의 진리를 배워가곤 했다. 어떤 책보다도 자연에 쓰여있는 모든 게 진리의 참이기에 거기에서 얻는 기쁨과 감격은 어떤 말로도 표현할 수 없었다. 책을 놓고 이런 명상에 잠기다 보면 진리를 탐구하려는 욕구가 더욱 상승하는 것을 나 스스로 발견하게 된다.

11월 말이 되어, 나는 한국에 있는 가족과 친구들, 교수님들께 크리스마스 카드를 보냈다. 도심의 상가들은 크리스마스 장식으로 꾸며지고, 튀빙겐 시청 앞 광장에는 해가 질 무렵부터 크리스마스 마켓Weihnachtsmarkt이 열렸다. 백열등이 가설되어 있는 간이천막 가게에서는 가정에서 구워온 크리스마스 과자(Stollen, Lebkuchen),

시골 정육점에서 직접 만들어 온 부르스트와 유제품, 글뤼바인, 과일 등등 여러 가지 먹거리를 팔았다. 크리스마스트리와 꽃, 목제 말구유와 슈필우어Spieluher, 다양한 크리스마스 장식품은 정겨움과 저물어가는 연말의 미묘한 허무감, 영원히 사라져 가는 작별의 애상, 옷깃을 스미며 밀려오는 허전하고 쓸쓸한 마음에 가벼운 흥분을 안겨주었다.

가슴의 아림

작년(1970년) 송년회에서 만났던 튀빙겐 간호사들은 병원 행정실이나 기관에서 서류가 오면 대체로 나를 찾아온다. 이즈음엔 한국 유학생이 20여 명이 있었는데도 내게 부탁하곤 하는 것이 짜증날 법도 한데, 나는 이분들이 '얼마나 답답하고 부탁할만한 데가 없으면 내게 찾아왔을까' 하는 생각을 하며 내 일을 잠시 뒤로 미루고 도와주곤 했다.

어느 주말 숙용이라는 나이 많은 간호사가 에쎈병원에서 근무하는 친구(박 간호사)가 튀빙겐으로 옮겨오려고 하는 데 도와달라며 찾아왔다. 인적 사항이 적힌 서류들을 훑어보았더니 자녀가 3명이나 되었다. 즉석에서 나는 도와드리겠다고 했다. 그분은 몇 번이나 고맙다며 인사하고는 돌아갔다.

그분이 돌아가고 나서 나는 한참 동안 여러 가지 생각을 했다. 가족을 두고 온 아주머니들, 젖먹이를 떼놓고 온 아기 엄마들은 아가들이 얼마나 보고 싶고, 가족이 얼마나 그리울까… 이런 생각에 가슴이 아려왔다.

직장을 옮길 때 새 직장에서 요구하는 서류들은 생각보다 많았다. 그쪽 병원에서 동의서도 받아와야 하고, 이곳에서 노동 허가도 새로 신청해야 한다. 1971년 10월에 박 간호사는 튀빙겐대학병원으로 옮겨와서 근무하게 되었다. '그래, 친한 친구와 같이 있으면 서로 외로울 때 의지도 되고 잠시만이라도 집 생각을 덜 하게 되겠지.' 잠시 이런 생각이 내 머리를 스쳐 갔다.

그대의 향기

밖에는 아직도 눈이 내리고 있었다

1970년 송년회 때 보니 쯔비팔텐에서 온 간호사 가운데 한 명이 처음부터 고즈넉한 표정에 말없이 앉아있었다. 그녀는 다소곳하고 조용했으며 경품이 걸린 놀이를 할 때도 적극적으로 참여하지 않았다. 어린 나이에 외국에 와서 한 달 만에 연말을 맞는다는 건, 어떻게 생각해 보면 향수nostalgia에 젖도록 어린 마음을 고문하는 것이리라. 이런 생각을 하며 나는 그녀에게 다가가 "집 생각이 많이 나지요. 밖에서 찬 바람 좀 쐬면 괜찮을 거예요!"라고 말을 붙이고 밖으로 데리고 나갔다. 밖에는 아직도 눈이 내리고 있었다. 쌓인 눈에 사각사각 소리를 내며 발자국이 찍힐 때마다 나는 눈 내리는 겨울밤의 신성함에 빨려 들어가는 듯한 묘한 느낌을 받았다.

우리는 외투를 입지 않고 나와서 잠시 눈길을 걷다 옆에 붙어있는 작은 홀에 들어갔다. 거기에서는 독일 학생들이 맥주를 마시고 있었다. 이곳은 기숙사 학생자치회에서 주말이나 축제일 같은 특별

한 날에만 여는 기숙사생을 위한 친목의 공간이다.

나와 그녀는 한쪽 테이블에 자리하였다. 나는 어떻게 말을 꺼내야 하나 한참 생각하다 외국 생활이 어려운지, 병원 일이 힘든지 등등 몇 가지 피상적인 질문을 하며 대화를 시도했다. 하지만 그녀는 머리를 약간 숙이고 내가 하는 이야기를 듣고 있다 간간이 짧게 대답만 했다. 나는 외국 생활이 처음에는 언어나 환경, 문화 등의 차이 때문에 적응하는 데 어려움이 있지만, 이때를 넘기고 나면 차츰 재미도 있고 즐거울 때도 있다며 여러 가지 이야기를 해주었다. 이렇게 30분 정도 지나고 나니 그녀의 표정이 편안해진 듯하여 앞으로 힘들고 어려운 일이 있으면 언제고 연락하라며 내 이름과 주소, 전화번호를 적어주고 그녀의 주소(7942 Zwiefalten, Brunnensteige)와 연락처도 받았다. 그녀는 내 수첩 1971년 1월 1일(금) 난에 이름을 한자로 적고 생년 월일도 적어주었다. 이렇게 1970년이 저물었다.

1월 3일은 주일이었는데, 아침에 경숙 양으로부터 전화를 받았다. 송년회 때 좋은 말씀 감사하다며 잘 지내고 있다는 내용이었다. 그렇지 않아도 나는 그 후 그녀가 어떻게 지내는지 궁금하기도 하고, 병원에서 일을 시작한 지 한 달 정도밖에 안 되어 독일어로 서류에 기재해야 할 일도 가끔 있을 텐데 어려움이 많겠다고 생각하고 있던 차에 전화를 받고 언제고 시간 될 때 전화하라고 했다. 전화의 여운은 오랫동안 가시지 않고 내 머릿속에서 맴돌았다. 어느 순간부턴가 1월 1일 첫 시간에 눈을 밟으며 보냈던 그녀와의 시간으로 번져나갔다. 나는 내가 그녀에게 작은 힘이라도 될 수 있다면 내 할 일을 잠시 미뤄놓고라도 힘이 되어줘야겠다고 생각하며 송년회 때 그녀의 모습을 떠올려보았다.

숲속의 동화 마을

겨울 방학 중이어서 나는 친구들과 산책하거나 함께 식사하며 과목마다 주어지는 과제의 중압감에서 해방된 기쁨을 잠시 즐기고 있었다. 서로 연말연시(Silvester)에 있었던 일이나 스키장에 갔던 이야기, 새 학기 수강할 과목과 담당 교수에 관한 이런저런 이야기도 하며 방학의 자유로움을 마음껏 누리고 있었다. 나는 송년회 때 분위기와 쯔비팔텐에서 온 한국 간호사들과 경숙에 관한 이야기를 했는데, 듣고 있던 에바가 "우리가 가서 오후 한나절만이라도 같이 지내며 분위기를 띄워 주자"라고 하여 모두 그게 좋겠다며 내게 날을 정해보라고 했다.

나는 경숙에게 에바의 이야기를 전해주며 우리가 가서 주말 오후를 함께 지내려고 하는데 괜찮은지, 어느 주말에 시간이 되는지 알려 달라며 몇 번 전화하여 날을 정했다. 1월 23일(토) 에바 차로 크리스토프, 레나테 카야츠Renate Kayatz와 쯔비팔텐에 갔다. 우리는 경숙 방에 모여앉아 환담하면서 저녁 식사를 하고 다과를 들며 즐겁게 하루를 보냈다. 나를 빼고는 나이가 서로 비슷해서 그런지 이들은 곧 친해지고 분위기가 화기애애해졌다. 밤이 늦어 헤어지며 나는 경숙에게 다음엔 튀빙겐에서 만나자고 하곤 그곳을 떠났다.

첫눈에 보니, 쯔비팔텐은 숲속의 동화 마을 같았다. 길은 좁고, 11세기에 건축된 바로크 양식의 수도원 교회가 있고, 정신병원이 있는데, 거기서 한국 간호사들이 근무하고 있었다. 마을 광장에는 조그마한 우체국, 식당을 겸한 여인숙(Gaststätte) 그리고 식료품 가게 하나와 몇 개의 가게가 있는 아주 작은 시골이다. 신작로를

언덕에서 바라본 쯔비팔텐

따라 흘러가고 있는 맑은 도랑물에서는 송어들이 헤엄치고 다니며
마을의 운치를 더해 주었다. 병원 뒤로는 공동묘지가 있고, 기숙사
에서 숲속으로 올라가서 수영장이 있다는데, 그곳까지는 가보지 못
했다.

나는 이 아름답고 평화로운 마을을 보며 이곳에서 사는 사람들
은 행복하리라고 생각했다. 첫인상이 그랬다는 것이다. 후에 다시
그곳에 갔을 땐 여행 중에 잠시 들려 지내기는 좋겠지만, 그곳에서
사는 것은 단조로울 수도 있겠다고 생각했다. 어쨌든 이곳은 조용
하고 쾌적한, 숲속의 휴양지 같은 곳이다.

쯔비팔텐에서 튀빙겐으로

나는 튀빙겐에 돌아온 다음날 경숙에게 전화를 걸어 어제 수고 많았다며, 돌아올 때 친구들이 "경숙이 참 '멋있고 예쁘'다", "음식도 맛있고 분위기도 좋았다"라며 고마워했다는 이야기를 들려주었다.

3월 10일부터 12일 동안 나는 레나테와 스칸디나비아로 여행 중이었는데 스톡홀름에서 친구들과 경숙에게 포스트 카드로 인사를 전했다. 기숙사에 도착하여 편지함을 열어보니 경숙이 보낸, 예쁜 포스트 카드에 쓴 답장이 와 있었다.

이즈음부터 나와 경숙은 자주 편지를 주고받고, 전화 통화를 하며 어느 순간부턴가 서로의 속 맘에 스며들고 있었다. 새해 첫날 눈 내리는 밤에 맞은 에로스의 황금 화살이 이때쯤 내 몸에 모정慕情의 씨를 뿌렸나 연정戀情의 싹을 틔웠나. 나는 경숙에게 근무가 없는 주말이나 쉬는 날에는 언제나 튀빙겐에 와서 놀다 가라며 답장에 몇 줄씩 적어 보내곤 했는데 어느 주말에 연락하고 친구(김영자)와 같이 왔다. 그날 나는 시청과 그 주변 곳곳을 구경시켜주고, 학생들이 자주 가는 식당에도 데리고 가서 식사도 하며 경숙을 위해 하루를 보내고 저녁 막차로 돌려보냈다.

4월 8일(토)에는 레나테가 내 생일이라며 집에 초대하여 브런치를 먹으면서 즐겁고 멋진 시간을 보냈다. 레나테는 초대할 때마다 언제나 꽃 몇 송이와 향초를 켜서 식탁 장식을 했다. 한시 차로 경숙이 오기로 되어있어 레나테와 역—레나테 집에서 10분 정도 거리—에 나가 만나 서로 소개하고 우리는 넥카강 섬을 거닐며 산책하다 스낵을 먹기도 하며 튀빙겐의 봄 향기에 취했다.

나는 튀빙겐에 있는 동안 매년 변해가는 계절과 젊음이 넘치는 생동감, 사랑과 그리움이 움트는 듯한 깊은 지애至愛의 풍광風光에 빨려드는 것 같은 신비로움을 때로는 깊이 때로는 스쳐가는 듯한 감성으로 느끼곤 했다. 이 계절마다 변해가는 자연의 가슴속, 시간의 공간 속에 나는 경숙을 심어놓고 싶었다. 아니, 솔직히 말하면 내 가슴에 경숙을 담고 싶은 감정이 점점 더 깊어져 갔다. 언제부턴가 경숙이 보고 싶다는 생각이 물안개처럼 피어오르기 시작할 때면 내 몸은 벌써 쯔비팔텐 행 버스에 얹혀있었다. 우리는 이렇게 풋풋한 마음과 마음을 이어가며 점점 남녀의 간격과 간극을 좁혀가고 있었다.

이즈음부터 경숙은 내 친구들도 많이 만나고 친해졌으며, 함께 식사도 하는 경우가 빈번해졌다. 경숙에게는 인간을 끌어당기는 흡인력, 빨려들게 하는 매력이 있었다.

여름학기(SS 1971) 마지막 세미나 준비로 정신없이 지내고 있었는데, 쯔비팔텐 정신병원 여의사 나우만Naumann 박사가 만나자는 전화를 주고 약속한 날(7월 11일)에 경숙이와 같이 왔다. 카페에서 만나 이야기를 하는데, 경숙이가 한국으로 돌아가고 싶다는 것이다. 그러면서 나에게 어떻게 생각하느냐고 물었다.

정신병원 중증환자들을 돌봐야 하는 일이 얼마나 버거웠으면 근무한 지 일 년도 채 안 되었는데 귀국하려 할 가라고 생각하며, 경숙에게 물었더니 여기서 계속 일해야 한다면 한국으로 돌아가겠다는 것이다. 경숙의 심정과 한 말을 나우만에게 그대로 설명했더니, 그렇다면 자기가 어떻게 도와줄 수 있겠느냐고 되물었다. 경숙은 이곳을 떠나고 싶다는 의사를 명확히 밝혔다. 이 말을 듣고 나우만은 한참 생각하더니 자기가 힘써 볼 테니 나에게 우선 튀빙겐 대학병원에 일자리를 알아보라고 하여 일단 그렇게 대화는 잘 마무리되었다.

다음날 나는 튀빙겐 대학병원 행정실에 편지를 보냈는데 한 주일 후쯤 되는 어느 날 답장을 받았다. 고용 관계를 담당하는 책임자가 휴가 중이니 기다리라는 내용이었다. 그 후 몇 번 편지가 오가고 이비인후과 과장에게서 편지가 왔는데, 곧 올 수 있느냐는 것이다. 하지만 쯔비팔텐 병원에서는 근무계약 기간이 3년이라 계약 파기는 힘들다며 완강히 거절했다.

나우만 박사가 어떻게 사정했는지 1년 6개월 채우고, 병원에 항공료와 초청경비 등을 100% 환급하는 조건으로 이듬해 1973년 5월 말에 해약해 준다는 것이었다. 튀빙겐 대학병원에서는 늦어도 4월까지는 왔으면 좋겠다며 시한을 정해 주었지만, 그쪽 병원 관계자들에게는 공염불에 지나지 않았다. 여러 가지 우여곡절 끝에 경숙은 1972년 6월 초에야 튀빙겐으로 옮겨올 수 있었다. 병원에서는 이비인후과 병동 근처에 있는 기숙사(Geissweg Schwestern-heim)에 거처할 방을 마련해 주었다.

가을에 핀 장미 한 송이

경숙은 튀빙겐에 옮겨와서 비교적 빨리 새로운 환경에 적응했다. 병원에서는 의사들과 간호사들이 친절하게 대해주며 많은 배려를 했다. 병원 근무가 3부제로 되어 돌아가며 야근도 해야 하는데 한번 야근하고 녹초가 되어 다음날 오후 근무에 힘들어하는 것을 보고 간호사들이 야근 당번을 빼줄 정도로 사랑을 베풀었다. 그만큼 자신들이 야근할 날 수가 늘어나는 불편을 감수하면서까지.

나는 한 주일이 멀다 하고 만나는 친구들 모임에 언제나 경숙을 데리고 가서 소개하고 함께 어울릴 기회를 마련하는 데 힘썼다. 그

클라우스(오른쪽), 새로 소개받은 친구(왼쪽)

리고 쯔비팔텐에 있는 동안 독일의 자연과 환경, 문화와 생활에 접할 기회가 거의 없었다기에 우선 튀빙겐 곳곳을 데리고 다니며 도시의 분위기를 익혀갈 수 있도록 했다.

넥카강변 횔더린 탑 방향으로 내려가는 어두운 골목길 곳곳에는 오래된 주막들(Gasthof, Bierhof, Gasthaus)과 경양식 맥줏집들(Kneife)이 있는데 밤마다 학생들로 붐빈다. 음식도 맛있고 값도 저렴하여 나는 경숙을 데리고 가끔 주말에 들려 식사하곤 했다. 때로는 대학생들이 자취하고 있는 집 근처 옛 골목에 있는 허름한 간이식당에서 식사하며 저들의 또 다른 생활 행태를 직접 보고 접할 수 있도록 했다. 대학도시에서 생활하며 얻을 수 있는 수확 가운데 하나는 대학생들의 밤 문화가 꽃피는 자유와 낭만의 공간에 직접 들어가 같이 호흡하며 보고, 느끼고, 체험할 수 있고, 다른 하나는 젊음이 발산하는 열기에 간접적으로나마 취해볼 수 있는 것이리라.

시간적 여유와 기회가 주어질 때마다 나는 당일 왕복 기차표를 끊어 경숙과 대학도시로 여행을 떠나곤 했다. 대학교 캠퍼스라는 외피를 보여주기 위한 것이 아니고, 학문과 낭만에 대한 욕구와 에너지를 독일 대학생들이 어떻게 발산하는지 직접 가서 보며 대학문화의 다양성을 체험할 수 있도록 하기 위함이었다. 튀빙겐을 비롯하여 그동안 프라이부르크, 마르부르크, 괴팅겐, 뮌스터 등등 여러 곳에서 경숙은 '이것이 독일 대학문화다'라는 것을 어느 정도 감지할 수 있었을 것이다. 감지한 정도에 따라 의식은 그만큼 충족된다.

1972년 7월 9일에는 티티제로 당일치기 여행을 떠났다. 아침 일찍 튀빙겐을 출발해서 프라이부르크에 도착하며 관광이 시작됐다. 민저 대학교를 둘러본 후에 시계탑 성문(Martinstor)이 있는 곳까지 다니며 구경하고 티티제로 출발했다. 프라이부르크에서 단선 철도로 40분 정도 걸리는 아주 작은 관광지다.

티티제는 작은 호수라 유람선으로 일주하는데 한 시간이 채 안 걸렸다. 호수 주변은 숲으로 둘러싸여 있었고 군데군데 예쁜 집들이 숲 사이로 보였다. 호숫가 동화 마을 같은 분위기였다. 선착장 근처 카페에서 저녁노을에 빗긴 하늘과 붉게 물들어가는 호수 물결을 바라보며 튀빙겐으로 가는 마지막 기차가 올 때까지 우리는 자연이 만들어 가는 아름다움에 취해갔다.

나는 여름이 끝날 무렵 경숙과 결혼하기로 약속하고, 튀빙겐 시청에 결혼식 신청을 했다. 시청에서는 1972년 10월 28일 오전에 날을 정해 주었다. 결혼했어도 우리는 살림집을 얻을 때까지 당분간 따로 지내야 했다.

티티제
유람선에서 경숙

티티제 기념품 가게

전설

_ 한숭홍

너와 나

서로의 가슴속에선 서로가 이글거렸고

서로의 마음속에선 서로가 꿈틀거렸다

우리에겐 시간도 공간도 장벽이 되지 않았지

우린 같은 햇빛을 받으며 노래했고
강바람 바다 냄새 함께 맡으며 내일을 열었지
우리의 젊음에 풋풋함을 채워가며
먼 하늘 아래서 우린 서로의 분신이 되었지

스페인으로 신혼여행을 떠나서 12일간 바르셀로나(사그라다 파밀리아 성당과 가우디 건축물들)-발렌시아-무르시아(성당과 구시가지)-그라나다(알람브라 궁전과 정원)-세비야-마드리드(프라도 국립박물관, 성당과 건축물, 문화 유적지) 등을 여행하며 우리는 가정을 꾸려나갈 일에 관해서 많은 이야기를 나눴다. 결혼 후 가정을 이끌어갈 책임의식이 심리적 중압감으로 내게 밀려왔다.

비키는 우리가 스페인으로 간다는 소식을 듣고 오게 되면 세비야에 꼭 들리라고 긴 편지를 보냈다. 거기에서 비키는 스페인어 어학 과정에 다니고 있었다. 우리는 그곳에서 1박 2일을 함께 보내며 플라멩코 공연장에도 가서 관람했다. 영화에서 가끔 보곤 했었는데 화려한 의상을 입고 정열적인 춤을 추는 무용수들, 애조띤 가락이 구슬프게 들리는 노래와 역동성 등은 관객을 사로잡았다. 스낵을 먹으며 한 시간 정도 공연을 보았지만, 그때 받은 인상은 지금도 생생하다.

결혼한 후 나는 불현듯 새로운 환경에서 결혼생활을 시작하고 학문 영역도 내가 원하는 분야 쪽으로 바꿔보려는 생각, 모험일 수도 있고 도박일 수도 있는 이런 일을 감행하려는 생각으로 들떠있었다. 우선 몇 대학에 내가 전공하려는 분야의 교수들과 집중적으로 접촉했는데 그러던 중에 크리스티안 틸Christian Thiel 교수님의 초청을 받으며 아헨Aachen이 새로운 정착지가 되었다. 경숙과의 인연이 내 결심을 감행하게 한 직접적인 계기가 된 것이다. 살아가면서 누구와 인연이 맺어졌느냐, 누구와 만났느냐에 따라 한 인생의 운명이 결정된다는 것은 종교적으로 외에는 현실적으로 설명할 수 없는 숙명이라는 생각이 들었다.

그대의 향기

_ 한숭홍

그대를 보면서
나는 사랑이 아름답다는 걸 알았고
그대와 속삭이며
나는 사랑이 뜨겁다는 걸 느꼈다

그랬던 시간은
구름처럼 어디론가 흘러갔고
그대와 나의 나날은
모래알처럼 어디론가 쓸려가 버렸다
언젠간 나도 망각의 강을 건너겠지만
첫사랑의 때만은 망각할 수 없으리라
눈 내리던 날 사랑을 꽃피웠고
가을 햇살 받으며 열매 걸어 들이던

세상 그 무엇이 이보다 달 수 있으랴
그대가 담근 장밋빛 포도주

밤에는 촛불 아래서, 우린
사랑의 축배를 들곤 했는데

아, 그랬던 젊음은 바람에 실려
우리를 영원히 떠났으니
그대여 어디서
우리의 시간을 되찾을 수 있으랴!

그대가 담가놓은 포도주에서
오늘도 그대의 향기를 마신다
아직도 그대의 향긋함이
입안에 감도는 그 깊은 맛!

나는 바티칸에 있었다

1973년 부활절, 나는 바티칸에 있었다. 튀빙겐대학교 유학생들과 교민들이 스위스, 이탈리아, 오스트리아를 2주 동안 함께 여행하기로 하고 스위스를 거쳐 로마에 도착한 다음날 부활절을 맞이한 것이다. 정해져 있는 지정석으로 한국 수녀가 안내해 주었는데, 추기경들 뒤에 앉게 되었다. 교황 바오로 6세의 모습이 발코니에 등장하자 미사에 참석한 군중들은 환호하며 손뼉을 치기도 했다. 관광객들이 눌러 되는 카메라의 셔터 소리가 잠잠해지고 미사가 시작되었다. 수십만 명이 모인 성 베드로 광장에는 교황의 부활절 강복 메시지(*Urbi et Orbi*)가 스피커를 타고 낭랑히 퍼져나갔다. 그 분위기에 나는 압도되었고, 경건한 신비를 몸으로 느꼈다. 우리 부부는 부활절 때면 가끔 그날의 부활절을 이야기하곤 한다(*Christian World Review*, 2015. 4. 1).

우리는 4월 16일 튀빙겐을 출발해서 바젤-베른-취리히-루체른-밀라노-피사-피렌체를 관광하고, 로마에 도착하여 다음날 아침 바티칸에서 부활절 예배를 드렸다. 예수의 부활에 동참한다는 신앙으로 경건하고 엄숙하게 예배에 참석해야 할 터인데, 많은 사람은 부활절 예배를 구경하는 자세로 계속 사진을 찍고, 무비카메라를 돌리며 부산을 떨었다.

어느 종교에서든지 간에 예배는 영적 차원과 성스러움에 대한 상징이 반드시 포함되어 있다. 예배 자체가 초월적 존재에 대한 신앙의 표현이기 때문에 예배는 타성적인 반복 행위가 아니라 인간과 창조주, 나와 초월자, 시간과 영원의 만남에서 초월성에 접하려는 인간의 영성이 지향하는 힘이다. 이것을 신앙이라고도 하고 철학에서는 초월적 존재에 대한 지향이라고 하지만, 신자들에게는 신을 체험하는, 다시 말해서 신과 만나는 행위이다. 좀 폭넓게 해석해 본다면, 니체는 "힘에로의 의지Wille zur Macht", 틸리히는 "존재에로의 용기Courage to be"로 표현했는데, 어쨌든 예배와 영적 차원의 관계는 개인에 따라 다르겠지만, 공통적인 것은 신인합일神人合一의 경제에서 자아를 초월하게 된다는 점이다.

종교는 초월적 존재와 교접交接하며 신의 경지를 체험할 수 있는 현상이다. 간단히 그리고 아주 단편적으로 말하면, 예배는 기도, 묵상, 요가, 구도 등등 여러 형식으로 순간적으로나마 초월적 존재와 하나 되게 하는 감성의 상징이다.

미사 직전

부활절 미사 전 바티칸 광장

피사의 사탑 앞에서

콜로세움 앞.
잔디에서 쉬며

나는 부활절 아침 바티칸에서 예배를 드리며 한순간만이라도 영험의 경지를 내 몸으로 직접 체험하고 싶었다. 기독교에서 중요한 개념으로 사용하는 성령 체험 같은 것을 느껴보고 싶었다는 말이다. 성령의 임재, 창세기에서 하나님이 인간을 창조하실 때 "생기를 그 코에 불어 넣어" 생령이 되게 한 창조주의 생령 같은 것을(창세기 2장 7절). 어느 한순간 나는 군중 집회의 열기와 경건한 분위기에 압도되고 있었다.

로마 여행을 마치고 나폴리-폼페이-소렌토-베네치아를 비교적 여유 있게 관광하고 14일째 되는 날 베네치아에서 곤돌라 관광을 하곤 다음날 인스브루크-로젠하임을 거쳐 튀빙겐에 도착했다. 여행은 무사하게 마쳤다. 나는 여행의 목적에 따라 관광지의 풍광을 보고 즐기는, 문자 그대로 관광Sightseeing에 중점을 두기도 하고, 문화 여행이나 역사 탐방 같은 경우에는 그곳의 생활 양식과 문화 그리고 그 당시 사회 상황 등을 보고 음미하고 배워가는 데 의미를 두기도 한다.

이번 이탈리아 여행에서 나는 헤아릴 수 없이 많은 문화 유적과 유물 그리고 다양한 예술 양식을 보며 인간이 창조할 수 있는 문화의 양태는 지금도 그리고 앞으로도 더는 존재하지 않는다고 생각했다. 내가 받은 첫인상은 로마제국이 위대했고 지금도 그 문화는 생명력을 유지하며 호흡하고 있다는 점이다. 둘째, 바티칸이라는 이 화려한 예술작품에는 얼마나 많은 사람의 노역과 희생, 원성과 아픔이 결정結晶되어 있을까. 구원을 돈으로 살 수 있다는 해괴하고 기상천외한 면죄부 판매(속량전)가 유럽을 휩쓸며 가톨릭의 타락을 촉진했는데 그리고 그게 도화선이 되어 종교개혁이 일어났는데, 어

베네치아 산마르코 광장

쨌거나 이렇게 건축된 초호화 신전에서 드리는 미사를 과연 '신이 기쁘게 받으시려나'라는 생각을 하며, 아름다움 그 이면의 추한 모습이 생생히 떠올랐다. 셋째, 기원후 79년 베수비오 화산 폭발로 묻혀버린 폼페이의 삶의 현장과 문화, 일상생활의 모습을 보며, 삶의 양식에는 진화가 없다는 점, 오늘의 현상은 이미 삶의 원초적 시점에서 시작되었다는 생각이 잠시 나의 머리에 맴돌았다. 비록 이 위대했던 역사의 마당을 과객過客의 한 사람으로 잠시 둘러보기는 했지만 그래도 나에게 오랫동안 깊은 여운으로 남겨졌다.

철학의 철학함

이번 겨울학기(WS 1972/73)는 튀빙겐대학교에서 여덟 번째 맞는 학기다. 나는 방학 중에 박사학위에 필요한 조건을 하나씩 점검하며 빠졌거나 미비한 것을 채워갈 준비를 했다. 그러면서 내가 '철학의 철학함'Philosophieren der Philosophie을 잘못 이해하고 있는 게 아닌지 나 자신을 되돌아보았다. 기존의 철학 사조에 순응해가며 흐름을 따라가는 게 박사학위를 받는 왕도일 수도 있을 텐데, 그것에 도전하며 저항하려는 행위가 나를 이방인화해 가고 있다는 느낌을 받았다.

하지만 나는 석양 노을에 얹혀 가고 있는 지식, 철학사에서나 다루어지고 있는 그런 부류의 범주를 벗어나고 싶었다. 그건 방법론상의 문제가 아니라, 철학함의 역동성을 새롭게 정비하며 시대의 흐름에 접근하려는 의지의 표현이라 하겠다.

어쨌든 나는 100년 가까이 담론화되어 왔고, 화두로 대두하곤 했던 주제에서 매력을 찾을 수 없었다. 매 학기 반복되는 강의는 점점 더 나를 이 범주에서 탈출하도록 자극했다. 나는 많은 시간을 최근의 철학 학술지들에서 새로운 주제를 찾아 읽어가며 나의 안목을 넓혀가기 시작했다.

마지막 만찬

1973년 여름학기는 내게 중요한 학기가 될 거라는 느낌이 내 마음에서 솟구쳤다.

나는 희랍어를 잊어버리지 않으려고 큄멜 교수의 그리스 철학 희랍어 원서 강독을 수강했다. 수강생은 4명이었는데 내가 유일한 외국 학생이었다. 수강생이 돌아가며 몇 단원씩 해석하고 나면 교수님이 해석한 문장을 정정해주시고, 그 내용에 관한 철학사상과 연관된 일화 같은 것도 곁들여 설명해주신다. 나는 텍스트를 읽어 가며 독일어로 바로 직역해야 하는 이중의 어려움을 겪었지만, 그 래도 보람을 느꼈다.

퀴멜 교수는 인품이 조용하고, 말이 별로 없으며, 매우 진지한 분이었다. 어떤 땐 좀 외롭고 쓸쓸해 보일 때도 있었다. 내가 희랍어 강독에 열심히 참여하는 게 인상적이었든지 어느 날 점심에 집에 오라고 하여 식사하며 공부 이야기 등을 물었다. 사모님은 직접 빚 으신 크뇌델knödel과 슈바이네브라텐, 사우어크라우트, 과일 등으로 점심을 차리셨다. 교수님 댁에서 대접받은 이 격식 없이 차려진 소 박한 식사가 내겐 튀빙겐을 떠나며 가정집에서 먹은 마지막 만찬이 되었다.

튀빙겐을 떠나며

결혼하며 새로운 둥지를 찾아 떠나려는 결단은 나에게 새로운 희망으로 다가왔다. 그동안 나는 신세계로 가는 항로를 찾으려고 얼마나 오랫동안 대양을 누비며 4년의 세월을 파도와 폭풍에 휩쓸 리며 보내야 했던가! 항해의 끝은 언제나 새로운 정착지에서 새로 시작되게 마련이다.

그렇다고 내가 튀빙겐을 떠나는 것은 아니다. 튀빙겐은 내 품에 감성을 채워준 곳이며, 많은 만남으로 나의 인생관에 큰 빛으로 다 가왔던 메카였다. 넥카강 변 젊음의 쉼터는 자유와 낭만, 사랑과 우정이 혼재하며 생명의 경외감을 뿜어내고 있었고, 그 속에서 나는 나의 젊음을 마음껏 불태우며 인생의 극치를 체험했는데 이 아름다운 곳, 그 시간이 나의 삶이었다. 이곳에서 나는 나를 세계로 향해 열린 삶으로 형성해 갈 수 있었다. 이 멋진 공간, 튀빙겐 그리고 그곳에서 엮어진 수많은 시간을 나는 결코 망각의 늪에 묻어 버릴 수 없었다.

　도시 전체가 대학 캠퍼스 같고, 대학생들의 아지트, 사랑의 공간, 사상의 좌와 우가 극단의 이념으로 채색되어 역동하면서도 공존하는 놀이마당 같은 곳, 젊음을 마음껏 발산할 수 있는 무풍지대, 자신들만의 시간과 공간에 채워진 다락방 같은 곳, 소시지와 브레첼을 곁들여 맥주 마시며 밤늦도록 토론하고 지껄이며 젊음을 발산하는 곳. 이 풍류 문화에서 대학의 자유와 학문의 개방성이 물씬 풍겨 나왔다. 붉은 지붕과 흰색 건물의 조화, 수채화 물감으로 채색한 것 같은 아름다운 정취, 저녁놀이 질 무렵부터 수많은 맥주집(Bierstube)과 식당, 옛길 좁은 골목 주변의 어렴풋한 가로등, 온통 젊음을 불태우는 열기가 넘치는 곳, 이곳에서 대학도시 튀빙겐의 향기가 피어올랐다. 내 어찌 이 도시, 나의 학문과 사랑이 꽃피었고 농익어가며 영글었던 이곳을 잊을 수 있으랴.

신세계로 비상

　여름학기가 한창이던 1973년 5월 나는 아헨대학교RWTH, Aachen 크리스티안 틸Christian Thiel 교수님에게 편지를 보냈다. 교수님의 가르침을 받고 싶다는 그런 내용이었다. 한국에서 공부한 것과 튀빙겐에서 9학기 공부하고 있다는 내용을 동봉했다. 한 주일쯤 지나서 답장을 받았는데, 학업증명서와 튀빙겐대학교에서 수강한 강의 내용과 지금까지의 학업 과정 등 여러 서류를 보내달라는 것이었다. 나는 서류 준비를 하여 바로 보내드렸는데, 우선 만나서 이야기하자며 방학하면 집으로 오라고 했다. 나와 나의 학문할 수 있는 능력을 알아보려는 것 같았다. 나는 긴장하며 아내와 함께 찾아갔다. 식사하며 내 개인에 관하여 몇 가지 물으시곤 어떻게 자기를 알았느냐는 것이다. 나는 교수님의 논문과 과학철학에 관한 책들을 읽으며 그 분야에 관심을 갖게 되었다고 자초지종 이야기했다.

솔직히 말해서 1960년대까지만 해도 한국 철학계에서는 실존철학과 삶의 철학, 해석학, 윤리학, 인간학, 실용주의 등이 서양 현대철학이란 이름으로 흐름을 이끌어갔다. 지명도가 좀 있는 교수들은 젊은 세대의 꿈을 수필을 통해 사색의 감성으로 충족시켜 주었고, 시니어 교수들은 일본에서 철학과 재학 중에 해방을 맞자 귀국하며 갖고 온 교과서와 참고서로 개설된 철학과에서 교수하고 있었다.

나는 그 당시 한국에서 아무도 가지 않은 철학의 불모지대를 들어가 보려는 욕망으로 철학과 과학의 관계를 연구하려 했다. 서양에서는 물론이려니와 동양에서도 과학의 기원은 철학에 있다. 그리스 철학자들은 원소론, 원자론, 수의 공간성과 구조 등등 여러 방향에서 질료가 어떻게 정신과 관계하고 있는지, 그 질료 자체가 무엇이며 그 구조는 어떻게 만물의 생성-변화-발전을 가능하게 했는지 규명하려 했다. 이처럼 고대 그리스 철학은 과학철학이었다. 철학이 과학 발전의 촉진제였다는 말이다. 예컨대 탈레스는 우주의 생성 기원에 관하여 증명하려 했으며, 피타고라스는 수의 개념을 존재론으로 정립하려 했다. 오늘의 개념으로 확대 해석해 보면, 물론 좀 지나친 주장일 수 있을 텐데, 고대 그리스 철학자들은 철학적 수학, 수리철학을 시도한 선구자라 할 수도 있을 것이다.

철학의 과학 지배는 중세 때까지 이어져 온 것을 과학사나, 철학사, 서양 문명사에서는 물론이려니와 중세 신학사에서도 부정적이든 긍정적이든지 간에 입증할 수 있다. 나는 틸 교수의 철학에서 이런 점을 배우고 싶었고, 한국 철학계에서 아직 다루어지고 있지 않은 철학의 한 분야를 다루고 싶었다.

교수님과 오랜 이야기 끝에 교수님은 어느 분야로 박사학위 논문을 쓰려고 하느냐, 주제가 무엇이냐, 그 이유는 무엇이냐 등등 여러 질문을 하시고, 내 이야기를 들으시고는 한참 생각하시더니 몇 가지 주제를 줄 텐데 그 가운데 하나를 택하면 어떻겠냐고 제안했다. 나는 그렇게 하겠다고 대답했다. 그랬더니, 불교의 과학이론, 중국의 과학철학, 수리논리학 등등 몇 가지 주제를 제안했다. 나는 인도 고전이나 중국 고전을 읽을 수도 없고, 독일에서 독일어나 영어로 번역된 제2 자료로 박사학위 논문을 쓴다는 것도 유학의 목적과는 맞지 않고, 내 본래 의욕에 충족하지도 않아 약간 머뭇거렸더니, 교수님은 나의 그런 속내를 감지하셨는지, 그러면 게오르그 라부스Georg Leonhard Rabus의 과학이론에 관해 연구해 보는 게 어떻겠냐고 제안했다. 나는 그렇게 하겠다고 말씀드렸다. 그런데 솔직히 라부스가 누구며, 어느 시대 사람인지, 그의 철학의 주류는 무엇인지 전혀 모르는 상황에서 그래도 인도나 중국에 관해 연구하는 것보다는 독일 철학을 배우러 독일에 왔는데 독일 철학자를 연구하는 게 의미 있다고 생각하며 굳은 각오를 했다.

튀빙겐에 돌아와서 우선 아헨대학교 본부에 전학 신청을 했다.

요구하는 서류를 모두 갖추어 보내고 동시에 부부용 기숙사를 신청했다. 학교에서는 전학허가서를 보내주며, 숙소는 개인적으로 알아보란다.

아내도 아헨에 있는 병원에 자리를 알아봐야 했다. 우선 나는 아헨대학병원과 개신교에서 운영하는 루이젠호스피탈, 두 군데에 편지를 보냈는데, 대학병원에서 먼저 답장이 왔다. 곧 올 수 있냐는 것이다. 아내는 바로 튀빙겐대학병원에 사표를 내고 퇴직 일자를 조정했다.

8월부터 근무하도록 아헨대학병원과 협의하고 짐을 꾸렸다. 우선 숙소를 알아봤는데, 병원 근처의 작은 기숙사(Weberstr.)였다. 1층 큰 방인데, 침대 하나를 더 넣어 주었다. 7월 말에 방 주인이 돌아오는 데 그때까지만 사용할 수 있었다.

방학 때가 되면 멘자 게시판에 목적지가 같거나 같은 방향으로 갈 동행자를 찾는 카풀 쪽지가 수십 개씩 붙여진다. 나는 함부르크로 올라간다는 폴크스바겐-버스VW-bus 카풀 쪽지를 보고 차주에게 연락해서 같이 가기로 했다.

차가 튀빙겐을 벗어날 때까지 나는 뒤를 돌아보며 깊은 상념에 잠겼다. 새벽 4시 튀빙겐! 석별의 시간은 어둠 속 침묵이었다. 우리는 이렇게 헤어졌다. 아아, 튀빙겐이여 안녕!

6장

본질과 현상

새로운 둥지

1973년 8월 1일 입주 가능한 아파트(Hohenstaufenallee 27)를 얻었다. 아내는 아헨대학병원에 서류 신청을 할 때 이비인후과에서 근무하겠다고 명시했는데, 그렇게 결정되었다. 나는 대학본부에 가서 도착 신고를 하며 그곳에서 요구하는 모든 서류를 제출했다. 체류허가Aufenthaltserlaubnis와 숙소 문제도 해결되었다.

우리는 9층 아파트의 왼쪽에 이어진 3층 건물 1층에 살았다. 아내는 이 집을 얻고 너무 좋아하며 건축상에 가서 실내용 수성 페인트 몇 통과 배합용 물감, 크고 작은 롤러와 붓 몇 자루를 사서 색을 배합해 이틀에 걸쳐 집 안 전체를 직접 칠했다. 등을 새로 달고 가구를 모두 배치해 놓으니 집이 새집으로 꾸며졌다. 며칠 후 아내는 집안이 다 들여다보인다며 재봉틀과 커튼 기지를 사 와 박음질하여 응접실과 안방에 걸었다. 이렇게 새로운 둥지를 꾸미고 나니 튀빙겐에서 각각 따로 기숙사 생활을 하던 신혼 때와는 기분도 달랐고

서재에서 원고 정리 도와주는 아내(1973.12.)

분위기도 달랐다. 여기에서 사실상 우리의 신혼살림은 시작되었다. 대학병원은 도보로 5분 거리에 있었다.

황무지에서 찾으려는 과일나무

환경이 바뀔 때 겪게 되는 것은 하루 이틀 여행하며 관광지의 새로운 풍물에 접할 때 느끼는 감상이나 기분과는 전혀 다르다. 더욱이 대학교를 옮겨가서 새로운 환경에 적응해 가며 새 영역을 다루려 할 때는 낯섦이 더 클 수밖에 없다.

나는 우선 대학 도서관에서 라부스의 자료를 찾아보았다. 라부스의 저서는 물론, 그에 관한 논문이나 책도 없었다. 결과적으로 나는 라부스에 관해 박사학위 논문을 쓰게 된 첫 번째 연구자가 되었다. 하지만 지금 나의 상황은 황무지 저 너머 어디엔가 있을 것이라는 막연한 기대감만으로 과일나무를 찾아 나선 꼴이 되었는데, 한마디로 이것은 성공과 실패의 가능성을 건 도박이며 모험이었다.

나는 고서목록을 뒤져 그의 주저 한 권을 발견하고 바로 주문했다. 그는 신학자이기도 하여 신학과 종교학 분야에서도 샅샅이 찾아보았다. 그뿐만 아니라 독일 내 대학 도서관에서도 라부스 자료를 찾았는데 몇 곳에서 복사해서 보내주었다. 원격 대출 형식이지만 희귀본이라 복사해서 보내주었다.

교수님에게 자료 수집의 어려움을 말씀드렸더니 본인이 프랑켄 지방 향토 연감에 라부스에 관해 소개한 짧은 기사 한 편을 복사해주었다[Thiel, Christian. "Georg Leonhard Rabus(1835-1916)," *Jahrbuch für fränkische Landesforschung* 24(1964), 401-410].

라부스는 1835년 뉘른베르크에서 태어나 1916년 에를랑겐에서 사망했는데, 철학, 신학, 자연과학, 인간학, 신지학, 심리학 등에 관해서 많은 공부를 했다. 그가 집착했던 일생의 과업은 논리학과 형이상학의 관계를 과학의 틀 안에서 정립해 가려는 것이었다. 그는 논리학의 역사를 체계화했고, 논리학 개혁운동에도 크게 이바지했다. 교수님은 라부스의 이런 점을 높이 평가하고 있었다.

틸 교수는 철학, 사회학, 미학, 수학 등을 폭넓게 전공했다. 특히 프레게에 대한 전문가로서 그의 저서들이 여러 나라말로 번역되었다. 교수님은 텍사스대학교 철학 교수로 계셨는데 아헨공과대학교에 초빙되어 과학철학 분야를 교수하고 있었다.

아헨공과대학교는 1870년 설립 당시 공과대학으로 출발했으며, 독일 산업화와 공업 기술발달의 견인차였다. 하지만 지금은 인문학부도 포함한 종합대학교로 인재 양성과 독일 과학 발전에 일익을 담당하고 있다.

아헨공과대학교에서 첫 학기

첫 학기(WS 1973/74) 등록을 마치고, 멘자에 갔는데 그곳에서 한국 유학생 몇 명을 만났다. 서로 자기소개를 했는데, 그날 만난 학생들은 모두 이공계열을 공부하고 있었다. 몇 명은 연구소에서 조교로 일하며 박사 논문을 쓰고 있다는 것을 얼마 후에 알게 되었다.

아헨공과대학교의 분위기는 대체로 차분했으며 좀 무겁게 느껴졌다. 뮌헨이나 튀빙겐에서처럼 생동성과 발랄함, 자유분방한 활력 같은 것은 찾을 수 없었다.

기원전 5세기 서양철학을 이끌었던 그리스 자연철학을 배우면서 나는 자연 과학자들도 연구실이나 실험실에서 밤새 연구에 몰두하며 과제에 전념하는 열정만큼이나 과학의 궁극적 목적이 인류의 삶에 직결된 유용성임을 거시적으로 볼 수 있는 깊은 안목을 가져야 한다는 생각을 늘 하고 있었다.

과학자는 자신이 다루고 있는 분야의 절대가치를 궁구窮究하기 위해서 문화를 깊이 이해하고 있어야 할 것이다. 이것은 문학, 예술, 종교, 사회, 사상 등등 다양한 지·정·의의 복합체인 철학이라는 모체에서 무언가를 발견할 수 있어야 한다는 것을 의미한다. 비근한 예로 하이젠베르크를 비롯하여 많은 과학자는 전공 분야만의 대가가 아니었다. 이 위인들은 본인이 연구한 결과가 인류의 삶, 즉 인간의 생활에서 어떻게 문화화, 문명화되어가고 있는가에 관하여까지 깊은 관심을 가지고 연구의 방향과 목적을 추진함으로써 자연 과학

아헨에서 첫 크리스마스

이 인문·사회 과학과도 깊이 연관되어 있음을 역설하곤 했다.

하이젠베르크 같은 과학자는 물리학을 철학으로 규정할 정도로 학문의 깊이를 그 근원에서 탐구하였다. 현상만을 분석하며 탐구해가기보다는 현상이 가능할 수 있도록 존재하는 본질—플라톤의 개념을 빌리면 이데아—까지도 천착해가며 과학의 지평을 넓혀가는 게 과학의 원초성이라는 점을 과학도들도 인식할 수 있어야 할 것이다.

어느 날 세미나를 마치고 멘자에 들어서는데 누가 어깨를 툭 치면서 "나, 김인오요!"라며 이상우 처 작은 삼촌이라고 했다. 나보다 몇 살 정도 위로 보였다. 나에 관해서는 이미 잘 알고 있었다. 몇 번 만나다 보니 그는 무엇이든지 속에 담아두지 못하고 바로 내뱉는 매우 직선적이고 솔직한 사람이라는 생각이 들었다. 그 당시 아헨에는 나는 모르는데 나를 알고 있는 사람이 더 있었다. 내 첫째 남동생과 서울고등학교 동기 동창생으로, 보이스카우트도 같이하며 친하게 지냈다는 학생이었다.

아헨에 정착하며 나는 과학과 기술이 중추를 이루고 있는 분위기에서 인문학을 할 수 있다는 것은 과학의 문화화와 정신세계의

과학화를 조화·융합할 수 있는 최상의 조건이 될 수 있으리라고
상상해보았다.

이승우와 이어진 우정의 고리

1971년 6월 10일(목) 오전에 김정양 선배 일정에 맞추어 슈투
트가르트 몇 군데를 다니고 점심때가 되어 슈투트가르트 공대HFT
멘자에서 식사하고 있었는데 한국 사람 몇 분과 우연히 자리를 같
이하게 되었다. 나로서는 초면인 분들이었다. 인사만 나누고 서로
일행끼리 이야기를 하며 식사를 했는데 남자 두 분과 여자 한 분이
었다.

1973년 아헨으로 옮겨와서 몇 달 안 된 어느 날 저녁 이승우
박사가 퇴근길에 나를 찾아왔다. 슈투트가르트 공대 멘자에서 우연
히 한 식탁에서 한번 식사한 게 전부였고, 그 후 서로 연락을 주고받
은 적도 없었기에 상상도 못 했던 일이었다. 그는 식사하며 자기가
김정양과 사촌 동서지간이라고 했다. '세상이 좁기도 하다.' 아주 짧
은 순간이지만 나는 속으로 이런 생각을 했다.

이 박사는 서울대 공대 건축과를 졸업하고 아헨공대에서 토목구
조공학을 전공한 후에 슈투트가르트공대의 구조공학연구소 연구원으
로, 쾰른에 소재하고 있는 독일 굴지의 건설회사(STRABAG BAU-AG)
에서 그리고 나우만엔지니어링에서 수석부사장으로 교량설계 관련
일을 했다. '재독한국과학기술자협회' 회장으로도 활약했다.

그는 한 달에 한 번꼴로 퇴근길에 나를 만나러 왔고, 우리 내외를
자기 집(Walheim, Florastr. 2a)에 자주 초대했다. 나는 주로 듣는 편이

고 그는 사람들과 접촉
하는 폭이 넓다 보니 화
젯거리가 많았다.

어느 날에는 친구
부부를 초대한 자리에
우리도 초대하여 소개
하고 밤늦도록 이야기
꽃을 피우며 지내기도
했다. 남자 친구는 점잖
은 신사분(고 공광덕 박
사)이었고, 여자친구는

이승우와 필자

이대 음대 교수로 계셨다는 아주 멋진 여성(조병옥 교수)이었다.

정부의 해외 두뇌 유치로 한국에 나와 그의 박사학위 논문인 '콘
크리트 사장교' 구조 형식의 "올림픽대교"를 직접 설계·시공했다.
독일에서 사용하던 공법들을 그대로 도입하여 시공했다고 한다. 그
의 설명에 의하면 전 세계에 건설된 사장교 대다수는 철골 구조이
며, 콘크리트 사장교는 국내에 유일할 뿐 아니라 전 세계에서도 몇
개 안 된다고 한다. 정부 국책연구기관인 '한국건설기술연구원' 원
장을 마지막으로 현직에서 은퇴했다.

이 박사와는 지금도 서로 안부를 전하고 카톡으로 읽을거리도
나누며 거의 매일 접촉하고 있다. 북악산 서울성곽 둘레길 산행하
다 생각나 카페에서 문자와 사진을 보내주는 이 우정의 깊은 속맘!
늘 건강 챙기라는 당부의 글도 잊지 않고 보내온다. 그와 맺어온
반세기 우정의 지속성이 이런 관계로 오늘까지 이어지고 있다.

요즘은 신앙생활을 열심히 하는 것 같다. 며칠 전에 동영상을 보내주었는데 〈고통의 멍에 벗으려고〉(Bill & Gloria Gaither) 찬송가였다. 다재다능하고 마음이 여리며 따뜻한 친구, 예의와 우정의 깊이를 음미할 수 있는 이 친구는 참 멋쟁이다.

진정한 우정은 유유히 흐르는 깊은 강물과 같다고 나는 생각한다. 계곡물은 흘러가며 요란한 소리를 내지만 가뭄이 계속되어 물줄기가 마르면 바닥을 드러내게 된다. 그 반면에 깊은 강은 땅에 깊이 스며들며 소리 없이 흘러가 대하를 이루는데, 우정이 바로 그런 것이 아닐까. 참된 우정은 소리 없이 가슴 구석구석에 깊이 스며들어 마음을 적시며 계절에 상관없이 흘러가고 있는 깊은 강과 같다는 생각이 든다.

아직도 많은 강이 내 가슴에 깊이 잠기며 흘러가고 있고, 나는 그 깊이에 동화되어가며 행복에 취하곤 한다. 이것이 내게는 큰 재산이고, 내 삶의 의미를 넓고 깊게 채워가는 생명의 원소다. 그들의 순수한 영혼과 지금도 나는 교류하고 있다.

이레네-마리 테레즈-시몬

아헨에서 아내는 사실상 자유인이었다. 이 말은 새로운 세계에서 삶을 향유하며 기쁨을 마음껏 누리고 있었다는 말이다. 그래서 나날이 즐겁고, 하루가 너무 빨리 지나가는 것 같은 행복감에 젖어 있었다. 퇴근 후에는 그날 있었던 이야기를 하며 말리스Marlies, 유타 Jutta, 레지Rosi 등 병원 동료들과 어울려 지냈던 이야기도 재미있게 들려주고, 날이 화창할 때는 집 근처 공원에 가서 산책하며 우리는 하루하루를 그렇게 보냈다. 나 역시 내가 해야 할 과제가 확정되어 있고, 차근차근 그 정해진 길을 가고 있어 매일 만족감으로 채워가는 생활을 하고 있었다.

1974년 초여름 어느 날 아내는 오전 근무를 마치고 집으로 가고 있었는데 병원 별관에서 이비인후과 병동 쪽으로 오던 젊은 여자가 옆으로 지나가다 멈춰 서며 말을 걸어왔다. 벤치에 앉아 자신을 소개하는데 병원 실험실에서 일하는 조수Laboratorin며, 벨기에 출신이란다. 그리고선 자기 오빠가 켈미스Kelmis(프랑스어: La Calamine)에 살고 있으며, 이미 아들이 한 명 있는데도 얼마 전에 한국 어린이 두 명을 입양했다고 하며 아이들과 의사소통이 안 되니 좀 도와줄 수 있느냐는 것이었다. 그러면서 자기 이름(Irene Royen)과 주소(Habsburgerallee), 실험실 전화번호를 적어주며 도와달라고 간곡히 부탁하고 갔다.

켈미스는 우리 집에서 10분 정도 거리에 있는 아헨 접경 도시다. 아내는 오늘 있었던 이야기를 하며 매우 친절하고 착한 분 같다고 했다. 나는 우선 그분의 오빠가 아이들을 입양할 정도의 인품이면 마음씨도 착하고 인간적이리라는 생각 그리고 이 아이들도 사람들의 생김새, 언어와 음식, 생활 습관 등이 생소한 이곳에서 얼마나 두렵고 견뎌내기 힘들까 하는 생각에 우리가 도와줘야 한다고 결정했다. 다음날 아내가 실험실에 찾아가 만났더니 너무 반가워하며 친구로 지내자고 하고는 바로 말을 텄다고 한다. 이레네의 적극적이고 씩씩하며 활달한 성격은 그녀의 또 다른 모습이었다. 아내는 참 좋은 친구를 사귀게 되었다며 즐거워했다.

며칠 후 늦은 저녁에 이레네가 오빠 부부(Simon, Marie-Therese)

를 데리고 우리 집을 찾아왔다. 우리 다섯 명은 스스럼없이 각자 소개를 하고 오랜 친구처럼 말을 낮춰 이야기하며 꽤 오랜 시간을 보냈다. 헤어질 때 이번 주말에 초대하려 하는데 시간이 어떠냐고 묻고 시간을 정해주고 떠났다.

3살이 채 안 된 여자아이와 4살 정도 되는 남자아이인데 우리를 보자 몸을 숨기려 하며 두려워하고 있었다. 묻는 말에도 대답을 안 하고 완전히 겁에 질려 있었다. 이런 상황에서 계속 말을 붙이는 건 고문만큼이나 아픔을 주는 것이라고 판단되어 애들을 내보내고 나는 시몬에게 이 애들이 마음에 안정감을 가지고 사람을 신뢰할 수 있을 때까지 시간을 좀 두고 지켜보는 게 좋을 것 같다고 이야기했다.

시몬은 이곳에서 약국 직원으로 일하고 있었고, 마리-테레즈는 학교 식당에서 영양사로 근무하고 있었다. 이 가정은 부부가 함께 일해야 살림을 꾸려갈 수 있을 정도로 서민층에 속해 있었지만 그런데도 아이 두 명을 입양하는 것, 그 마음을 한국인의 정서로는 이해하기 어려웠다.

1975년 여름 어느 날 교구신부가 시몬 집안 직계 가족과 친척이 참석한 자리에서 입양한 아이들에게 유아세례를 베풀었다. 초대된 손님으로는 우리 부부가 유일했다. 그해 크리스마스 때는 이레네가 초대하여 벨기에식 크리스마스 음식을 먹으며 연말을 함께 보냈다.

로이엔 집안은 벨기에의 보수적인 정서에 비추어 보면 너무 앞서가고 있는 듯한 인상을 풍긴다. 대인관계 때 언행이나 몸가짐은 전형적인 백인의 상류사회 생활규범에서 벗어나지 않았지만, 의식은 자유롭고 개방적이었다. 형 한 분이 리에지에서 교수로 계시는

데, 그 가정도 아이 3명
을 아프리카에서 입양했
다. 교과서에서 배웠던
사해동포주의란 이상주
의일 뿐이라고 단정했었
는데, 로이엔 가문의 인
간관을 관조觀照하며—
비록 단면을 본 것이기
는 하지만— 나는 사해
동포주의의 구현된 표본
은 바로 이런 것이리라
는 상상을 잠시 했었다.
    1976년 1월 14일
(수) 저녁 8시 뷔르셀렌
Würselen에서 리틀엔젤스

마리-테레즈와 시몬

공연이 있었는데 그날 이승우에게 시몬 가족을 소개하며 자연스레
교제의 시간을 갖게 되었다. 퍽 인상적인 밤이었다. 이승우는 우리
집에 놀러 왔던 이레네와 한두 번 우연히 만난 적도 있다.

박사학위 과정 신청

    나는 이번 학기(WS 1973/74) 네 과목을 신청했다. 틸 교수 세미
나, 가체마이어Matthias Gatzemeier 교수 세미나, 로테르트Hans-Joachim
Rothert 교수의 루터 세미나, 교육학자 비르켄바일Edward Jack Birkenbeil

첫아이 돌 때(왼쪽부터 르노, 마리-테레즈, 오른쪽부터 스잔느, 이레네)

교수의 교육학 세미나, 이렇게 신청하고 세미나에 참석했다. 틸 교수는 내게 박사학위 과정에 필요한 조건을 모두 갖췄다며 본인 세미나에는 참석하지 않아도 된다고 말씀하셨다.

박사학위 과정 신청하면서 전공 둘을 선택하든지, 아니면 주전공 하나와 부전공 둘을 하든지 양자택일해야 하는데, 나로서는 철학과 신학, 두 분야를 하는 게 쉬울 수 있고 왕도일 수도 있지만, 교육학(일반 교육학, 교육철학, 기독교교육학)도 하려는 욕심에 두 번째 안을 택했다.

나는 한국에서 대학 시절에 여동생의 교육학 교과서와 관련 서적을 방학 때마다 읽으며 재미를 붙였고, 그래서 2학년 2학기 때는 교육학과에서 몇 과목은 청강하고 〈교육사회학〉(김선호)을 수강했다. 대학원 때는 이규호 교수에게서 교육철학 독일어 원서 강독을 그리고 튀빙겐에서는 볼노우 교수의 교육철학 세미나에서 교육과 철학의 관계에 관해 배우면서 교육학에 차츰 매료되었다.

아헨에서는 틸 교수의 세미나에서 학문의 형성과 논리 구조에 관한 이론, 기호논리학의 새로운 형식, 본인이 쓴 타자 원고(그때까지 책으로 출판되지 않은 원고 상태)로 된 기호논리학을 공부했다. 엄밀히 보면 틸 교수의 기호논리학은 일반적인 기호논리학과는 접근하는 방식도, 사용하는 기호도 달랐다. 콰인W.V.O. Quine이나 불G. Boole과도 구별되었다. 프레게Gottlob Frege의 수리논리학에 따르는 경향이 강했다.

가체마이어 교수는 신학의 학문성에 관한 새로운 시각을 갖고 있었다. 순수 철학자이며 틸 교수와 더불어 에를랑겐학파의 주요 인물 중 한 명인데, 신학을 깊이 연구했던 것 같다. 하지만 그가 진행하는 세미나의 주류는 과학이론을 구조하는 방법론이었다.

로테르트 교수는 본대학교 조직신학 교수며, 아헨공과대학교에서도 가르치고 있었다. 그의 루터 세미나에 참석했는데, 연세대 연합신학대학원 때 지원용 교수에게서 루터에 관해 철저하게 교육받은 게 큰 도움이 되었다. 어느 학기에는 틸리히 세미나에도 참석했는데 교수님의 전공이 틸리히신학이었다. 우연인가 행운인가, 내가 틸리히의 역사철학을 석사학위 논문으로 준비하며 공부했던 게 여기서 진가를 발휘하고 있으니 나로서는 그 세미나에서 많은 것을 얻기도 했지만, 무엇보다 이해가 쉬웠다.

비르켄바일 교수는 교육학과 교육철학, 특히 기독교교육학을 전공한 분인데, 강의 폭이 넓고, 교육학자로서 신학적 깊이도 상당했다. 그런데 그의 기독교교육철학은 가톨릭 신학의 바탕에서 이론화되었기에 나로서는 개신교 관점에서 가톨릭의 교육학을 접할 수 있는 일거양득의 큰 수확을 얻은 것이다. 하지만 때로는 이해의 차이에서 오는 어려움도 겪어야 했다.

아헨에서는 나의 공부 습관이 바뀌었다. 튀빙겐에서는 도서관이 나의 서재며 공부방이었는데, 그때와 지금의 내 상황은 많이 달라졌다. 나는 도서관보다는 집에서 전공 서적을 읽고 간추려가며 공부했다.

아헨 아파트의 내 서재는 침실을 겸하고 있다. 창가에 책상을 놓고 왼쪽으로 서가가 있는데, 햇빛도 잘 들어와 방이 퍽 밝았다. 혼자 조용히 독서하다 쉴 때는 지금까지 읽은 내용을 되새기고 장별로 요점을 정리해 머릿속에 담으며 매일 그렇게 공부했다. 도서관에서 책을 대출할 때, 한 번에 대출 최대 권수까지 빌려와선 빨리 읽고는 논문에 필요한 부분은 정리하는 게 습관이 되었다. 가끔 대출도서 반납 기간을 놓쳐 독촉장을 받기도 했는데 지금은 그랬던 기억마저도 아름다운 시간으로 채워져 있다.

박사학위 과정 승인 신청서

1975년 3월 7일(금) 교수님 연구실에서 박사학위 논문에 관한 이야기를 구체적으로 했는데, 교수님은 제목과 목차를 우선 짜오라고 했다. 나는 그때까지 라부스의 주저를 몇 번씩 정독했고, 그의 논문들과 소책자들도 완독한 상태이기 때문에 어느 정도 윤곽을 잡고 있었지만, 교수님의 말씀을 듣고 이 문제를 집중적으로 생각하며 논문 구성에 맞는 제목을 정하고 목차를 만들어 갈 계획을 세웠다.

13일(목) 교수님은 가시는 길에 우리 아파트—교수님 댁은 이곳을 지나 10분 정도 가서 숲속에 있었다—에 들러서서 라부스에 관해 좀 더 구체적으로 질문을 하시며, 어느 정도 준비가 되어 있는지 등을 물으시며 빨리 쓰는 것보다 라부스에 관한 최초의 논문이며, 더욱이 최초의 박사학위 논문이므로 잘 쓰는 게 더 의미 있다고 말씀하시고, 새 학기부터는 부전공 과목에도 관심을 더 가지라고 말씀하셨다.

한 달 후 여름학기(SS 1975)가 시작되었다. 나는 4월 17일(목)에 등록을 마쳤다. 19일(토) 교수님은 지나시다가 잠깐 들러서서 구체적으로 박사학위 논문 과정과 계획, 진행 정도 등을 말씀하시며, 신학 교수와 교육학 교수와도 부심 문제에 관해 말씀드리라고 충고해 주셨다.

22일(화) 나는 로테르트 교수가 세미나를 마치고 나가려고 할 때 다가가 잠깐 말씀드릴 게 있다며, "지금 나는 틸 교수님 지도를 받으며 박사 논문을 쓰고 있으며 신학을 부전공으로 선택하려 하는데 교수님이 부심이 되어 주셨으면 좋겠다"라며 정중하게 말씀드렸다. 그리고 나의 학력과 그동안 공부해왔던 과정을 자세히 설명했다. 교수님은 내가 세미나에 적극적으로 참여하며 질의에도 적극적이었던 인상 때문인지 즉석에서 승낙해 주셨다.

다음날 나는 비르켄바일 교수님에게도 부심 문제를 말씀드렸고, 교수님도 승낙해 주셨다. 세미나 참여도와 과제, 학기말 논문 등이 교수님 두 분께서 나를 평가하는 데 크게 작용했던 게 아니었나 하는 생각이 들었다. 나는 이 두 교수님의 세미나에는 거의 매 학기 참석했다.

7월 4일(금) 나는 총장본부Rektoramt—사실상 대학본부—에 박사학위 과정 승인 신청서Antrag auf Promotionszulassung와 철학을 주전공으로, 신학과 교육학을 부전공으로 하려는데 승인해달라는 신청서 Antrag auf Genehmigung mit Fachverbindung 그리고 세 교수의 승낙서가 첨부된 서류를 제출했다. 나는 심사를 거쳐 여름방학 전에 모두 통과되었다는 총장본부 공문을 받았다.

나의 학문의 길: 기적이냐 숙명이냐

기적이 현실화되는 신기한 일을 나는 가끔 체험했다. 지금까지의 나를 돌이켜보면, 사실상 거의 불가능한 일들이 내게서, 내가 살아오는 과정에서 하나씩 실현되었고, 그것이 내겐 많은 힘이 되었다. 전혀 예상치도 못했던 아름다운 친구들을 만나고, 성스러운 관계가 나에게서 실현되어 오늘의 나로 이어진 것을 보면 더욱 그런 생각이 든다.

어머니는 혼자서는 한 발짝도 뗄 수 없어 온종일 어두컴컴한 방구석에서 지내고 있는 나를 보며, 내가 초등학교까지만이라도 다닐 수 있었으면 하는 바람으로 가슴 에이는 나날은 보내셨다. 그런 내 삶이 유학으로까지 이어졌고, 철학의 본고장에서 내가 꿈꾸던 학문을 마음껏 접하며 독립된 유기체 인간이 될 수 있었던 것은 어머니의 기도 때문이라는 생각이 든다.

연세대 신과대학과 연합신학대학원에서 틸리히의 신학과 철학적 신학에 관해 서남동 교수의 가르침을 받은 것, 연신원 때 지원용 교수에게서 루터의 신학을 체계적으로 배울 수 있었던 것, 이종성 교수로부터 신학 체계론에 관한 틀과 흐름을 배울 수 있었던 것,

교육학에 관한 관심과 공부, 신과대학에서 기독교교육학(반피득 교수), 대학원에서 종교교육학 원론(김형태 교수, 후에 연동교회 목사로 옮겨감)을 수강하며 배웠던 것, 튀빙겐대학교에서 큄멜 교수의 그리스 철학 원전강독, 볼노우 교수에게서 삶의 철학에 대한 해석학적 이해, 발터 슐츠 교수의 철학사 강의를 빠짐없이 수강하며 거의 통달할 정도로 서양철학의 흐름을 익혀둘 수 있게 된 것 등이 아헨공과대학교에서 세 학과를 연결하고 부전공으로 택하는 데 기대 이상의 큰 도움이 되었다.

나는 숙명론자는 아니지만, 내 삶의 한 과정을 되돌아보며 1961년부터 한 단계씩 걸어 올라갔던 결과가 박사학위 과정에 직접 도움이 되었을 뿐만 아니라, 미리 계획하고 준비했던 것처럼 그때그때 주어진 상황에 아무런 차질없이 꼭 들어맞는 게 기적 같았고, 너무나 신기했다. '이게 내게 주어진 숙명인가', 이런 엉뚱한 생각을 할 때도 있었다.

크리스티안 틸 교수님의 논문지도

1975년 9월 1일(월) 교수님은 사모님과 오셔서 그간의 라부스 준비 과정을 물으시며, 박사학위 논문 제목과 대강의 목차를 보시고 잘 준비하라고 하셨다. 댁이 우리집 이웃이다 보니 오가는 길에 수시로 들리셔서 논문에 관한 이야기를 해주시곤 했다. 수학과 철학, 수리논리학을 깊이 공부하신 분이라 그런지 매사에 매우 꼼꼼하시고 빈틈이 없으셨다. 퍽 인자하시면서도 논문 내용이나 형식 문제에서는 냉철한 분이셨다. 박사학위 지도교수Doktorvater로 본인의 이름이 기재되고, 학계에서 본인의 지도 능력이 평가되기 때문에 몹시 신경이 쓰였던 모양이다. 사모님은 검소하시고 매우 조용하셨다.

내가 최종적으로 정한 논문 제목은 "게오르그 레온하드 라부스의 과학개념과 과학건축술"(*Wissenschaftsbegriff und Wissenschafts-architektonik bei Georg Leonhard Rabus*)이었다. 목차는 2부로 구성되어 있는데 1부는 "라부스 철학의 체계축조", 2부는 "라부스의 과학개념과 과학건축술"이었다. 모두 8장으로 짜여있으며, 부록으로 "라부스의 과학체계 도식"이 붙여졌다. 교수님은 제목도 목차도 잘 짜여졌다며 즉석에서 통과시켜 주시고는, 최고의 논문을 쓴다는 자세로 차근히 작성하라고 격려해 주셨다. 벌써 두 번째로 하신 말씀이다. 라부스 저서만 가지고 그의 사상을 해석해가며 학문 구조를 축조한다는 것은 독창적인 동시에 모험적이므로 나로서는 매우 긴장되어 있었지만, 교수님은 내가 해낼 수 있으리라고 믿으시고 그런 말씀을 하신 것이었다.

교수님은 1973년 여름 첫 만남—사실상 몇 시간에 걸쳐 치른 면접고사—에서 나를 어떻게 보셨는지 내가 교수님의 기대에 어긋나지 않고 주어진 과제를 충분히 감당해 낼 수 있으리라고 믿으셨던 것 같다. 제자가 부족하면 키워주고 능력이 있으면 고무시켜주어 마음껏 학문의 세계에서 비상할 수 있게 이끌어 주는 게 사부師傅라는 점에서 내게는 틸 교수님이 큰 스승이시며 참된 사부師父셨다. 튀빙겐에서 큄멜 교수님의 제자 사랑과 학문 능력에 대한 인정을 잊지 못하는 나로서는 틸 교수님의 가르침과 지도하시는 것에서도 제자 사랑의 인간미를 느낄 수 있었다. 나로서는 그 점이 고맙기도 하지만 혹여나 '실망을 안겨드리면 어쩌나' 하는 걱정도 되어 연구에 더욱 매진하게 되었다.

1976년 첫날 나는 올해는 라부스 논문에 집중하겠다는 각오를 했다. 1월 8일(목) 11시 45분 정해진 상담 시간에 틸 교수님 연구실을 찾아가서 올해 나의 라부스 작업 계획과 논문 작성에 관한 기술記述 문제를 구체적으로 말씀드렸다. 교수님은 지난번(작년 9월 1일)에 통과된 내용대로 진행해가면서 항별로 차근히 써 가라고 하셨다.

교수님과 상담을 마치고 나오면서 나는 내가 지금까지 해왔고, 또 해나가고 있는 과정이 교수님의 기대에 부응하고 있다는 안도감에 매우 고무되었다. 나는 우선 짜놓은 목차에 따라 차근차근 써 가며 초고 작업을 시작했다. 이미 전체 목차의 각 장章은 수집한 자료들을 몇 번씩 정독하며 내용별로 장과 절 번호까지 표기하여 독서카드에 적어놓고, 요점과 참고자료 쪽수도 적어놓은 상태였다. 이 자료들을 절節별로 분류한 다음 다시 항項별로 이어놓고 해석해가며 바로 타자했는데, 이렇게 작업하니 어려움이 없었다.

교수님은 10일(토) 오후 5시 지나가는 길에 들리셔서 타자로 쳐놓은 초고 몇 쪽을 읽어보신 후 이렇게 하면 된다며 만족해 하셨다. 내용에 대한 해석과 학위 논문 수준의 문장력을 인정하신 것이다. 나는 한 항씩 써가다가 내가 해석한 내용이나 비판한 요지가 너무 독단적인지, 이 정도면 학술 행위의 정석으로 인정될 수 있는 것인지 판단이 안 설 때는 교수님을 찾아가 의논하기도 하고, 때로는 교수님이 들리셨을 때 그간 쓴 원고를 보여드리며 그 자리에서 이런 문제점을 상의드리곤 했다.

2월 9일(월) 오후 1시 30분 교수님은 사모님과 들리셔서 내가 써놓은 새 원고를 읽으시며 몇 가지 지적하시고는, 방법론상의 문제는 없다고 말씀하셨다. 나는 올해 안에 라부스 논문 초고를 완성할 결심을 하고, 신학 세미나와 교육학 세미나에 참석할 때 외에는 온종일 이 작업에 집중했다.

내 머릿속에는 이미 라부스의 생애와 사상, 원서의 구석구석에 있는 내용까지도 정리되어 있었고, 내 나름의 비판점과 주장에 대한 논거가 정립되어 있었다. 그리고 내 책상 위에는 간추려 정리해 놓은 독서카드와 자료 노트가 수북이 쌓여있었다. 나는 논문을 잘 쓰겠다는 의지와 나를 신뢰하며 내 실력을 믿고 있는 교수님에게 실망감을 안겨드리지 않겠다는 마음가짐으로 집필에 심혈을 기울였다.

틸 교수는 미국에서도 교수하셨고, 그분 자신도 프레게에 관한 독창적인 해석으로 명성을 얻었던 터라 제자의 독창성을 키워주며, 자기를 따르라는 식의 강요는 하지 않았다. 매우 개방적인 세계관과 학문의 폭을 넓게 보는 열린 분이었다.

아내의 운전면허증

1976년 2월 아내는 독일 운전면허증을 땄다. 운전학원Fahrschule에 등록하고 몇 주 이론을 배우며 운전 교습을 받았을 뿐인데, 첫 시험에 모두 통과되어 운전면허증을 취득하곤 너무 기뻐했던 게 벌써 45년 전이다. 이로써 가고 싶은 곳에 자유롭게 갈 수 있고, 보고 싶은 자연이나 문화 유적지 등에 가고 싶을 때면 언제나 찾아가서 보고 즐길 수 있는 조건이 만들어진 것이다.

우리 부부의 공통점은 되도록 많은 곳을 가보고 많은 사람과 사귀고 많은 시간을 자연에 묻혀 지내며 거기에서 삶의 여유로움을 즐기는 것 그리고 문화에 접하며 삶의 흔적을 음미하는 것이다. 1981년 2월 귀국할 때까지 비록 5년의 짧은 운전 기간이었지만, 차를 세 번 바꿀 정도록 많은 곳을 여행하며 다양한 자연과 문화에 접할 수 있었던 게 우리의 인생관과 세계관을 넓힐 수 있었던 좋은 계기가 되었다.

아내는 여행을 좋아하지만, 그와 못지않게 화초 가꾸기, 크리스마스 계절 분위기를 위해 집안을 말구유나 크리스마스 트리로 장식하는 것, 아기자기한 소품을 모으는 것 등등 여러 가지 취미를 갖고 있었다.

권이종

차를 사야 하는데, 이웃에 사는 권이종이 신문광고에서 자동차 매매광고란을 뒤져 기숙사 학생이 폴크스바겐VW Käfer을 판다고 하는데 같이 가보자고 하여 가서 차주를 만났다. 여학생이었는데, 새 차를 사게 되어 기숙사 공터 한구석에 주차해놨다고 했다. 그런데 열쇠 구멍에 흘러 들어간 물이 얼어 라이터로 열쇠를 달궈 꽂고 돌려 문을 열었다. 며칠째 눈이 내려 차가 눈으로 덮여있었는데 바로 차 시동이 걸렸다. 흰색 차였는데, 겉에도 깨끗했고, 안에도 좋았다. 650 마르크를 주고 차와 증서를 넘겨받고 바로 아내가 운전하며 권이종 차 뒤를 따라 아헨 교통국(Verkehrsamt)에 가서 등록을 마쳤다. 1976년 2월 11일(수) 드디어 아내는 차를 소유하게 되었다.

권이종은 자신도 바쁘고 시간이 부족할 텐데 교민들과 두루두루 잘 어울리며 누가 어렵다거나 힘들어한다는 소식을 들으면 찾아가 도움을 준다. 우리집과는 길 하나 사이를 둔 지척에 살았는데, 가족끼리 자주 어울렸다. 돼지고기를 듬뿍 넣은 김치찌개는 그 집의 명품 요리였다. 항상 싱글거리는 얼굴과 조용한 목소리 그리고 남의 형편을 헤아려 도와줘야 할 상황이라고 판단되면 어떻게든지 힘이 되려는 마음씨는 그의 인격이었다.

권이종은 1979년 아헨사범대학에서 교육학을 전공하여 박사학위를 받았고, 귀국한 후에는 전북대학교 교수, 교원대학교 교수로 재직하다 은퇴했다. 그는 3년간 '한국청소년개발원장'으로 공직을 수행한 적이 있는데, 그때 청소년을 위한 사회교육 체계 형성에도 일조했다.

생명, 설명 안 되는 신비

천지 만물에서 가장 위대하고 신비로운 현상은 무엇인가? 이 질문을 퀴즈 문제처럼 내고 답을 찾으라고 한다면 각자의 관점에서 한마디씩 진술하며 가볍게 넘길 수도 있겠지만 궁극적으로 그 핵심에 접근해 보면 존재의 원초적인 문제와 관련된, 인류사가 지금까지 밝혀내려고 노력하면서도 찾아내지 못한 과제이기도 하다. 이 문제를 풀 수 있는 확실한 정답은 없다. 그러므로 미로를 헤매며 한없이 가도 현상만 보일 뿐 그 원초성은 밝혀낼 수 없다.

본론으로 돌아가서 무엇이 가장 위대하고 신비로운 현상인가?

광대한 우주가 위대하고 자연 현상의 변화 양상이 신비롭고 아름답다지만, 그런 것은 규명될 수 있는 질료의 형상일 뿐 생명력의 신비는 밝혀낼 수 없다. 나는 이 문제와 관련해서 생명의 탄생이야말로 가장 위대한 사건이며 가장 신비로운 현상이 아닐까 하는 생각을 하곤 한다.

의학자들이나 생물학자들은 생명의 기원과 탄생에 관한 학설을 발표하고 토론하고 논쟁하며, 새로운 학설을 내세우곤 하면서 학문성을 증진해왔지만, 생명의 기원을 가능하게 한 존재의 원초성에 관해서는 아직도 정답을 내지 못하고 있다. 세포 증식이나 유전자 결합, 혹은 자연 현상에 의한 지질의 변화와 생태계 변화에 따라 생명의 생성과 진화, 변이와 소멸 등이 계속된다고 설명하지만, 그런 것의 창조에 관해서는 설명을 유보하고 있다. 종교의 창조 신화나 성경, 경전 등에서는 신의 창조라고 믿고 단언함으로써 답을 제시하지만, 아직 철학은 물론 인류의 어떤 영역의 학문이나 과학도 생명의 기원과 신비에는 접근하지 못하고 있는 것이 작금의 현실이다.

생명의 문제는 창조론과 진화론의 논쟁거리이면서 정답이 없는 시소게임 양상으로 긴장 관계를 이어가고 있다. 창조론은 존재의 본질이 생성된 원초성을 주장하고, 진화론은 생성된 존재의 현상이 진화-발전-변화되어가다 퇴화하는 과정까지를 규명하는 과학이므로 이 둘은 결코 타협점도 찾을 수 없고, 자신들의 주장을 포기할 수도 없는 이질적이며 배타적인 관계를 견지해 가고 있다.

인간의 탄생을 설명하는 것도 위의 문제와 깊은 관계가 있다. 여자가 잉태하면 그것만으로도 창조의 한 현상을 보여주는 것이다.

그 겨울의 감격과 환희

나는 아내가 임신했다며 알려주었을 때 몹시 놀라며 가볍게 흥분했다. 그때 그 기분은 뭐라고 표현할 수 없는 묘한 느낌으로 나를 덮쳤다. 외경스러운 떨림과 매혹적인 느낌에 빠져든 것 같은 감정, 오토R. Otto의 용어를 빌리며 "거룩한 감정"과 같은 것이라 하겠다. 어쨌거나 여자가 아이를 낳는 것만큼 외경스럽고 매혹적인 환희는 없을 것이다.

1976년 12월 11일 밤 10시경 아내는 만삭의 몸이었는데, 참기 어려울 정도로 진통이 온다며 혼자 차를 몰고 대학병원에 가서 입원하고, 다음날 새벽 0시 2분에 제왕절개로 첫 딸을 낳았다. 아이는 예정일보다 몇 주 일찍 나와 체중 미달로 인큐베이터에 누워있었고, 아내는 산모실에서 자고 있었다. 나는 매일 인큐베이터가 놓여있는 병실 창가에서 아이를 보고 있었는데, 그곳의 모든 아이의 눈에는 가리개가 씌어 있었고, 보랏빛 광선이 내리쬐는 인큐베이터 안에서 자고 있었다.

아기 침대를 비롯하여 유아용품은 그 전에 모두 마련해 두었던 상태라 아이의 퇴원에 맞추어 준비할 것이 별로 없었다. 아이는 한 달 가까이 인큐베이터에서 성장하여 마침내 정상적인 체중에 달했고, 각종 면역 주사와 병리 검사 등을 마치고 퇴원했다. 내가 차 뒤에서 아기가 뉘어 있는 광주리를 안고, 아내는 아주 조심스레 차를 몰고 집에 왔다.

아내는 아기를 목욕시키고, 기름 발라주고 접히는 살에 분을 뿌려주고, 저울에 얹혀 몸무게를 재서 기록하고, 분유를 타서 먹이며 너무 행복해했다. 하루에 몇 번씩 기저귀를 갈아줘야 하는데 그럴 때마다 아내는 기름으로 닦아내고, 살이 짓무르지 않도록 유아용 크림을 발라주면서 온 정성을 다 기울였다.

나는 아내의 이런 모습을 볼 때마다 세상 모든 사람이 어머니의 이런 모성애로 키워졌을 텐데 '얼마나 많은 사람이 어머니가 쏟은 사랑과 정성만큼 어머니를 정성껏 사랑하고 있을까' 하는 생각을 하며 나 자신도 불효자라는 자괴감이 들곤 했다. 천하 누구도 혼자 된 게 아닌데….

이상하게도 신생아들은 꼭 낮에는 잠을 많이 자는데, 밤 한두 시가 되면 울기 시작하며, 아무리 잠재우려 해도 그치지 않고 계속 보채곤 하여 아침에 출근해야 하는 이웃들에게 너무 미안했다. 그런데 아무도 뭐라고 말하는 사람이 없었다. 모두 너무 좋은 이웃들이었다. 여섯 가정 중에 젊은 여자 한 분이 중학교 다니는 여자아이와 지내고, 한 부부는 아이가 없고, 세 명은 독신이었다.

아내는 아이가 울 때마다 잠재우려고 안고 어르며 잠을 설치곤 했다. 뭔가 불편해서 그랬는지, 엄마 냄새를 맡으며 안겨 자고 싶어 투정 부린 것인지 알 수는 없지만 어쨌거나 아기는 엄마 품에 안기면 오래지 않아 잠들곤 했다.

한 달쯤 지나니 밤과 낮의 수면시간이 제대로 되어 낮에는 많이 놀고 밤에는 목욕 후 우유를 먹고 트림을 시키고 나면 바로 잠들었다. 하지만 낮에는 혼자 있으려고 안 해서 천장 곳곳에 모바일을 매달아 놓았는데 그 효과도 며칠 못 갔다.

생명이 성장하는 과정에 비바람이 있듯이 아기도 자라는 동안에 비바람을 맞게 된다. 처음 닥친 비바람은 감기였다. 밤이 되었는데

아가는 엄마 품에서

아기가 울고 아무리 어르고 달래도 그치지 않고 얼굴이 달아올라 체온계를 아기 겨드랑이에 꽂고 재었더니 39도가 넘었다.

밤 2시경인데, 아내가 아기 담당 소아과 의사(Dr. M. Husung)에게 전화하여 밤에 왕진을 오게 했다. 의사는 열이 높다며 갖고 온 물약을 입에 한 방울씩 넣어 주고 한참을 지켜보다가 열이 조금씩 내리기 시작하자 약 처방전을 써주고 갔고, 아기도 새벽녘에 잠이 들었다. 아내는 아기 발에 물수건을 번갈아 싸매주며 꼬박 밤을 새웠다.

시간에 맞추어 우유를 타서 손목에 몇 방울 떨궈 온도를 재서 먹여주고, 어깨에 걸쳐놓고 등을 가볍게 두드려 트림을 시키곤 잠재우기를 몇 주 더 하고, 그 후에는 근무 나가게 되어 내가 아침부터 엄마가 되었다.

아기가 자는 시간은 내 작업 시간이었으나 아기의 잠은 배고플 때, 기저귀가 젖었을 때, 잠자리가 불편하거나 실내가 너무 덥거나 건조할 때 투정을 부려 그때마다 나는 우유 먹일 때인지 기저귀 상태가 좋지 않은지 점검하고 안아 재워 눕히곤 했다. 그렇게 하루하루 지내며 아이는 건강하게 자라 백일잔치 상을 받았고, 돌이 되어 이웃의 축하를 받으며 돌잔치 상도 받았다.

한국에서는 산모가 한 달가량 외출해서는 안 되고, 찬 바람을 쐬어도 안 되고, 미역국을 꼭 먹어야 한다고 하여 아내는 아기가 퇴원하는 날만 잠깐 밖에 나갔고, 한 달이 넘도록 외출을 하지 않았다. 식품이며 일용품은 넉넉히 준비해 놓았으므로 생활에 어려움은 없었다.

새 생명이 탄생했다는 것은 정말 신기하고, 한편으로는 경이로웠다. 조용하던 아파트에 아기 울음소리가 나니 생동감도 느껴졌다. 나는 아기의 변해가는 모습 하나하나가 새로운 기쁨이 되어 어떤 때는 한없이 내려다보며 시간이 가는 줄 모르고 쳐다보고 있기도 했다. 그 애는 복이 많았고, 내게도 복덩이였다.

1975년 7월 7일(월) 나는 박사후보생 장학금Doktorandstipendium을 신청했다. 튀빙겐대학교에서 가르침을 받았던 큄멜 교수님과 틸 교수님의 추천서는 본인들이 직접 장학기관에 보냈다. 그런데 1년이 되도록 아무런 연락이 없어 잊고 있었는데, 1년 후에 장학생으로

첫아이 돌 때 친구들과

과테말라
친구 비비와
승마(가운데
비비 어머니)

부모님을 모시고 영국 여행 (1978.5.27.)

선발되었다는 통보를 받았다. 박사학위를 마칠 때까지 매월 지급되며 학위 논문(200부) 출판비도 지급하는 최상의 장학금이다. 그리고 몇 달 후 나는 아기 아빠가 되었다.

아헨 공과대학교에 다니고 있는 한국 유학생 가운데 내가 유일한 박사후보생 장학금 수혜자로 선발된 것이다. 튀빙겐에 있을 때 프리드리히-에버트 장학생으로 선발될 때도 그랬지만 독일에서는 장학금을 신청하고 보통 6개월 이상을 기다려야 한다. 바꾸어 생각해 보면 그만큼 철저하게 심사한다는 말이다. 외국 학생이 독일 내에서 학술 장학생Stipendiat der Akademie으로 선발된다는 것은 매우 드문 일이다. 나는 한 번 받기도 어려운 장학금을 세 번이나 받았다. 튀빙겐에 있을 때 바덴뷔르템베르크주 정부에서 지급하는 우수 장학금(6개월)을 받았고, 프리드리히-에버트 장학금을 2년 받았으며 이번이 세 번째로 받게 된 것이다.

1978년, 별은 빛났다

1977년 내내 나는 논문 초고를 다듬고 첨삭하며, 장별로 정리해가고 있었다. 내 계획은 년 말까지 원고를 완성하고, 1978년에는 부전공 과목 시험 준비에 매진할 생각이었다. 라부스 논문 서론을 틸 교수에게 드리고, 1장부터 차근히 다듬어 정리한 원고를 그때마다 교수님께 드렸고, 지난번에 드린 원고의 지적 사항을 고쳐가며 한 장씩 완성해 갔다. 이런 사이클로 작업해가면서 여름방학 때 2차 수정본의 재수정을 끝마쳤다. 이제 3차 수정에 들어가면 거의 완성되는 것이다. 그 후에는 페이지별로 철자, 인용부호 확인, 인용한 각주의 쪽수 확인, 전체적으로 각주 형식의 통일, 참고문헌을 정리하고, 학교 지정 박사학위 논문작성법 규정에 맞도록 총정리하는 것과 저자의 간단한 프로필을 작성하는 일만 남는다. 올리베티 포터블 타자기를 거의 10년 사용하며 혹사하다 보니 자간이 균일하게 찍히지 않고, 활자 높낮이도 고르지 않아 새 타자기를 사서 원고 작업을 했다.

연초에 계획했던 대로 년 말에 논문이 완성되었다. 첫 아이 돌잔치를 하고, 크리스마스와 연말 모임 등에 참석하며 두어 주 그렇게 보냈다. 논문 원고는 그대로 서랍에 넣어 두었다. 일단 몇 주 논문에서 해방되어 스트레스를 풀고 어수선한 년 말을 보낸 후에 새로운 정신으로 원고를 읽기 시작했다. 내 경우이기는 하지만, 나는 이렇게 글 쓰는 버릇이 있는데, 원고를 접어두고 잠시 잊고 있다 다시 읽으면 첨삭할 문구나 개념, 다듬어야 할 문장, 표기법상의 문제 같은 것이 쉽게 발견된다.

세 교수님께 드려야 하는 최종 완성본은 이렇게 아주 사소한 것 하나까지 찾아 고치고 다듬었다. 교수님들께 드리기 전에 틸 교수님 허락을 받았다. 교수님은 며칠 후 그대로 몇 부 제본해서 교수님들께 드리고, 구두시험에 관해 교수님들과 상의하며 조언을 잘 들으라고 충고해주셨다. 나는 바로 제본소에 가서 원고 4부 제본을 해서 교수님들 면회시간에 찾아뵙고 논문을 드렸다. 그리고 구두시험 준비를 위한 주제와 시험 범위 등에 관에 문의했다. 로테르테 교수님은 틸리히의 신학과 사상에 관해 테스트한다면서, 철저하게 준비해야 한다고 몇 번씩 말씀하셨다. 아니 틸리히의 그 광범위한 신학과 사상을 어떻게….

비르켄바일 교수는 교육철학과 기독교교육학에 관해 준비하라고 말씀하시며, 관련 서적 여러 권을 추천해 주셨다. 이 깐깐하고, 엄격하신 두 분의 성격 때문에 걱정이 태산 같았다. 다음 주에 찾아갔을 때 교수님들은 내 논문을 읽으셨는데 아주 좋다고 하시며, 다시 한번 구두시험을 철저히 준비하라고 당부하셨다. 큰 홍역을 치르겠다는 느낌이 머릿속에서 맴돌았다.

magna cum laude

여름학기(SS 78)가 시작되고 나는 바로 총장본부(대학본부)에 구비서류를 첨부하여 구두시험Rigorosum 신청을 했다. 학교에서는 1978년 7월 21일 시험 일자를 정해주며, 전공 1시간, 부전공 각 30분씩 치른다고 서신으로 통보해 주었다. 참석자는 학과장, 전공과 부전공 교수, 심사관 교수 1명이 합석하고, 조교 한 명이 방문 옆에 앉아 교수님들을 돕고 있었다.

시험장 밖 의자에서 대기하고 있는데, 조교가 들어오란다. 교수님들과 맞은편에 착석하자, 학과장이 몇 가지 이야기를 했다. 긴장을 풀고 심사원들에게 아는 대로만 대답하면 된다며 주의사항도 일러주었다. 하지만 나는 6개월간 부전공 시험과목 자료들을 집중적으로 읽어가며 요점 정리하여 암기하고 있었고, 그 내용이 흐트러지지 않도록 집중하고 있어 학과장의 이야기에 신경을 쓰지 않았다. 시험 전까지 나는 전공 시험보다는 부전공 시험에 몹시 긴장했었다.

시험이 시작되고 주심 교수가 질문을 시작했다. 철학 문제에 대하여 현대철학의 몇 사조에 관한 진술을 요구했다. 그리고 그 이유

철학박사(Dr.phil.) 학위 축하 메달(1978.7.21.)

와 그런 철학의 흐름의 원천을 어디서부터 보아야 하느냐, 그 이유
는 무엇이냐 등등 정말 예상 밖의 질문들이었다. 이때만큼 튀빙겐
대학교 슐츠 교수가 고마울 수 없었다. 슐츠 교수의 철학사 강의를
몇 번씩 반복해서 들으며 큰 흐름을 꿰뚫고 있었던 게 많은 도움이
되었다.

　이어서 라부스의 철학이 19세기 말의 독일 철학계에서 차지하
는 비중과 그의 철학과 맞서는 경우의 철학을 진술하라는 것이 큰
주제였다. 어떻게 보면 라부스에 관한 박사 논문 요지를 철학사적
관점으로 체계화하여 논술하라는 것이었다. 이렇게 여섯 가지 정도
의 시험이 치러졌는데, 나는 질문마다 주저함이 없이 대답했고, 교
수님은 반박이나 그런 대답의 오류 같은 것은 지적하지 않고, 고개

를 끄덕이기도 했다. 나는 '아, 잘하고 있는가 보다' 생각하며 더욱 자신감이 생겼다. 밖에서 대기할 때 긴장했던 모습은 사라졌다. 예정된 1시간이 지나갔다.

그 자리에서 잠시 쉬고, 신학 교수의 질문이 시작되었다. 틸리히 신학에 관한 질문일 줄 알고 철저히 조직신학 3권을 비롯하여 몇 권을 다시 읽었는데, 질문은 엉뚱하게 틸리히가 20세기 신학의 흐름에서 독자적인 신학으로 독창성을 보였을 텐데 그것이 무엇이며, 그 영향에 관해 진술하며 그 논거를 제시하라는 것이다. 하지만 이 질문도 내가 틸리히의 역사철학을 석사학위 논문으로 쓰며 그의 영향에 관해 여러 가지 지적했던 적이 있고, 틸리히 전기를 감명 깊게 읽어 두었던 적이 있어 곧바로 대답했다. 교수님은 신학계 일각에서는 틸리히를 신정통주의신학자로 보는데 그의 신학의 주제가 현대 개신교에 미친 영향을 구체적으로 말해보라고 요구하셨다. 나는 그 문제 역시 그의 신정통주의의 관점과 극보수주의 신학의 대립 상황을 언급하며, 그의 신학이 구체적으로 교회 예식이나 신앙 노선에 영향을 미칠 정도는 아니었지만, 그의 신학은 20세기 개신교의 큰 흐름을 이루어갔다며 구체적 사례를 외국 교회의 현상과 급변하는 신학의 운동성과 관련시켜가며 대답했다. 시카고종교학파와 하버드의 사례까지도 들어가며 차근차근 대답했다.

신학 시험을 마치고 교육철학 시험이 시작되었다. 첫 질문은 현대 교육철학이 교육 현장에서 구현되어가고 있다고 생각하느냐, 가부의 논거를 진술하라는 것이다. 이건 뜻밖의 질문이었다. 나는 독일의 경우 교육학의 철학화 과정은 현재 진행 중이며, 교육학이 철학에서 분리되어 독립 학문이 된 것이 19세기 말엽이므로 교육철학은 교육의 철학함, 교육함의 철학으로 서서히 형성되어 가고 있는 '도상의 학문'이라고 대답했다. 교수님의 기대했던 대답인지는 모르겠지만, 그 대답에 질문을 이어 하지 않고 다음번 질문을 했다.

기독교교육학의 학문성을 논하고, 기독교교육철학의 본질에 관해 역사적 논거를 대라는 것이었다. 나는 기독교교육학에 접근할 때 늘 '기독교와 교육'의 정체성과 개성의 합류를 염두에 두고 그 학문성을 생각하고 있었기에 이런 관점에서 대답을 시작했다. "기독교교육학이란 용어는 최근에 쓰기 시작한 것이며, 학문Wissenschaft 으로서의 기독교교육은 아직 완성된 것이 아니다. 그래서 학교 현장에서는 〈기독교교육〉이라는 과목명을 지금도 사용하고 있다. 교육의 edcare, erziehen, bilden, ausbilden 등의 개념을 학문화하려는 교육학자들의 지속적 이론화 작업으로 교육의 학문Wissenschaft der Erziehung이라는, 즉 〈교육학〉이라는 새 개념이 생겨났고, 기독교+교육+학문의 합성어로 〈기독교교육학〉이 탄생했다. 그리고 기독교교육학의 철학화를 통해 〈기독교교육철학〉이 생겨났는데, 아직 기독교교육 학계에서 기독교교육철학을 학과목으로 가르치는 곳은 없는 것 같다." 이렇게 대답했다. 30분이 넘었다. 교육학 교수님과는 질문-대답이 아니고, 어떻게 보면 내 주장을 피력한 셈이다. 나는 다분히 철학의 관점에서 기독교교육을 보았고, 교수님은 가톨릭의 교육 개념으로 기독교교육에 접근하고 있었다.

학과장이 나가서 기다리고 있으라고 하여 조교가 문을 열어 주었다. 나는 밖에서 대기하며 내 대답이 교수님들의 기대했던 대답인지, 특히 기독교교육학 교수님의 질문—기독교교육철학에 관한 질문—에서 내가 너무 저돌적으로 내 주장을 역설했던 것은 아닌지, 그 결과를 기다리며 초조하게 앉아있었다. 5분쯤 지나 조교가 들어오라고 하여 문안으로 들어서는데, 교수님들이 모두 일어서서 축하한다며 악수를 청했다. 모두 얼굴에 미소를 띠고 있었다. 그 순간 나는 시험 결과가 나쁘지 않은 것 같다는 느낌을 받으며, 재시험을 치르지 않아 다행이라는 안도감 같은 것을 느꼈다.

학과장이 시험 결과를 조목조목 들어가며 설명해주었다. "논문은 최고 점수를 받았고 구두시험도 우수하게 통과됐다. 박사학위 종합점수(das Gesamturteil)는 'Sehr gut'(=magna cum laude)인데 아시아권 학생으로 박사학위를 이렇게 우수하게 마친 경우는 매우 드물다. 진심으로 축하한다." 그러면서 공식적으로 학위증을 받기 전까지는 절대 박사 칭호를 써서는 안 되고, 그 이후부터 사용해야 한다는 말도 덧붙였다. 이렇게 독일에서의 내 꿈은 이루어졌다. 그 순간 나는 힘이 빠지며 잠시 정신이 멍해졌다.

1978년 8월 10일자로 등록된 철학박사 Dr. phil. 학위증을 등기 우편으로 받았다. 열흘 후 둘째 딸이 태어났다. 나는 그 아이한테, "너도 복덩이구나. 아빠 박사학위도 받게 되고…"라며 우스갯소리를 했다. 첫딸이 태어나던 해에 박사후보생 장학금을 받게 되었고, 둘째 딸은 박사학위를 받게 하며 태어났으니 효녀들이라고 말하며 우리 부부는 서로 웃곤 했다.

꿈 그리고 그 연속선상에서

시간은 가끔 잊어버렸던 자아를 지금의 현실 속에서 구현해가고 있다는 것을 나는 그 당시 느꼈다. 그것은 내 꿈을 이루어가는 과정이기도 했고, 나의 정체성을 형성해가는 동인이기도 했다. 나는 오랜 시간이 지난 후에 그것을 알게 되었다. 박사학위를 받고 며칠 지나던 중에 나는 이어갈 수 있는 꿈이 있다는 것을 알게 되었다. 나 자신에겐 거의 불가능했던 모든 현실이 하나씩 실현되어가는 것을 보며, 나는 내 의식 속 깊은 곳에서 꿈틀거리는 무언가를 느꼈다. 그건 끊임없이 용솟음치는 학문에로의 충동과 문화적인 것에 심취되어가는 열정이었고, 미에 대한 조형적이고 형상적인 관심이었다.

내가 개인적으로 느낀 바이지만, 학문은 나를 표현할 수 있는 가장 정직한 수단으로 작용했고, 문화적 영역은 나를 끌어당기며 매혹하는 마력으로 약동했다. 나는 거기에 빨려 들어가며 문화의 폭을 문명과의 복합적 차원에서 이해하기 시작했다.

나는 학문의 제 영역은 물론 삶의 모든 형식과 내용을 문화의 구체적 표현으로 이해한다. 내가 문화의 실체, 그 속에 침잠되어 있는 형상形相을 알려고 하는 것은 바로 이런 이유 때문이다. 이것은 동시에 인간이 살아가는 동안에 항상 운명처럼, 혹은 본능처럼 불가분리의 관계로 작용하며 한 인간을 만들어 가는 미美 그 자체에 대한 잠재의식이라는 게 내가 규정하려는 문화 개념의 한 축이다. 나는 이런 모든 현상과 관계 구조를 단순화하여 문화라는 대개념으로 이해한다.

문화란 문명의 실체를 구성하는 역동력일 뿐만 아니라 인간의 의식에 의하여 새롭게 진화-발전하며 인간을 의식체계의 구조로 흡입하는 힘이다.

1978년 10월 말경, 겨울학기(WS 1978/79)가 시작되고 며칠 후 나는 틸 교수님을 찾아뵙고, 내 진로에 관해 말씀을 드렸다. 나는 철학, 신학, 교육학을 아우르는 문화의 큰 그림을 말씀드리며 교수 자격 학위 논문Habilitation을 준비하려고 한다는 내 견해를 밝혔다. 사실 이 구상은 학문의 대계를 설계하고 싶은 나의 꿈이었다. 교수님은 내 이야기를 진지하게 들으시고 한참 있다가 그렇다면 어떤 관점에서 이 작업을 수행할 것인지, 이론을 정립해 갈 수 있는 방법론은 무엇인지, 그 구상이 구체적으로 잡히면 그때 그 설계도를 가지고 오라고 말씀하셨다. 나는 교수님으로부터 긍정적인 말씀을 들으며 나를 믿고 내 계획을 받아주신 교수님이 새삼 크게 느껴졌다.

내 머릿속에서는 오직 '모든 학문의 어머니'라는 철학에 문화의 생성 메커니즘을 포함 시키는 포괄적인 철학 체계 구상과 문화의 원형과 폭을 철학으로 각색하며 그 개념을 새롭게 창출할 구상으로 복잡해 있었다. 철학의 범주에서 문화의 메커니즘을 풀어가며 새로운 틀로 구조화해간다는 것은 어떻게 생각해 보면 실현 가능성이 보장되지 않은 이상론에 집착하는 작업일 수도 있을 것이다. 문화의 철학화 과정과 그 형성 논리를 체계화해가려는 작업 역시 구상과는 다른 결과로 표출되어 오랜 노력과 시간이 한순간에 물거품으로 끝날 수도 있을 것이다.

나는 지금까지 살아오면서 가시밭길, 첩첩 산으로 막힌 험지를 쉼 없이 걸어왔지만 길을 잃고 방황하거나 실패한 적이 한 번도 없었다. 계획이 구체적이고 체계적이면 성공은 의지에 따르게 마련이다.

우선 철학과 문화 간의 상관관계에 관한 이론과 학술서가 즐비한 상태에서 여기에 도전하며 독창적인 학설로 철학계에 등장하는 것이 중요하므로 나는 오랜 시간을 나의 철학관을 세워가려는 구상으로 보냈다.

무엇보다 중요한 것은 문화의 철학화 과정에 관한 철학 이론과 철학과 문화 간의 상관관계에서 형성될 수밖에 없는 방법론을 정립하여 독창적인 학설로 인정받는 것이다. 나는 우선 설계도 초안을 작성하는 데 1년을 생각하고 있었다.

공간과 시간

공간의 이동이란 문화의 진화를 포괄하고 있는 개념이다. 내가 뮌헨에서 튀빙겐을 거쳐 아헨으로 이동했다는 것은 민족 이동이 문화를 묻혀 가며 새로운 문화에 흡수-동화되어가듯이 나 자신도 이동할 때마다 새로운 문화에 용해되어가며 문화의 폭을 넓혀갔다는 것을 의미한다.

뮌헨에서 나는 문화의 양태를 체감했으며, 생명의 활력을 온몸으로 느낄 수 있었다. 전통과 역사, 자연과 환경, 문화와 문명, 과거와 현재가 약동하고 있는 삶의 현장에서 나는 삶의 맛과 멋을 빨아들이며 생명의 경이, 사랑의 환희를 느꼈다. 이것은 내게 주어진 행운이었고, 나를 더 넓은 세계로 지향할 수 있도록 만들어 준 동인이었다. 내가 개인적으로 접촉하며 경험했던 생생한 인간관계로 인해 이런 인상이 내 삶에 각인되었기 때문일 수도 있겠지만, 어쨌거나 뮌헨은 내겐 인간의 소박하고 순수한 체취가 물씬 배어나오는 생명력과 따뜻한 인정이 시간의 결정체結晶體처럼 영롱이며 반짝이는 아름다운 곳으로 기억된다.

1968년, 지금으로부터 반세기 전 서구 문화에 처음 접하니 모든 게 낯설면서도 신기했고, 눈에 들어오는 하나하나가 너무 아름다웠다. 한국전쟁의 포화 속에서, 비참했던 상황을 직접 목격하며 성장했던 나로서는 전쟁의 상흔이 곳곳에 남아있는 그 당시 서울과 비교할 때 부러움이 솟구쳤다. 우물 안 개구리가 밖에 나와 세상을 처음 구경한 것 같은 느낌이 그 당시 나의 감상이며 느낌이며 놀람이었다. 어쨌거나 뮌헨은 내겐 애정이 깊은 곳이다.

그 반면에 나는 튀빙겐에서 문화가 철학, 문학 등과 동질성을 융합시켜가며, 조용히 진화하고 있는 잠재된 힘의 역동을 느낄 수 있었다. 내가 머물고 있던 시기의 튀빙겐은 옛 모습과 주거 양식을 그대로 보존하고 있었다. 주변의 자연이나 풍광 등도 크게 달라진 것이 없었다. 새로운 시류에 휩쓸리지 않고, 자신만의 걸음으로 조용히 그리고 천천히 시간을 섞어가며 화합해가고 있는 곳, 판화나 민속화에서 옛 튀빙겐의 모습을 보며 이런 느낌을 받았다.

내가 튀빙겐에서 철학과 문화의 장르를 호흡하며 성장할 수 있었다는 것은 행복이었다. 대학 도시의 지성과 낭만은 유유히 흐르는 넥카강의 물결처럼 잔잔하면서도 영혼까지도 자극하는 에너지로 생동했다. 이런 현상을 대학 문화가 만들어가고 있는 아카데미즘이라고 규정하는 이들도 있을 테고, 어떤 이들은 문예文藝와 성애性愛가 혼연일체 되어 흐르는 철학적 에로티시즘, 예컨대 에로스 신화에서 그 연유를 찾아 구현해가는 문학적 미학의 차원에서 이해하려는 이들도 있을 것이다.

아헨은 내겐 축복의 땅이었다. 나는 스승을 찾아 그곳에 갔고, 훌륭한 스승 밑에서 내 학문의 오메가 포인트를 찍었다. 이곳에서 나는 철학과 과학 간의 상관관계에 관심을 가지고 접근하기 시작했다. 그뿐만 아니라 아헨은 내게 추수할 수 있는 수확을 듬뿍 안겨준 곳이기도 하다.

아헨은 네덜란드 벨기에와 국경을 접하고 있는 삼국 만남의 점 (Dreiländerpunkt)이다. 국경을 드나들 때마다 언어가 다르고 생활 양식이 다르지만 상생하며 지내는 삶의 현장을 보며 나는 이곳에서 문화가 습합習合되어가는 과정을 보았다. 이곳에서 거두어들인 큰 수확은 세 자녀를 얻는 축복을 받은 것이다. 이보다 큰 수확이 무엇이랴!

내 의식 속에서는 뮌헨-튀빙겐-아헨, 이 세 도시에 살며 내가 체험한 게 합류되어 하나의 대하를 이루며 흘러가고 있다. 이 흐름이 나의 사상을 형성해가는 배경이 되었다. 뮌헨에서는 문학을 하는 친구들과 사귀게 되었고, 튀빙겐에서는 다양한 학문 분야에서 열심히 연구하는 친구들을 만날 수 있었다. 튀빙겐은 나의 유학 시절 가장 아름답고 인상 깊은 추억의 도시인데, 독일 친구들은 물론 여러 나라에서 유학 온 친구들과 삶의 폭을 넓혀가며 나를 만들어갔기 때문이다. 아헨의 경우에는 과학과 기술이 융합하여 잿빛 하늘에 드리어진 구름처럼 도시를 덮으며 밀려가고 밀려오고 있었다. 아헨에서는 이공계 분야를 전공하는 몇몇 친구들과 가깝게 지냈다. 우리는 과학과 철학의 관계에 관하여 밤늦게까지 토론하며 서로 이해의 폭을 넓혀갔다.

나는 이런 배경이 내 학문과 의식 속 어딘가에서 호흡하며 지금도 나를 지배하고 있다고 확신한다. 세 도시의 합류는 다양한 세계관과 인간관을 형성하는 데 큰 도움이 되었다. 나는 이렇게 형성된 안목과 관점이 먼 지평으로까지, 높은 차원의 정신세계로까지 연결되어 있다는 것을 느끼며, 체험의 폭은 인생의 가치를 증폭하고 있다는 점을 실감했다.

7장

철학과 신학,
그 여정의 교수

하지만 내겐 꿈이 있다

박사학위를 받고 나는 나를 가르쳐주셨던 스승들께 박사학위 받은 소식과 논문을 보내드렸다. 이상호 교수님으로부터 제일 먼저 축하 편지를 받았다. 편지 내용을 보니 내 편지를 받으시고 즉석에서 답장을 쓰신 것 같았다. 1978년 8월 21일 박사학위를 받은 날 편지를 보냈는데 일주일 후인 8월 28일 만년필로 쓰신 답장을 보내주셨다. 이 교수님은 신약학을 가르치셨는데, 나는 학부 2학년 때부터 〈종교〉(고대 중근동), 〈신약사〉, 〈신약 원전〉, 〈신약개론〉 등 네 과목을 한 학기에 한 과목씩 수강했다. 4학년 때부터는 내 관심이 조직신학이라 교수님 수업에 참여한 적이 없다.

나는 교수님이 신과대학장이신 것을 보내주신 편지를 읽으며 알게 되었다. 교수님은 내가 "연세에서 일할 수 있게 되었으면 참 좋겠다"라며, 이번 학기에 네 분이 새로 부임하므로 총장과 의논해보겠다는 내용을 적어 보내주셨다. 교수 한 명을 더 채용하려고 하

한송홍 박사에게   1978. 8. 29.

오는 편지 잘 받았습니다,
먼저 축하 합니다. 학위를 받으셨
다니 반갑습니다. 이곳 래학 시절
의 기억도 납니다,   그동안 공부한
경력을 보이다 연세에서 일할수 있
게 되었으면 한 좋겠다고 생각합니다.
그런데 문제는 학교의 자리가 있어야
하겠고 총장에서 승인을 해 주어야 합니
다. 모든것을 고육넘들과 상의해 보고
닿은 당국과 접촉 해 보고 가능성 여부
를 알려 드리겠읍니다.   참고 하기 위
해서 학력을 포함한 이력서 의 골
업 증명서 학 두장의 추천서를 보내
주면 고맙겠읍니다.   객지 여서
몸 건강하기를 빕니다. 새로
복인한 교수로는 김종천, 박춘서
두분이 계시고 앞으로 온 분야 간올기
그리고 로 관분이 될것같읍니다.

          신과대학장
          이 상 호.

연대 신과대학 이상호 학장님의 축하 편지

니 허락해달라는 요청을 하시겠다는 의미인 것 같았다.

나는 교수 자리를 부탁한 것도 아니고, 가능성을 타진한 것도 아니고, 그저 단순히 스승들에게 공부를 마쳤다는 글과 박사 논문을 증정한 것뿐인데 제자의 진로까지 생각해주시는 교수님의 깊은 정을 느끼면서, 강의하시던 모습이 어제 일처럼 생생히 떠올랐다.

사부의 명령: 내 뜻을 따르라!

그러던 중에 느닷없이 장로회신학대학의 이종성 학장님으로부터 1980년 9월부터 학교에 와서 가르쳤으면 좋겠다는 편지를 받았다. 이사회에서는 귀국하면 교수로 임명하도록 결정해 두었기 때문에 빨리 귀국하라며 9월 강의시간표까지 짜서 보내주셨다.

1970년대 말엽부터 장로회신학대학은 학생들의 학습권 요구로 어수선했다고 한다. 전임 교수에게서 제대로 수업받게 해달라는 요구가 끊이지 않았다니 그 당시 교육 환경이 얼마나 열악했는지 짐작할 수 있을 것 같다. 상황이 이 지경에 까지 이르게 되자 학교에서는 우선 전공 분야별로 몇몇 교수를 초빙하기로 했다. 편지에는 이런 긴박감이 배어 있었다.

학장님께서는 우선 한 학기라도 와서 가르치라며 글을 맺었다. 나는 학장님의 편지를 읽으며 깊은 고민에 빠졌다. 생각해 보면 믿을만한 제자, 당신의 부탁을 거절하지 않을 제자라고 확신하시고 이런 편지를 보내셨을 텐데 나로서도 계획이 있어 어떻게 해야 할지 참 난감했다.

본인이 공부한 신학대학(San Francisco Theological Seminary)

에 장학금을 얻어 줄 테니 가서 공부하라며 나를 수제자로 키우려고 하셨는데, 그 제안을 거절하고 독일로 떠났던 게 내겐 늘 죄책감으로 남아있었다. 당신이 지금 어려움을 겪고 있으니 와서 도와달라는 이 제안마저 거절한다면 제자의 도리가 아니기에 나는 일단 가서 한 학기라도 가르치고 와야겠다는 생각으로 귀국했다.

6월에 셋째 아이가 태어났다. 아내는 혼자 갓난애까지 세 명의 아이를 돌봐야 하므로 그 어려움은 생각 이상으로 힘들었다.

1980년 9월 1일 이종성 학장은 채플 시간에 이형기(역사신학), 박수암(신약신학), 정장복(실천신학), 한숭홍(철학과 신학) 이런 순서로 학력과 경력을 곁들여 우리를 소개했다. 나는 한 학기만 가르치고 돌아오려고 했는데, 이사회에서는 나를 곧바로 조교수로 임용(발령 번호 388)했다.

그 당시 장신대 교수는 미국 여선교사(Marie Melrose. 한국명: 왕마려) 한 분을 포함하여 11명이었다. 개설된 과정 중에 신학과, 기독교교육과, 신대원, 대학원이 문교부에서 인가한 정규 과정이고, 여신원, 목회연구과정(목연), 여성지도자 과정 등은 비정규 과정이었다. 과정이 많다 보니 대다수 과목을 목회하고 있는 목사들이나 은퇴한 원로 목사, 총회 기관 간사, 심지어는 학교 기획실 직원에게 맡겨 한두 과목씩 가르치게 했다. 학부 일반교양 필수과목들과 전공선택 과목의 경우 상황은 더욱 심각했다.

나에게는 일반 교양과목, 신학과 과목, 기독교교육학과 과목이 모두 배정되었다. 상황이 이러다 보니 나는 매 학기 일곱 과목에서 열 과목 정도, 강의 시간으로는 24시간에서 27시간까지 강의해야 했다. 교무처에서 일방적으로 과목을 정해 수업시간표를 짜서 보내주었다. 사실상 나 혼자 시간강사 7~8명 몫을 한 셈이다.

실례를 들면, 1981년 1학기 내게 주어진 과목은 철학개론(4시간), 철학사(3), 국민윤리(4), 고급 독어(2), 독어 신학강독(2), 현대인의 사상(4), 교육신학(3), 기독교윤리학(3시간, 목연 과정), 현대 기독교윤리(3시간, 대학원) 등 아홉 과목이었다. 그리고 그에 해당하는 강의 시간은 주당 28시간이었다. 한 학기 동안 강의한 시간만 400시간이 넘었다. 여름방학에는 계절학기 과목도 맡겨졌다. 평교수는 최대 9시간, 보직교수는 3시간에서 6시간 정도 강의한다는데, 내 경우는 한 학기에 교수 3명 이상의 수업을 하도록 강요당했으니 학교로서는….

첫 시간 수업에 들어가니 학생들이 '독일에서 철학박사를 받았다는데 어떤 내용으로 강의하려나'라는 호기심으로 눈빛이 초롱초롱했다. 참 순수하고 맑은 얼굴들, 나로서는 강의하는 게 처음이므로 약간 긴장되었다. 그동안 설교나 특강 등은 많이 했어도 한 학기 내내 한 과목을 45~48시간 강의하는 것은 설교와 다르게 매우 긴장된다. 3시간 분량의 내용을 압축하여 매주 가르쳐야 하므로 한 과목을 가르치려면 준비 시간이 두세 배 이상 걸렸다. 첫 수업 때부터 나는 강의 노트 없이 학생들을 보며 강의했는데, 학생들은 노트에 적으며 열심히 참여하고 있었다.

나는 정년 때까지 수업 중에 학생들이 강의와 직접 관계되거나 방계 되는 어떤 질문을 하더라도 버벅거리거나 몰라서 당황했던 적이 한 번도 없었다. 어떤 질문이든지 즉석에서 단답식으로 간단명료하게, 어떤 질문의 경우에는 역사적 배경까지 상세하게 설명했다. 특히 철학사 시간에 수업에 직간접적으로 관계된 질문을 할 경우에

2010년 정지혜(필자 왼쪽 여학생)의 추억을 담은 편지와 사진
(2007년 은퇴 학기 종강 때 케이크 마련한 학생들)

도 나는 연도와 관련 학설이 태동하게 된 연유까지도 정확하게 설명해주곤 했다.

어떤 학생이 "교수님은 걸어 다니는 백과사전이세요"라고 하여 나는 절대 그런 말 해서는 안 된다며 경고한 적이 있다. 교재를 펴놓거나 강의록을 작성해 읽어가며 강의할 수 없는 형편인데, 강의마저 내용이 중구난방으로 어긋나고, 틀리고 한다면 학생들이 수업을 거부할 텐데, 그래서 내용을 거의 암기하여 강의하다 보니 이런 별명이 붙었던 것 같다. 어쨌든 나로서는 듣기 거북한 별명이었다.

학생들은 나를 많이 따랐다. 진심을 드러내는 표현방식은 남녀 학생 간에 차이가 있지만 하나같이 나를 사랑하고 존경하는 눈빛은 역력히 느낄 수 있었다. 그때 그 제자들이 대학교 총장, 목회자, 목사 사모, 여자 목사, 교수, 교사, 총회 기관 중책 임원, 외국 선교사, 환경운동가 등등 다양한 직종에서 활동하면서 한국 사회와 교회를 위해 크게 활동하고 있는 것을 보며, 진심으로 제자를 사랑했고 키워왔던 교수로서의 내 삶에 보람을 느끼고 있다. 요즘도 만나 뵙고 싶다는 연락을 자주 받는데 그럴 적마다 나는 고마움과 보고 싶은 마음이 일곤 하지만, 한창 바쁘게 일할 텐데 부담이 될 것 같이 다음에 시간 내자며 얼버무리곤 한다.

긴 겨울, 깊은 생각

1980년 12월 13일(토) 수첩엔 빨간 볼펜으로 '독어(I, II) 시험(11시에 합반으로)' 이렇게 적혀있었다. 그 밑줄에는 'L1-13(1-13과까지)'이라고 쓰여있었는데 시험 범위를 가리키는 것이다. 신학과와 기독교교육과가 같은 시간 같은 문제로 시험 보도록 준비했다. 그렇게 하지 않고 각과 별로 시험을 치르게 되면 난이도 문제로 학생들이 불평할 수 있기 때문이다.

12월 9일(화)부터 2박 3일 동안 한강 호텔에서 '1980학년도 교수 퇴수회'가 열렸다. 부서별로 이번 학기 경과보고와 새 학기 학사

일정을 발표했다. 마지막 날에는 총무처장의 종합적인 학교 상황 보고가 있었는데 질문만 몇 분이 하고 끝났다. 퇴수회 기간 동안 쉬는 시간과 자유시간은 친교의 시간이었다.

퇴수회 종합 자료집에는 내년도 보직교수 명단과 분과위원회 명단 등이 실려있었고, 교무처 보고서에는 강의 과목과 담당 교수명단, 강의시간표까지 완전히 짜여있었다. 학장님은 내가 혼자 귀국한 것을 보시고 무슨 낌새를 차리셨는지, 나를 도서관장에 임명했고, 교무처에서는 내가 담당해야 할 과목을 공지했다. 대학원에서는 석사학위 논문을 써야 하는 학생 여러 명의 명단에 나를 지도교수로 기재해 놓았다. 나도 모르는 사이에 이렇게 상황을 만들어버렸다. 나는 내 꿈이 있었고, 틸 교수님과 약속한 것이 있기에 이번 학기를 마치고 학장님께 사정을 말씀드리고 떠나려 했는데, 사실상 묶여버린 것이다.

퇴수회 후에 학장님께 내 계획을 말씀드리려 찾아갔더니 내가 말을 꺼내기도 전에 "한 박사, 한 학기 가르쳐보니 어땠어? 학생들이 한 박사를 너무 좋아하더군. 독일 가서 가족을 데리고 와. 와서 같이 일하자고." 내가 좀 머뭇거리자, "어쨌든 꼭 와야 해." 이렇게 쐐기를 박았다. 사람을 많이 다뤄보아서 그런지 내 마음을 읽고 계셨던 것 같다.

12월 13일 학교 통근 버스에서 내려 본관 현관으로 들어가는데 청소부 아주머니가 물통에 대걸레를 담갔다 꺼냈다 하며 복도바닥을 닦고 있었는데 겨울이라 물바다로 해놓은 데에 살얼음이 끼어 있어 나는 몇 걸음 만에 미끄러졌다. 왼쪽 무릎을 바닥에 부닥쳤는데 전혀 다리를 움직일 수 없었다. 다리가 부어오르기 시작하며 통증이 점점 심해졌다. 사무처 직원이 잡아 온 택시를 타고 바로 집으로 갔는데 학교에서 연락해주어 기다리고 계시던 부모님과 곧바로 세브란스병원으로 갔다. 무릎뼈에 금이 가서 철심을 박고 깁스를 하고 침대 폴대에 다리를 매달고 2인용 병실로 옮겨졌다.

내 계획은 완전히 깨져버렸다. 독일어 시험만 채점하면 성적 보고서를 제출하고 학장님 면담을 한 후에 20일 독일로 출발하려 비행기 표도 예약해 두었는데 병원에서는 뼈가 붙으려면 한 달 이상 걸릴 거라며 막연한 이야기만 한다.

13일 아침에 독일어 시험 보려고 왔던 학생들이 시험이 연기된 사유를 듣고 그날 저녁부터 매일 여러 명씩 문병을 왔다. 첫날 저녁에는 양금희가 왔고, 다음날부터는 손상웅, 김석, 곽수광, 이길원, 이재순, 박보혜, 염신승, 김종훈, 나영미, 남윤미, 조석원, 진경우, 김성진, 고병희, 주철희, 성정희, 정은옥, 박충호 그리고 어느 날에는 학생 여러 명이 같이 오기도 했다. 교수님들은 모두 오셔서 오래 머물다 가셨다. 대학원생들과 직원들은 수시로 들렀다.

김중기 교수와 김은동 부부도 소식을 듣고 달려왔다. 김창식 목사와 교인들이 와서 예배를 드리며 위로의 말씀을 했다. 하여튼 매일 몇 차례씩 문병객이 와서 옆에 있는 환자에게 미안했다. 옆에는 한화 공장장이었는데 기계에 왼팔 어깨까지 절단되어 몹시 좌절하고 있었고, 부인과 형님이 자리를 지키고 있었는데, 이런 침울한 분위기에 문병객으로 북적대는 게 그분에게 너무 죄송스러웠다.

12월 24일에는 김윤갑 전도사가 와서 성탄 예배를 드리고 오래 머물다 돌아갔다. 밤 8시경에는 김홍철과 음악 활동을 같이했던 가수 최성욱(신학과 2학년)이 부인 최안순(1972년 '산까치야'를 부른 가

수)과 병문안을 왔다. 연말 즈음에는 가수들이 한창 바쁠 텐데 크로
마하프를 갖고 와서 내 침대 가에서 캐럴을 부르며 연주했다. 갑자
기 캐럴이 울려 나오자 복도에는 의사들과 간호사들, 환자와 가족
들이 몰려나와 예상치도 못했던 귀한 가수 두 분의 노래를 들으며
너무 즐거워했다. 크리스마스 캐럴 몇 곡을 더 부르고 앙코르 요청
을 받고 '산까치야'를 불렀을 때 분위기는 절정이었다. 그 부인이
1970년대 유명한 가수였다는 것을 그 후에 학생들에게서 들어 알
게 되었다.

한 학기 가르치며 제자들의 순수하고 티 없이 맑은 사랑, 동료
교수들과 직원들이 보여준 인간적인 따뜻한 마음에 너무 감동했다.
내 마음은 차츰 흔들리기 시작했는데, 이런 곳을 등지고 매몰차게
떠나며 이 인연을 끊어야 하나, 다음 기회를 생각하며 일단은 몇
년 더 있어야 하나, 매일 밤 내 생각은 요동쳤다. '무슨 일이 있어도
꼭 가야 해!', '아니야, 제자들의 이 사랑을 어떻게 내팽개칠 수 있
어!' 이런 갈등은 나를 점점 한쪽으로 밀고 갔다.

한 달 정도 지나서 퇴원하고 깁스를 한 채로 집에서 누워있었다.
재진 일에 담당 의사를 만났더니 뼈가 잘 붙었다며 깁스는 몇 주
정도 있다 제거할 거란다. 의사에게 내 사정을 이야기했더니 지금
이 상태로 여행해도 되므로 독일에 가서 정형외과 의사를 찾아가
진료받되 앞으로 몇 달 동안은 발을 무리하게 쓰지 말라고 했다.

아헨에 도착한 다음날 틸 교수님을 찾아뵙고 귀국 인사를 드렸
다. 교수님은 반가워하며 깁스한 다리를 보시고는 그 연유를 물어
보시고 나서, 한국에서 가르치며 어떻게 지냈는지 자세하게 물으셨
다. 나는 차근하게 모두 말씀을 드리며, 학교 분위기, 교수와 학생

들의 관심, 내가 가르쳤던 과목, 이 학장님이 하셨던 마지막 말씀 등등 여러 이야기를 해드렸는데, 교수님은 학교에서 필요로 한다는데 우선 가서 가르치고, 나와 약속한 계획은 다음 기회로 일단 밀어놓자고 먼저 제안을 하셨다. 나는 어떻게 말을 꺼내야 할지 매우 난감했는데 교수님의 말씀을 듣고 마음이 가벼워졌다.

2월 2일(월) 아헨 대학병원 정형외과에 가서 의사를 만났더니 엑스레이 필름을 보고 깁스를 떼도 된다며 내일 오라고 했다. 50일 만에 깁스에서 해방되었다.

『동아원색세계대백과사전』집필 및 편집위원

나는 독일에서 공부할 때 도서관을 많이 이용했다. 어떤 자료들은 오래된 백과사전에서 우연히 발견하기도 했는데, 그럴 때마다 한국에도 이런 백과사전이 한 종류만이라도 있었으면 하는 아쉬움이 늘 내 마음에 일곤 했다. 수십 권으로 된 일반 백과사전은 물론, 학문 분야별로 된 전문 백과사전들도 때로는 훌륭한 자료 공급원이 되곤 했던 것을 체험했기 때문이다.

1982년 10월 21일(목), 중간고사 기간이었는데, 그 며칠 전에 동아출판사 편집부장이 만나고 싶다며 연락을 해와서 약속한 날(21일) 오전 11시에 내 연구실에서 만났다. 그는 동아출판사에서『동아원색세계대백과사전』(전 30권)을 출판하려고 기획하고 있는데, 나를 집필 및 편집위원으로 모시고 싶다며 허락해달라고 간청했다. 그러면서 내게 신학, 종교학, 종교철학, 종교와 문화 등과 관련된 항목들을 집필해 달라는 것이다. 여러 이야기가 오가고 나서 나는 그의 청을 받아들였다. 하지만 백과사전 집필은 일반 월간지에 시사성 용어나 개념을 몇 줄씩 난외에 소개하는 작업과는 질적 차원부터 다르다. 각계각층의 사람들과 분야별 관심사에 대한 전문가들의 관점을 고려해야 하기에 집필 자체가 매우 부담되는 작업이다.

대화가 잘 마무리되자 부장은 즉석에서 우선 〈신학〉, 〈종교철학〉 원고를 12월 말까지, 늦어도 내년 2월 말까지 보내달라며 이야기를 마쳤다. 이때부터 십여 개에 달하는 항목(13권에서 28권까지)을 차례로 집필하며 1983년 일 년을 보냈다. 교수 업적 평가의 기준이 되는 학술연구논문도 제출해야 하고, 청탁받은 학술지의 원고들도 마감 기간 안에 송고해야 해서 나는 매일 밤늦게까지, 때로는 날을 새며 일 년을 보냈다.

나는 가끔 한 나라의 문화 수준을 평가할 수 있는 척도는 백과사전의 질과 종류의 다양성을 보면 알 수 있다고 생각한다. 지금 우리나라의 국력은 40년 전과 비교할 수 없을 정도로 성장했다. 이제는 우리도 최고 수준의 백과사전, 불후의 명작을 국가 차원에서 기획·제작하여 후손에게 물려 줄 때가 되지 않았나 잠시 생각해 봤다.

원고 마감 기한이 다가올 때 받는 스트레스는 생각보다 훨씬 심했다. 이렇게 일 년을 보내고 2년 후에 백과사전 완성본 한 질을 받았을 때, 그 순간에 밀려오는 성취감 같은 게 나를 엄습했다. 그때를 회상할 때마다 밀려오는 이 희열! 지금도 나는 한국 최고의 백과사전에 집필과 편집위원으로 참여했던 보람 있는 시간을 생생히 기억하며 미력하게나마 문화 발전에 이바지했다는 자부심과 자긍심을 느끼고 있다.

더뷰크대학교 신학대학 교환교수

1980년 교수 청빙을 시작으로 매년 두세 명씩 새로 교수들이 채용되었다. 본교 출신으로 박사학위를 마친 동문이 대다수였다. 삼사 년 지나면서 10여 명의 교수가 증원되었고, 건물도 신축되면서 학교는 빠르게 발전했다. 학사제도나 학교 규정도 젊은 교수들이 안을 내고 청원하여 많은 부분이 개선되었다. 출판부에서는 학술연구비를 지원하며 교수의 학술도서 출판을 도왔고, 교수의 연구를 돕기 위하여 학술논문 연구비 신청을 받아 지원하고 완성된 논문을 교수 연구논문집 「교회와 신학」에 게재하며 체제 정비에 박차를 가했다.

그 당시 신학대학 가운데 연구 학기 제도가 있는 곳은 한 군데도 없었다. 그런 상황이고 보니 신학대 교수들은 연구 학기 때마다 신학의 최근 동향을 섭렵하기 위하여 해외 대학으로 떠나거나 전공서적 집필에 박차를 가하며 그 기간을 알차게 보내는 연세대 신과대학 교수들이 부러웠다. 하지만, 본인들에게는 그림의 떡이었다.

장신대는 1984년에 신학대학 가운데 제일 먼저 연구 학기 제도를 시작했다. 6학기 이상 교수해야 신청할 수 있도록 명문화되어 있었는데 9학기째 강의하고 있던 내게 기회가 주어졌다.

1985년 2월 14일(목) 나는 미국 더뷰크대학교 신학대학The University of Dubuque Theological Seminary과 장신대 간에 맺은 교환교수 협정의 첫 번째 교수로 가게 되었다. 김포공항으로 가려는 찰나에 박창환 학장의 전화를 받았는데 매우 다급한 목소리였다. 학교사태가 점점 더 과격해지고 있어 교무처장이 사퇴했다며 내게 교무처장으로 일하라는 것이었다. 나는 더뷰크 신학대학과 여러 차례 서신과 전화로 연락했고, 그곳 초청장으로 비자도 받고 그곳에서는 학생들이 내 과목 수강신청을 하고 기다리고 있는데, 처음부터 이렇게 일방적으로 취소하면 차후 교환교수 프로그램에도 지장이 있을 것 같다고 말씀드렸다. 그랬더니 그러면 가서 이번 학기 마치는 대로 곧바로 귀국하라고 하여 나는 무거운 마음으로 출국했다.

도쿄를 거쳐 시카고에 도착해서, 국내선으로 더뷰크공항에 도착하니 진눈깨비가 내리고 땅은 눈이 녹아 질퍽거렸다, 트랩에서 내리자 듀바Arlo Duba 학장이 우산을 들고 기다리고 있었고, 한국 학생 한 명도 그 곁에 있었다. 서로 인사를 나누는데, 그 학생은 윤삼열이라고 자기를 소개하며, 윤응오 목사 아들이라고 했다. "교수님이 오신다는 소식을 듣고 학장님과 마중 나왔어요"라고 인사말을 하곤 짐을 찾아 학장 차에 실었다.

교환교수 사택은 2층으로 된 단독 주택이었다. 식사는 학교 식당에 비치해 놓은 교수 명단에 본인이 사인하면 되었다. 학교에서는 나에게 〈철학적 신학〉(3학점) 세미나 한 과목을 맡겼다. 그 조건으로 내겐 숙식이 무료로 제공된 것이다. 내게 청구되는 것은 전화요금뿐이었다. 학생들은 매주 목요일 저녁 7시 30분에 내게 와서 배웠는데, 행사가 있을 때는 시간 조정을 해가며 수업했다.

이들 가운데 칼Edward Dan Kahl이라는 학생이 있었다. 그는 1년 전에 한남대에 '미국 평화봉사단Peace Corps'의 일원으로 와서 영어를 가르치다 여학생과 사귀게 되었는데 귀국해서도 전화로 연락하며 관계를 이어가고 있었다.

내 방 침대 옆 작은 탁자에 전화기가 놓여있는데, 칼은 한 주일에 한두 번 늦은 저녁에 와서 잠깐 전화해도 되느냐고 묻고는 한국에 전화를 걸곤 했다. 잠깐이 3분, 4분으로 이어지더니 며칠 지나서 부터는 10분이 넘게 통화하곤 했다. 나는 그가 자신의 감정과 속마음까지 털어놓을 정도로 순진하여―대도시 출신이 아니리라는 생각에― 고향이 어디냐고 물었더니 오클라호마주에 있는 털사Tulsa라고 한다.

나는 눈이나 비가 오지 않는 날에는 더뷰크 대학도서관이나 바르트부르크신학대학Wartburg Theological Seminary 도서관에 가서 자료를 보충하며『문화종교학』집필에 착수했다. 이렇게 완성된 원고가 '장신학술총서 4'(1987)로 출판되었다.

더뷰크에서 만난 사람들

더뷰크에 도착하고 한 주 후인 2월 21일(목) 듀바 학장이 저녁 식사에 초대했다. 7시에 삼열이 부부와 같이 갔는데 식탁 세팅이 예쁘게 되어있었다. 정성스레 차린 음식도 맛있었지만, 사모님의 친절함이 손님의 마음을 편하게 했다. 그 집안 분위기도 퍽 아늑했다. 거실 한쪽 벽에 매달아 놓은 여러 종류 악기와 곳곳에 놓여있는 장식품들, 가구들은 고풍스러운 작품 같았다. 이 가정의 문화적 취향을 느낄 수 있었다.

식사 후 차를 마시며 학장님은 사택이 맘에 드느냐, 생활하는 데 불편하거나 어려움은 없느냐 등등 몇 가지 묻고는 독일에서 철학과 신학을 공부했는데 미국 신학과는 어떤 점이 크게 다르다고 생각하느냐 그리고 미국의 최근 신학 경향에 대해서 어떻게 생각하느냐는 등의 내용으로 대화가 이어졌다. 그는 한국교회의 신앙 전

「철학적 신학」(3학점) 세미나 수강생들과 기념사진

통 같은 것에 관해서도 여러 가지 질문을 했다. 장신대에 관해서는 비교적 많이 알고 있었는데, 두 학교간에 교환교수 협정을 맺으며 장신대가 어떤 신학대학인지 알아본 듯하다. 헤어질 때 내일 오후 3시 30분에 회의실(Urbach Launge)에서 정기 교수회가 있는데, 꼭 참석하라고 했다.

한 주일에 한 번씩 돌아오는 3학점짜리 세미나는 내겐 매우 매력적이었다. 학생들을 가르치며 나도 저들에게서 무언가를 배울 수 있었기 때문이다. 학생들의 순수함과 자유로운 정신은 그 자체로서 시골 목동의 행태를 연상시키곤 했다. 세미나 준비로 시간적 여유가 많지 않았지만 한 주일에 한 번씩 학생들과 만나고 대화하며 미국 젊은이들의 삶의 양식과 의식 상태를 익힐 수 있었던 것이 내겐 큰 수확이었다. 수업을 위해 주제별로 수집했던 자료들도 훗날 내가 논문을 쓰거나 저술하는 데 많은 도움이 되었다.

3월 1일(금) 오후 7시 30분에 총장 본관에서 만찬이 있었다. 듀

듀바 학장 부부

바 학장이 부인을 대동하고 나를 데리러 왔다. 피터슨Walter F. Peterson 총장 부부가 현관에서 손님들을 맞았는데 총장은 인자한 영감님 같은 분이었다. 아주 조용하고 얼굴에 약간 미소를 머금고 있었다. 총장이 인사말을 하고 이어서 새 이사 몇 분과 유지들을 소개했다. 뒤이어 듀바 학장이 나를 이번 학기에 한국에서 온 교환교수라고 소개했고, 사무처장인 듯한 분이 강사 몇 분을 소개했다. 참석하고 보니 나만 피부색이 다른 외국인이었다. 나는 만찬이 진행되는 내내 이곳이 이 정도로 유색인종에 대하여 배타적인지, 혹은 오늘의 이 경우는 우연이었는지 참 궁금했다.

겨울이 가고 봄이 빠르게 내 곁으로 다가왔다. 화창하고 따뜻한 날에는 가끔 집 주변을 산책하며 나만의 시간을 갖기도 했다. 하지만 한가한 시간은 잠시뿐, 계속 모임이 이어졌다. 계획에도 없었던 모임에 초대되는 일도 많았다. 나는 한 학기 강의하게 되는 교환교수일 뿐인데 학교에서는 교내 모든 행사에 초대하고 함께 어울릴 수 있도록 배려했다.

4월 22일(월) 더뷰크대학교는 템플턴John Marks Templeton에게 명예박사 학위를 수여하고 명예총장으로 추대하는 예식을 치렀다. 저녁 7시에 축하연이 더뷰크 '골프 & 컨트리클럽Golf & Country Club' 연회장에서 열렸다. 학장 부부가 나를 데리러 와서 동행했다. 나도 모르는데 초대 인사 명단에 내 이름도 올려있었다.

4월 24일(수)에는 더뷰크 신학대학 자문회의가 오크룸에서 열렸다. 이 모임은 나와 전혀 상관없이 없는데 학장이 함께 어울리도록 초대를 한 것이다. 하지만 내 기분은 남의 잔치에 끼어든 것 같았다. 회의 후에는 함께 저녁을 하는 게 전통같이 되어 있었다. 교수와 자문위원 간에 친교의 시간이었다.

26일(금) 오후 3시 30분에는 회의실에서 이번 학기 학술 발표회가 열렸다. 이웃에 있는 바르트부르크 신학대학과 공동으로 개최하는데, 이번 학기에는 더뷰크 신학대학이 주체가 되었다. 장신대에서도 개강 교수회 때 교수들이 논문 발표를 하는데, 같은 형식이었다.

저녁식사는 아치발드Helen Allan Archibald 교수가 초대했는데 드루몽Richard Henry Drummond 교수 부부는 이미 와 있었다. 집은 약간 경사진 초원 위에 있었다. 언덕 아래에서 보면 3층인데 현관이 있는 도로변에서 보면 1층이었다. 지하층이 서재였다.

아치발드 교수는 기독교교육학 교수였다. 여성학에도 관심을 조금 내비쳤다. 그래서 여성학을 어떻게 생각하느냐고 물었더니 본인의 주 관심사는 종교교육 이론과 교수-학습 방법론이라며 화제를 돌렸다. 교수는 코우G. A. Coe의 종교교육 이론으로 1975년에 박사 학위를 받았다. 드루몽 교수와도 대화를 나누었는데 오랫동안 일본

◀ 아치발드 교수연구실에
서(1985.5.8.)

▼ 아치발드(H. Archibald)
교수 초대를 받고 집 앞에
서(1985.4.26.)
오른쪽 드루몽 교수 부부

사은회 때 아치발드 교수와 함께(1985.5.9.)

에 선교사로 있어 한국 기독교에 관해서도 많이 알고 있었다.

이곳 학제에 따르면 5월 첫 주일이 사실상 학기말이었다. 5월 7일(화)에는 학기를 마치며 교직원과 가족들이 더뷰크 남서쪽에 있는 스위스 밸리공원에서 피크닉을 즐겼다. 교직원 상호 간에 간격을 허물고 단합하려는 성격이 짙었는데 매 학기말에 하루를 피크닉 날로 정해 모이는 게 전통이란다.

아치발드 교수는 내 곁에 자리를 잡아 놓곤 가서 음식을 갖고 와서 같이 먹으며 이런저런 이야기 끝에 내일 시간이 되냐고 묻고는 이곳을 떠나기 전에 자기 연구실에 놀러 오라고 했다. 나는 내가 해야 할 일은 모두 마쳤고 성적 기록표도 제출했으므로 시간이 있었다. 4월 그 댁에서 식사 때는 여러 명이 있어 피상적으로 이야기를 했는데, 이 시간에는 개인적인 이야기도 하고 연구 과정 이야기도 하며 즐거운 오후 한때를 보냈다. 나는 혹시 장신대에 교환교수로 올 생각은 없느냐고 물었더니 웃으시며 즉답을 피했다.

5월 9일(목)은 더뷰크대학교 각 학과 졸업생들이 교수 부부를 초대하여 사은회를 베풀었다. 쥘리앵 인Julien Inn에서 차린 잔치에 나도 초대되었는데 졸업생 중에는 내게 배운 학생도 여러 명 있었다. 한 학기의 짧은 만남이었지만 내게 와서 정중하게 인사를 하는데 내 마음이 뭉클했다. 랑거L. A. Langer, 버지스P. Burgess, 컬버C. Culver는 임지가 정해져 곧 이곳을 떠난다고 한다. 그러면서 나와의 만남과 가르침이 좋은 추억으로 오래 남을 거라며 작별인사를 했다.

5월 11일(토) 졸업식이었다. 가끔 더뷰크 시절, 세미나 수업시간이 생각날 때면 저들이 그 후에 어떤 목회자가 되었을까 이런저런 상상을 해보곤 한다.

졸업식 후 피터슨 총장과 기념사진(1985.5.11.)

5월 13일(월)에는 이번 학기 마지막 교수회의가 열렸다. 나는 그 자리에서 나를 교환교수로 초대한 학교와 듀바 학장께 감사한다는 말로 작별인사를 했다. 그리고 교수들과 교제의 시간, 학생들을 가르치며 정을 나눌 수 있었던 기회 등이 보람 있는 시간이었다는 말도 했다. 내가 체류했던 3개월은 짧은 듯하면서도 많은 것을 배우고 좋은 친구들을 만나며 즐겁고 유익하게 지낸 시간이었다.

더뷰크 신학대학 교수 분위기는 보수적이면서 매우 조용했다. 학생들도 순수하고 맑았다. 그 당시에는 해방신학이나 과격한 사회운동이 세계 곳곳에서 불길처럼 일어나던 때인데, 이곳의 분위기는 별천지 같았다.

15일 나는 이곳을 떠나 시카고에서 이틀을 머물고 17일 워싱턴으로 출발했다.

윤삼열과 마르타

윤삼열은 내가 있는 곳에서 10분 정도 떨어진 부부용 기숙사에 살고 있었는데 가끔 같이 식사하자며 데리러 온다. 한 주일에 한 번 정도 장 보러 시내로 나갈 때도 같이 가자고 하여 나도 그때마다 필요한 식품을 사야 해서 동행하고, 점심때는 고마운 마음을 식사로 표하곤 했다.

나는 여기에 있는 동안 거의 매주 위스콘신주 리위Rewey에 있는 작은 농촌교회에 참석했다. 내가 살고 있는 곳에서 차로 40분 정도 떨어져 있는데 삼열이가 매주 설교를 했다. 화창한 날에는 예배를 마치고 돌아오는 길에 몇 곳을 드라이브하며 주말을 보내곤 했다.

여느 때와 마찬가지로 예배를 마치고 교인들과 작별인사를 나누고 있는데, 롤Rolle 부부가 자기 집에서 점심식사를 하자며 즉석에서 초대했다. 집에 들어가니 식탁에 음식이 준비되어 있었다. 검소한 식사로 차려진 식탁이었다. 깜짝 초대에 궁금하여 오늘(3월 17일)이 무슨 날이냐고 물었더니 그냥 함께 식사하고 싶어 갑자기 준비한 것이란다. 매주 이 부부는 아이 두 명과 늘 정해진 좌석에 앉아 예배를 드리곤 하는데 교회 일에 많은 도움을 주고 있는 것 같았다. 부인 조이Joy는 매주일 피아노 반주를 했다. 여기에서는 그 부인이 유일한 피아니스트인 셈이다.

삼열이 부부에게 감사하는 마음이야 지금도 변함없지만, 특히 부인(Martha, 윤경임)의 경우 신혼인 데다가 돌이 다가오는 아기(Miriam)까지 돌봐야 하는데, 시아버지 친구인 나의 잔일에까지 신경 쓰는 그 마음씨는 절로 나를 고개 숙이게 했다. 참 싹싹하고, 가슴이 따뜻하고 정이 많은 여인이었다.

더뷰크는 위스콘신주와 일리노이주와 접하고 있는 미국 중북부 도시로서 1980년대 당시 그 주변 인구까지 합쳐 6만 명 정도 된다고 들었다. 미시시피강 가에 자리하고 있는데 수차水車로 움직이는 기선(유람선)이 몇 대 다니고 있을 뿐 조용하고 적막하기도 한 곳이

위스콘신주 리위 농촌교회 예배 마치고(1985.3.10.)

다. 지역의 영향인지 3월에도 가끔 눈이 내렸다. 그해 겨울에는 유난히 눈이 자주 내렸다고 한다. 그런 날에는 이 부부가 저녁을 먹고 내게 놀러 와서 1층 응접실 벽난로에 불을 지펴놓고 불가에서 다과를 들며 지내곤 했다. 어느 날에는 밤이 아주 깊을 때까지 환담하며 보내기도 했다.

삼열이는 사람들과 잘 어울리며 매우 사교적이었다. 내가 그곳에 온 지 얼마 안 되었을 때 더뷰크에 있는 한국 의사에게 내 이야기를 하여 3월 2일(토) 그분 가정에 초대받은 적이 있다. 집은 최신식 건축 양식으로 디자인되어 있었는데, 시카고 예술가가 설계한 집이라고 한다. 약간 언덕 위에 지어졌는데, 응접실 전면 유리창을 통해 정원 앞의 넓게 펼쳐진 잔디밭과 주변 경치를 내려다볼 수 있게 설계되었다. 그분은 한국전쟁 후에 미군을 따라와서 의대를 마치고

교환교수 사택에서 메리휴 가족과 윤삼열 부부(1985.3.30.)

군의관으로 오래 있다 제대하고 이곳에 정착했다고 한다. 부인은
스웨덴 분인데 고향 음식으로 식탁을 차렸다.

어느 주말에는 위스콘신대학교에서 교수로 있는 분의 저녁 초대
를 받았다. 교포 부부 두 가정도 와서 같이 식사를 했는데, 모두
한국 정세, 한국의 학생 소요사태 등을 물으며 걱정을 많이 했다.
이야기가 길어지다 보니 밤이 깊었다. 밤이 늦었다며 일어서려 하
자, 주말이라 여유가 있단다.

3월 마지막 토요일 늦은 저녁에 삼열이 부부가 메리휴Merrihew
부부와 예고도 없이 놀러 왔다. 이 부부도 더뷰크(Richie Dr)에 사는
데 삼열이 집에서 몇 번 만난 적이 있다. 날이 쌀쌀하여 벽난로에
불을 지피고 둘러앉아 밤늦게까지 환담하며 지냈다. 남편은 미소만
약간 지을 뿐 거의 말이 없었고, 부인이 재미있게 이야기를 많이

하는데 퍽 사교적이었다. 헤어질 때 5월 4일(토)에 집으로 초대하
겠다며 꼭 오라는 말을 남기고 떠났다.

4월 1일(월)에는 아이오와 시티에서 목회하는 배현찬 목사 가족
이 일박이일 일정으로 방문하여 밤늦게까지 이런저런 이야기를 하
며 지내고, 다음날 돌아갔다. 배 목사는 삼열이를 통해 내가 이곳에
와있는 것을 알고는 문안 전화도 자주 하며 선배 대접을 깍듯이 했
다. 주일 설교를 부탁하여 그 교회에서 예배를 드리고 교인들과 식
사하며 교제를 나눈 적도 있는데 삼열이와 동기생으로 나와는 16년
선후배 사이다.

배 목사는 더뷰크 신학대학을 졸업하고 미국연합감리교회에서
안수받은 후에 곧바로 한인연합감리교회를 개척하여 크게 성장시
켰다. 하지만 그의 걸어온 길이 평탄했던 것만은 아니었다. 미국에
정착하며 겪었던 고생담을 들려주는데 들으면서 내 마음도 아려왔
다. 어느 날 밤 3시경에 무장 경찰 여러 명이 들이닥쳐 학생비자로
와서 일(교회 전도사)하고 있다며 가택을 수색하고, 여권을 압수하
는 등 소동을 벌여 임신 중이던 부인이 공포에 떨다 실신했다는…
배 목사는 이 이야기를 더 이상 이어가지 못했다. 잠시 씁쓸한 여운
이 방안에 흘렀다.

내년에는 미국 동북부로 가려고 하는데 교인들이 놔주질 않으려
고 한다며 젊었을 때 공부를 좀 더 하려 한다고 말했다. 보스턴대학
교에서 신학박사 과정을 시작하려는 것 같았다. 어려운 환경에서도
이렇게 성공했으니 대견스럽다는 생각이 든다. 지금은 리치먼드에
서 목회하고 있다는 소식을 들었다.

5월 11일(토)은 삼열이가 신대원(M.A.R, 종교학)을 졸업하는 날

윤삼열 졸업식(1985.5.11. 왼쪽 윤응오 목사, 뒷줄 메리휴 부부)

이다. 아들 졸업식에 참석하러 윤 목사가 몇 주 전에 이곳에 왔다. 나는 졸업식에도 참석했고, 다음날에는 이 가정을 시내 음식점에 초대하여 축하연을 베풀었다.

윤 목사가 이곳에 있는 동안 우리는 몇 군데 같이 다니며 관광을 했고, 미시시피강에서 수차 기선도 타고 갑문과 독(Lock & Dam #11)을 지나며 강변 경치도 감상하고, 사람들도 만났다. 이러다 보니 윤 목사는 옛날 같이 지내던 때가 그리웠는지 아들 가족이 보스턴으로 옮겨가려고 하는데, 내게도 같이 가자고 몇 번이고 간청했다. 나는 시카고까지만 동행하고 거기서 헤어지자며 정중히 사양했다. 아무리 가까워도 이사 가는데 끼어가는 모양새도 안 좋고, 나로서는 워싱턴에 있는 친구를 만나고 거기에서 곧바로 귀국할 예정으로 비행기 표까지 그렇게 마련해 놓은 상태였다.

워싱턴행 비행기는 시카고에서 직항이 있으므로 5월 15일(수) 오

젤다 집에서(젤다와 딸 사라)

전 7시 30분 우리는 시카고로 떠났다. 시카고에는 메리휴의 딸 젤다 Zelda 집이 있는데, 메리휴 부부가 미리 연락해 두어 우리는 그곳에 머물며 첫날에는 시어스타워(현재 윌리스타워)와 자연사박물관Field Museum, 둘째 날에는 노스웨스턴대학교를 찾아가 캠퍼스 구경을 하고, 오후에는 시카고 시내와 미시간 호숫가를 드라이브하며 보냈다.

17일에는 시카고대학 캠퍼스와 구내서점을 둘러보고 신학도서관에 들렀는데 어느 분이 무슨 책을 찾느냐며 본인은 교수라고 했다. 우리는 서로 가볍게 인사를 하고, 기념사진을 찍곤 헤어졌다. 그날 오후 4시 30분에 나는 워싱턴행 비행기에 탑승했다.

더뷰크에서의 90일은 많은 사람과 사귀며 아름다운 관계와 즐거운 시간으로 채워진, 내 생애에 아주 깊이 인상된 역사가 되었다.

윤 목사와의 인연은 그 후에도 이어졌다. 그다음 해에 윤 목사 딸이 장신대 교회음악과에 입학해서 내게서 몇 과목 배웠다. 어느

시카고대학교 신학도서관에서 만난 교수

날은 윤 목사가 서울에 친척 결혼식 참석차 올라왔다가 내 생각이
난다며 예고도 없이 우리집에 들러 환담을 하며 옛 우정을 나누다
밤늦게 돌아간 적도 있다.

교무처장

1970년대 말엽부터 한국에서는 학생운동이 과격화되기 시작했
다. 80년대 중반에는 광화문, 종로, 서대문 등을 비롯하여 대학가에
서도 화염병과 최루탄으로 매일 전쟁 아닌 전쟁이 벌어졌다.
　장신대 총학생회는 학생운동의 명분으로 '민주 장신!'을 표방했
다. 하지만 그건 종합관에 내걸린 걸개그림을 장식하고 있는 구호
일 뿐 그 핵심을 드러낸 것이 아니다. 솔직히 말해서 학생들은 학교
를 신뢰하고 있지 않았다. 몇몇 교수는 학부College를 폐지하고 신대

원 중심 신학교Seminary로 개편하자는 안을 공론화했고, 어떤 교수는 학생들의 의욕과 자존감을 짓밟는 말을 강의 시간에 공공연하게 토해냈다가 봉변을 당기도 했다.

교무처장과 학생처장 그리고 학생들의 블랙리스트에 올려있는 4인방 교수를 비난하는 대자보가 매일 붙여졌다. 여학생 몇 명은 종합관 앞 미스바Mizpah 광장에서 삭발하는 등 흥분한 학생들의 행동은 갈수록 더 격화되어갔다.

경찰은 수시로 출동했고, 직원이 끌려가 복면한 학생들에게 린치당하기도 했다. 학생들은 이사장실과 학장실의 모든 집기를 마당으로 내동댕이치고, 그곳을 점령하여 아지트로 삼고 몇 달 동안 숙식하며 투쟁했다.

총학생회장은 메가폰을 허리춤에 차고 학생회 임원 10여 명을 거느리고 다니며 학생들을 선동했다. 대학마다 소요사태와 학교 분규는 비슷했다. 내가 연구 학기로 떠나기 전까지 1년여 상황이 이 지경이었다.

나는 5월 말에 귀국하여 학교에 들렀더니 조기 방학으로 교정은 조용했지만 사실상 운동권 학생들에 의해 완전히 점령된 상태였다. 소위 저들이 말하는 해방구였다. 이사장실과 학장실은 여전히 학생들에 의해 참모본부와 작전본부처럼 사용되고 있었다. 그 와중에 4인방으로 낙인찍힌 교수 가운데 한 명은 휴직계를 내고 미국으로 출국했다.

혹자는 교무처장 자리가 좋은 보직이라 내가 망설임 없이 받아들인 것으로 오해할 수도 있겠지만, 실상인즉 아무도 가지 않으려는 험지로 나를 떠밀어 넣은 것이나 다름없다.

〈현대철학〉 세미나(1998.11.27.)

그 당시 교육정책은 졸업정원제(이하 졸정제)로 해마다 무조건 학생들을 일정 비율로 퇴학시켜야 하는데, 학생들이 울고, 학부모들이 찾아와 울고 사정하는 정말 가슴 아픈 일이 벌어졌다. 어제까지 가르쳤던 제자들을 몇 점이 모자란다고 퇴학시켜야 하는 강제법으로 인해 사제지간의 연緣이 깨지기 시작했다. 신입생을 정원보다 30% 더 뽑아 졸업할 때 정원 수만 졸업시키게 하는 이 제도, 졸정제는 몇 년 더 계속되었다.

내가 교무행정을 맡고, 학생 대표를 만나고, 운동권 학생들과 만나 이제 모든 것을 털고 새 학기에는 새롭게 시작하자며 설득하고, 학장이 학부모들에게 가정통신문을 보내고 했더니 학생들의 마음이 조금씩 움직이기 시작했다. 운동권 주동 학생들도 내 과목을 몇 과목씩 수강했고 나를 많이 따르던 학생들이어서 내가 접촉하는데 거절하거나 제안 자체를 무조건 거부하는 태도로 나오지는 않았다.

학장이 나에게 교무처장을 맡긴 것은 모험이었다. 30여 명의 교

수가 있는데 출국하는 나에게 학장 유고 시엔 학장직을 대행해야
하는 보직을 맡으라고 한 것은 학생들이 나를 많이 따르고 좋아하
는 것을 알고 있었기 때문에 사태 수습의 적격자라고 판단했던 것
같다. 그 당시 학생들은 매우 흥분되어 있어 아무와도 대화하려 하
지 않았다.

어느 대학교에서는 학교 실험실이 불타고, 시내는 최루탄 연기
와 타이어를 태워 솟아나는 시커먼 연기, 깨진 보도블록과 벽돌 조
각으로 깔려 폐허처럼 흉물스레 되어가고 있었다. 하지만 장신대는
차츰 정상화되어가며 학업에 전념하는 분위기로 변해갔다. 나는 이
것을 나의 능력이라고 생각하지 않는다. 인간을 인간으로 대하는
것이 천륜이라고 본다. 인간을 사랑하는 것 이상 무엇이 위대할까.

나는 어릴 때 "내리사랑 하라!"는 부모님의 말씀을 들으며 자랐
다. 그때는 그 말씀이 잘 이해되지 않았지만 생각하는 폭이 넓어지
고 내가 많은 사람으로부터 사랑을 받으며 살아가다 보니 나도 내
도움이 필요한 사람을 도와야겠다는 마음이 우러나게 되었고, 그때
비로소 그 말씀이 가슴에 와 닿았다. 윗사람이 아랫사람에게, 스승
이 제자에게 내리는 사랑, 나는 학생들을 대할 때 언제나 그 뜻을
명심하며 실천하려 노력했다.

내 생일 때면 학생들이 생일 케이크를 준비해서 생일 노래를 부
르고 축하해 주는 사제 간의 이 따뜻한 정은 배움과 가르침의 제도
적인 메커니즘에서는 상상도 할 수 없는 일이다. 이 아름다움은 인
격과 인격의 교류, 인간애의 상호 유기성이 꽃피운 것이라는 말밖
에 어떤 수식어로도 표현할 수 없을 것이다.

수업을 마치고 기념사진

교정에서 학생들과 기념사진

남부지검에 제출한 각서

시내에서 데모하다 잡혀 경찰 조사를 받고 남부지검으로 송치되어 온 학생이 있는데, "지도교수를 보내라!"는 검찰의 연락을 받고 박 학장이 나보고 가라고 하여 가긴 했지만 나는 그 학생의 지도교수가 아니었다. 안내하는 방으로 들어갔더니 학생은 머리를 숙인 채 몹시 떨고 있었고, 그의 어머니는 흐느끼며 울고 있었다.

젊은 검사가 나와 학생 관계를 묻곤, 여러 가지 이야기를 한 후에 내게 백지와 모나미 볼펜을 건네주며 각서를 쓰란다. 나는 참 난감했다. 이런 일을 처음 당하기도 했지만, 이런 상황에서 내 일도 아닌 것으로 무슨 각서를 써야 하는지. 나는 그에게 물었다. "각서를 쓰라는데, 내가 왜 각서를 써야 하고, 도대체 무엇을 어떻게 써야 하느냐?" 그는 앞으로 이 학생이 다시는 데모에 가담하지 않도록 잘 지도하며, 만일 다시 이 학생이 이런 일로 다시 잡혀 오면 책임을 진다는 내용으로 쓰라는 것이다. 소위 신원보증을 겸한 책임 각서였다. 나는 그런 각서를 안 쓰겠다고 거절할 수도 있지만, 그렇게 되면 이 학생은 곧바로 구속되게 되는 것이다. 나는 학생을 위해 내 양심으로는 전혀 내키지 않지만, 마지못해 "앞으로 이 학생(이름)이 다시는 데모하지 않도록 잘 지도하겠습니다"라고 간단히 적고 연월일과 내 이름을 쓰고 지장을 찍으라고 하여 그렇게 해서 제출했다.

그는 반말은 아니지만 묘하게 반말처럼 느낄 수 있는, 게다가 목소리엔 사람 냄새가 배어 있지 않은 말투로 말하며 우리를 거만스레 노려보고 있었다. 그는 내가 내민 각서를 읽어보곤, 그 학생에게 "다시 이런 일로 잡혀 오면…." 협박과 무서운 언어적 압박과 냉동고 같은 분위기가 끝을 내렸다.

이 소문이 학생들에게 알려져서 그런지 학생들이 교무처에 대한 태도가 확연히 바뀌었다. 2학기 개학 전에 학생들이 점령 공간을 비웠고, 직원들과 일꾼들이 마당에 던져진 집기들과 강의실 책상, 의자들을 제자리로 옮겨놓으며 학교는 새로운 모습으로 2학기 개학을 맞았다. 개학 때는 모든 게 제자리로 돌아가 정상적으로 수업을 하게 되었다. 그동안 신대원 입학시험을 학교 밖에서 치러야 했고, 모든 수업은 통신문을 통해 교수별로 수업을 하고 과제로 평가하는 등 우여곡절이 많았으나 내가 교무처장으로 일하기 시작하며 사태는 수습되고, 교수-학생 간담회도 하는 등 학생들도 학교 정상화에 협조했다.

새로 임명된 학생처장도 학교사태 수습에 도움이 되었다. 전임자는 엄벌주의로 학생들을 다스리려 해서 학생들에게 크게 봉변을 당하고 물러났는데, 새 학생처장은 학생들과 대화하며 학생들을 선도했다. 나는 교무처와 학생처가 학생들을 학칙으로만 다스리지 않고 포용해주었던 것이 학교 정상화의 결정적인 요인이 되었다고 생각했다.

문교부와 갈등

신입생 338명(신학과 234명, 기교과 52명, 교음과 52명)을 교육한다는 것은 장신대 교육 여건으로는 역부족이었다. 강의실이 너무 좁아 학생들이 강의실 교단 바닥에 앉아 강의를 듣기도 하고, 앞뒤 출입문 밖에 서서 입석에서 공연 구경하듯 수강 아닌 청강을 해야 하니 학생들의 불만이 교내 사태로 폭발했다.

1학년 교양 필수과목이나 전공 필수과목을 담당해야 하는 교수들의 경우는 주어진 상황이 너무 심각했다. 내 경우 신입생 전체에게 교양 필수 두 과목 그리고 신학과 신입생에게 전공 필수 한 과목을 가르쳐야 하는데, 아무리 주어진 상황을 고려하더라도 338명이면 최소 10학급으로 나눠 수업해야 하지만 학교에서는 120명 정도 수업 가능한 교실에 신학과 234명을 가르치도록 시간표와 강의실 배정을 해 놓았다. 수업이 저녁 늦게까지 이어지는 게 그 당시 교내형편이었다.

상황이 이 지경에 이르게 되자 박 학장은 나를 불러 1986년 신학과 신입생을 100명만 뽑으라고 지시했다. 교무과장은 '신학과 모집인원 234명'이라고 인쇄된 입학 요강을 보고 많이 지원했는데 입학정원을 이렇게 줄여도 되는지 걱정하였다. 하지만 교무처로서는 결정된 사안을 밀고 나갈 수밖에 다른 묘책이 없었다.

1986년 2월 10일(월) 오후 1시, 학부 신입생 입학사정회가 대회의실에서 열렸다. 나는 올해부터 신학과 신입생을 100명만 뽑기로 했다며 그 취지를 설명했고, 곧이어 과장과 직원이 사정용 서류 묶음을 각 교수에게 돌렸다.

합격자 발표가 나면 모집정원 내에 들었지만, 불합격 처리된 학생들과 학부모들이 문교부와 학교에 항의하는 사태가 벌어질 게 명약관화하다. 예상대로 바로 다음날(2월 11일) 문교부에서 교무처장을 들어오라고 하여 갔더니 교육국장인지 한 자가 화가 잔뜩 나서 학교가 입학 정원을 마음대로 조정하면 되느냐, 지금 학부모들이 거세게 항의하는데 어떻게 할 거냐며 말투가 거칠었다. 나는 학교 교육시설이 부족하여 부득이 그렇게 할 수밖에 없었다며 상황 설명을 곁들여 이해시키려 했지만 아무 소용이 없었다.

학교에 돌아와서 학장에게 경위를 설명하며, 예상되는 채찍에 미리 잘 대비해야 한다고 말씀드렸다. 저녁에 긴급교수회를 열어 문제를 보고하고 의견을 모았는데, 끝까지 싸우며 나가자는 강경파와 문교부와 맞서봐야 득이 될 게 없으니 '앞으로는 문교부 규정을 철저히 준수하겠다'라고 하며 이 위기를 넘기자는 의견으로 갈렸다.

만일 강하게 나오면 학교는 거의 마비되고 모든 비정규 과정은 그날로 폐지될 뿐만 아니라 불법 운영으로 고발당하고, 학교에 대한 지원과 평가도 최하위 불량 학교로 공지되게 될 것이다.

그런데 다음날 몇몇 신문에서 대다수 대학이 정원을 늘리려고 문교부에 로비하고, 청강생을 뽑으며 학생을 돈벌이 수단으로 여기는데, 장신대처럼 교육다운 교육을 하려고 주어진 정원마저도 스스로 줄여 뽑는 것은 한국 교육사상 초유의 모범적 사례라며 장신대 문제를 특별기사로 다뤘다. 이렇게 장신대가 교육의 모범 사례로 기사화되자 문교부는 이 문제를 확대하지 않고 조용히 덮고 넘어갔다.

KBS 3TV 〈청소년 철학 강좌〉

1986년 5월 10일부터 7월 26일까지 나는 KBS 제3TVEBS에서 〈청소년 철학 강좌〉라는 주제로 50분씩 12주 동안 공개강좌를 했다. 4월 초에 방송사 관계자가 강좌를 부탁했다. 그 당시 종합대학교 철학과에서 가르치는 교수들도 많이 있는데 내게 청탁한 것은 이례적이었다.

나는 철학이 삶의 길을 열어주는 것이라는 생각을 늘 하고 있었고 지금도 그렇게 믿는다. 인간은 진선미로 함축된 가치를 도덕이나 윤리로 규범화했다. 그리고 이것에 의해 학습되어가면서 비로소 사회성이 함양된 인간으로 성숙 되어간다. 나의 이 소신에는 변함이 없다.

이 강좌는 청소년들이 가치관을 형성해가며 스스로 인생의 길을 개척해 갈 수 있도록 창작되었고 연출되었다. 철학이란 무엇인가? /

삶과 철학 / 실존과 철학 / 인간이란 무엇인가? / 문화와 역사 / 교육과 철학 / 종교와 철학 / 사회와 사상 / 인간과 예술 / 과학과 철학 / 문명과 기술 / 철학의 미래. 이 열두 가지 주제는 이런 목적으로 준비되었다.

낮에는 강의와 여러 가지 학교 일로 바빴기 때문에 매일 밤늦도록 참고자료를 읽으며 준비를 했고, 매주 송출되는 날(목요일에 녹화하여 토요일 17:40~18:30 방송)에는 이미 그 한 주 전부터 해당 주제를 원고로 작성하며, 밤 두세 시까지 글을 썼다.

1980년대 TV 방송의 교육프로그램은 외국어 강좌, 문화나 사적지 관광, 동물의 왕국, 요리 교실, 공예 등등 이런 것으로 편성되어 있었다. 방송국에서는 프로그램을 새로 편성하면서 철학 강좌를 신설했는데 왜 내게 그 첫 강좌를 부탁했는지, 어떻게 나를 알았는지 아직도 나는 알지 못한다.

어쨌든 나는 성공적으로 방송을 마쳤고, 모니터링된 것을 접하며 만족했다. 그동안 학술 논문과 학술 도서 집필 등으로 바쁘게 지내다 『철학 12강』(2005)이라는 제목으로 방송 원고를 출판했다.

목사고시

1986년 2월 25일(화) 총회 목사고시위원회에 다섯 가지 서류(고시청원서, 이력서, 장신대 신대원 수강증명서, 논문 1편, 사진 2매)를 1차로 제출했다. 그리고 3월 3일(월) 추가 서류 다섯 가지(구약 주해, 신약 주해, 설교 원고, 추천 및 의견서, 이력서)를 제출했다. 4월 15일 대전 한남대학교에서 목사고시 시험을 봤다. 고시 과목은 성경 필

목사안수 받은 후 부모님과 기념사진(1986.10.28.)

기시험(50분), 구약 주해, 신약 주해, 설교, 신앙고백(고시장에서 당일 필기로 제출), 헌법 필기시험(50분), 교회사 필기시험(50분), 논문(제출), 면접 등 9과목이었다. 나는 1986년 7월 28일 대한예수교장로회총회(고시위원장 김학만, 서기 황용문)로부터 목사고시 성적통지서와 목사고시 합격증(제86-227호)을 받았다. 한 번에 모든 과목에 합격하여 나로서는 심적으로 큰 부담을 덜었다.

삼양제일교회 협동 목사 20년

10월 2일(목) 삼양제일교회가 나를 부목사(사실상 협동목사)로 청빙하겠다는 서류를 서울북노회에 제출했고, 문제없이 통과되어 10월 28일 서울북노회에서 목사 안수를 받았다. 그리고 그다음 주부터 삼양제일교회 협동목사로 오후 2시 예배 설교를 하고, 청년부

청년부원들과 야외예배 후에

지도를 하며 지냈다. 나는 2년 정도만 당회장 홍재구 목사님을 도우
며 지내려 했다. 2년이 지나 목사님께 말씀드렸는데 목사님은 '절대
그래서는 안 된다며 지금처럼 나를 도와 같이 있자'고 간곡히 붙잡
았다. 장로님 여덟 분도 같이 지내자고 말렸다. 그 일 년 후에도,
또 그 후에도 몇 번 목사님께 말씀을 드렸는데 목사님은 전혀 미동
치 않았다.

정말 그렇게 많은 사랑을 받으며 나는 너무 감격했다. 내 언행이나 설교 내용을 문제 삼는 교인은 아무도 없었다. 매주 만나면 너무 반가워했다. 이렇게 지내다 보니 20년이 흘러갔고, 홍 목사님이 은퇴하시게 되어 나도 같은 날 사임했다. 장로님들은 계속 있으라며 간곡하게 만류했지만 나는 새로 부임할 목사님에게 부담을 주지 않기 위해서라도 나가는 게 도리라며 간절한 심정으로 말씀드리고 양해를 구했다.

2006년 1월 8일 은퇴 예배를 드렸다. 예배를 마치고 교회 지하 식당에서 교회에서 마련한 음식을 나누며 송별회를 마치고 집에 왔는데 남선교회와 여전도회 등의 부서에서 "목사님! 그동안 수고 많으셨습니다. 사랑합니다. 건강하세요" 등의 따뜻한 마음과 정이 담긴 예쁜 선물들을 건네주었다. 나는 그 성의를 생각하며 마음이 뭉

주일 예배 후 방문 온 교회 청년들(1988.4.)

클했다. 그러면서 그분들의 끈끈한 인간애의 뜨거움이 내 마음에
오랫동안 여울쳤다. 참 순박하고, 신실하고, 깨끗한 사람들과 20년
동안 지내며 이렇게 사랑을 많이 받은 것에 대한 감사의 마음은 지
금도 계속 이어진다. 그 후 내가 장신대 은퇴할 때도, 소식을 듣고
목사님과 장로님들, 교인들이 많이 와서 축하하며 옛정을 나눴다.

교육과정 심의위원

1992년 2월 22일(토) 교육부 사회과학편수관실 이창조 연구사
로부터 공문 한 통을 받았다. 내용인즉 '종교교과 교육과정 심의위
원'으로 위촉하고자 하니 허락해 달라는 것이었다. 같은 날 학장에
게 교육부 장관 전결로 된 '교육과정 심의위원 위촉장'이 발송되었
는데 "교육과정 심의규정(대통령령 제4388호)에 의거 귀 기관의 교
수 한숭홍을 교육과정 심의위원으로 위촉하오니 위촉장을 전달해
주시고 추후 개최 예정인 교육과정 심의회에 적극 참여할 수 있도
록 협조하여 주시기 바랍니다"(분류번호 교과 25150-53)라는 내용이
었다.

그동안 고등학교 종교 과목은 교양선택이었는데 1987년 제5차
교육과정부터 필수선택이 되었다. 그 이전까지는 종교재단이 설립
한 학교에서 채택한 종교 교과서를 인정도서로 승인했으나 여러 종
교에서 불편부당함을 지적하여 종교 교과서를 새로 만들려고 모이
는 것이라고 밝혔다.

제1차 교과과정 심의회가 5월 16일(토) 오전 10시에 중앙교육
연수원 2층에서 모였다. 윤이흠(서울대 종교학과), 김승혜(서강대 종

교학과), 김경재(한신대 신학과), 박선영(동국대 불교학과), 김종서(정신문화연구원) 등 모두 11명이 참석했다. 우선 교육부 이창조의 사회로 임원 선출을 했는데, 윤이흠을 위원장으로 박선영을 부위원장으로, 장익 법사를 서기로 선출했다. 윤 위원장이 사회권을 넘겨받고 회의를 진행했다.

회의는 매우 진지하게 진행되었다. 위원마다 특정 종교인으로 이 모임에 참석했기 때문에 논의 자체에 굉장히 신경 쓰고 있었다. 김종서 박사는 모두 발언을 통해 2월에 교육부 부탁을 받고 그간 여러 종교와 접촉하며 공청회 등을 통해 종교 교과서를 어떻게 만들 것인지 의견을 수렴했다고 밝혔다.

김 박사의 설명 요지는 세 가지로 간추려지는데, 첫째, 고등학생들은 입시 위주로 공부하는데, 종교교육이 큰 부담이 된다. 생활종교를 가르치는 정도로 교과서를 만들되 종교학 교재여서는 안된다. 둘째, 특정 종교에 편향된 교과서보다는 '종교란 무엇인가?'라는 문제를 보편적으로 이해하는 데 목적을 둔 교과서를 만들어야 한다. 셋째, 종교를 일반 선택 과목의 하나로 개방해야 한다. 불교 학생이 기독교 학교에 배정되었을 경우 의무적으로 기독교를 배워야 하는 것은 신앙을 강제로 주입하는 것에 다를 바 아니다.

이 세 가지 요지를 놓고 토론이 붙었는데 대다수 위원은 수긍하는 분위기였다. 나는 오가는 토론 내용을 경청하며 메모해 놓고 발언권을 얻어 "지금 이 시안에 따르면 군소 종교와 한국의 3대 종교를 동일시하며 한 차원에서 취급하겠다는 것으로 들리며, 모든 종교를 상대화하려는 의도가 깔린 것 같다는 인상을 받았다. 종교마다 고유한 신앙과 전통이 있으므로 종교를 일반화하거나 평준화하면 안 된다. 종교를 일반 선택으로 하는 것도 문제가 크다. 예컨대 기독교 학교 설립 목적은 기독교 신앙을 체계화해서 건전한 신앙을 갖도록 하는 데 일차적 목적이 있는데, 종교가 선택 과목이 되면 종교재단의 설립 목적에 부합하는 신앙 교육을 할 수 없다"라는 취지로 내 의견을 표명했다. 내 말이 끝나자 곧바로 염광여고 교장이신 김정열 선생께서 같은 취지로 말을 이어가며 특수 종교에 의해 설립된 학교의 교육이념과 목적을 참고해서 교과서를 만들어야 한다고 발언했다. 그런데 놀라운 것은 우리 두 명 외에는 모두 김 박사 발표 안에 동의하는 쪽으로 분위기가 흘렀다.

나는 5월 16일에 모인 제1차 교과과정 심의회에서 종교 교과서를 새로 만들기 위해 각 종교의 의견을 수렴하여 1차 시안을 만들고, 제2차, 제3차로 모임을 이어가며 최종안을 도출할 것으로 기대했는데, 이미 1992년 4월에 서강대학교 교양 선택 교육과정 연구위원회에서 "고등학교 교양 선택 교육과정 시안"(종교)을 작성해서 발표했고, 그 내용은 1992년 6월 교육부에서 만들어 온 "제6차 교과과정 고등학교 종교 교육과정 개정안"과 여러 면에서 유사하거나 대의大意가 일치했다.

미래를 여는 젊은이들

1980년대 한국 내 모든 신학대학 가운데 〈기독교교육철학〉을 강의하고 있는 곳은 한 곳도 없었다. 나는 1981년에 이미 "기독교교육철학에 관한 소고"라는 소논문을 「신학춘추」(1981. 8. 21)에 그리고 "기독교교육학의 철학적 이론형성"이란 논문을 「교회와 신학」

제14집(1982. 5)에 발표했으며, 이어서 「신학사상」 제38집(1982 가을)에 "기독교교육철학이란 무엇인가?"라는 방대한 논문을 발표한 바 있다. 그 이후에도 계속 교육과 철학, 교육과 신학, 신학과 철학 등의 상호관계성에 관한 논문을 발표했는데, 이를 계기로 한국 기독교교육 학계에서 기독교교육철학에 관심을 기울이기 시작했다.

1988년 2월 12일(금) 서울신학대학 이정효 교수의 전화를 받았다. 기독교교육학회 모임에서 몇 번 만난 적이 있어 반가운 마음으로 대화하는데, 이 교수는 서울신대 '기독교교육학과 석사과정MACE' 학생들에게 〈기독교교육철학 및 사상〉에 관한 세미나(3학점)를 부탁하겠다는 것이다. 나는 서울신대까지 가서 가르쳐야 하는 게 부담되어 약간 망설이고 있는 순간, 교수님은 학생들을 내 연구실로 보내서 배우게 하려는데 괜찮겠냐고 물었다. 서로 덕담으로 대화를 마쳤다.

며칠 후 서울신대 대학원장으로부터 강의 맡은 데 대한 감사 편지와 강의계획표Syllabus 용지와 여러 가지 안내 사항이 동봉된 우편물을 받았다. 나는 이틀 후에 강의계획표에 필요 사항을 상세히 적어 발송했다.

서울신대가 대학원 기독교교육학과 교과과정curriculum에 불모지나 다름없는 기독교교육철학을 공부하도록 한, 이 개척자적 결단에 경탄驚歎을 금할 수 없었다. 과목은 개설했지만, 그 당시 이 분야를 가르치는 대학원이 어디에도 없으므로 이 교수가 내 논문들을 읽으시고 자극을 받아 학생들을 내게 가서 배워오도록 했다는데, 기독교교육학 영역을 폭넓게 전망하는 학자의 모습이 새삼 돋보였다. 그분은 기독교교육학이 학문으로서 위상을 갖추려면 철학에서 구조와 방법을 도입해야 한다는 점을 절감하고 있는 거시적 안목의 학자였다.

나는 이 학생들에게 나의 지론인 기독교교육철학 및 사상을 가르친다는 데 의미를 두고 있었지만 멀리서 와서 배우고 오후에는 다시 본교로 돌아가서 수업받는 이 학생들과 매주 만나는 것 자체가 매우 행복했고 즐거웠다. 배우겠다고 나를 찾아온 게 고맙기도 하고….

서울신대가 "기독교교육Christian Education"의 울타리를 넘어 "기독교교육학Wissenschaft von der Christlichen Erziehung"의 철학화에 관심을 기울이기 시작하자 그 후 많은 신학대학의 기독교교육과에서 본받아 가고 있었다.

1980년대까지 대다수 신학대학에서는 '기독교교육', '기독교교육과' 등의 용어가 통용되고 있었다. 그리고 그 당시 교과과정은 거의 교회학교 교사 교육, 성경 공부 방법과 교재 개발, 계절마다 절기별로 교회학교에서 사용할 놀이 도구와 공작 형식, 인형극, 성극 등을 가르치는 내용으로 짜여있었다. 한마디로 기독교교육이 예배를 뒷받침하는 도구로 정체성을 이어가고 있었다. 선교 초기부터 이런 정체성이 관행으로 이어져 왔기에 독립 과학으로서의 '기독교교육학'이란 용어조차 생소했다.

3월 11일(금) 9시 30분 내 연구실에서 서울신대 대학원생 아홉 명을 맞았다. 낯선 환경 때문에 그런지 내게 인사를 하는 데 모두 긴장해 있었다. 곧이어 한 명씩 본인 소개를 할 때 내가 긴장을 풀어주려 몇 마디씩 말을 섞었더니 간간이 웃음이 터지면서 분위기가 달라졌다. 학생들은 순수하고 밝았다. 학생들의 학기 차수는 1차,

2차, 3차로 서로 선후배 사이인데 오가는 대화나 언어 표현에서 인간성이 맑고 깨끗하다는 인상을 받았다.

나는 우선 수업 진행 과정과 방식, 과제 등에 관해 자세하게 안내했다. 그리고 중간고사와 학기말고사, 학교 행사 때 휴강하지 않고 12주 집중적으로 수업하기로 했다.

세미나 수업이지만 이 과목 자체를 처음 접하는 학생들이기에 처음 6주 동안은 철학, 교육학, 철학적 신학에 관한 강의로 방향을 잡아주며 이끌어갔다. 첫 시간에 현대철학(19~20세기)을 주제와 동인별로 강의했는데, 철학을 전공하는 학생들이 아니므로 이해하기 쉽게 풀어가며 강의했고 모두 적극적으로 수업에 참여했다. 질문도 몇 번 받았는데 현대철학의 흐름에 관심을 가지는 것 같았다.

다섯 번째 주에는 교육철학 사상을 집중적으로 소개했다. 그리고 여섯 번째 주에는 "기독교교육철학이란 무엇인가?"라는 논문을 읽어오게 했고, 그 핵심과 방법론, 구조 등을 풀이해 가르쳐주며 기독교교육철학의 학문적 기틀을 설명했다. 6주 동안 집중적으로 강의하며 기독교(신학)-교육-철학 간의 삼학일체三學一體 관계와 구조를 체계적으로 설명해주었다. 사실 이 정도만으로도 학생들은 기독교교육철학이 어떻게 구조되어 있으며, 그 본질은 무엇인지 충분히 이해할 수 있다.

일곱 번째 주부터는 학생들에게 주제발표를 시켰고, 토론해가며 접근 방법과 문제점을 찾아내도록 유도했다. 열 번째 주부터는 기말 논문 주제 14개 중에 하나씩을 선택하게 한 후 각자 발표하게 했고, 모두 토론에 적극적으로 참여토록 했다. 6주 동안 매주 3명이 주제발표를 했다. 발표 20분, 토론 15분 그리고 내가 발표 내용을 정리해서 설명하고 논평한 후 마무리하곤 했다. 첫 번째 발표가 끝나면 차나 커피를 마시며 쉬고는 계속 발표를 이어갔다. 학생들은 한 학기 동안 2번 주제발표를 해야 했고, 토론에 참여해야 했으며, 기말에는 A4(10pt) 10매 이상의 논문을 제출해야 했다.

1990년 2월 14일(수) 이정효 교수가 이번 학기에도 〈기독교교육철학 및 사상〉 세미나를 맡아 달라며 전화를 했다. 2년 전부터 장신대는 학생들의 소요로 학교 분위기가 어수선했는데, 이런 상황을 알면서도 학생들을 보내겠다는 게 감사했다.

2월 22일(목) 오후 1시에는 미스바광장에서 총학생회가 학교의 공식적인 졸업식을 거부하며 자칭 '민주 졸업식'을 했다. 일종의 퍼포먼스였지만 학사學事 운영에 대한 도전이었고 저항이었다. 학교에서는 졸업식과 학위 수여식, 신입생 오리엔테이션 등도 제대로 할 수 없어 개학을 앞두고 학사일정이 제대로 움직이지 않았다.

3월 7일(수) 내 연구실에서 서울신대 대학원MACE 첫 수업을 시작했다. 이번 학기에는 매주 오후 3:50~6:20에 수업하도록 시간표를 짜서 보내주어 그에 맞춰 진행했다. 나는 서울신대에 제출한 1990학년도 1학기 강의계획표에 "기독교교육이란 범주 체계는 1) 기독교교육학, 2) 교육신학, 3) 기독교교육철학이라는 세 가지 학문 영역으로 분류된다. 기독교교육철학은 기독교교육학의 지류가 아닐 뿐만 아니라, 교육신학의 아류도 아니다. 〈기독교교육철학 및 사상〉이란 과목은 기독교의 내용을 구성하고 있는 기독교 사상Theologie을 교육학적 방법론Didaktik과 철학적 접근 태도Philosophieren를 통해서 이론화하는 데 일차적 목적을 두고 있다"라고 과목의 목적을 구체적으로 밝혔다.

이번에도 1988년 때처럼 강의와 세미나를 절충하는 방식으로 수업 계획을 짰다. 하지만 수업 내용과 형식은 완전히 달랐다. 3월에는 철학과 교육학을 집중적으로 교수했고, 4월에는 교육학의 학문성과 기독교교육철학의 본질과 현상, 내용과 방법에 관한 강의를 했다. 5월에는 기독교교육철학에 접근하는 방법과 이론을 심화하도록 주제를 주어 발표시켰고, 6월에는 기독교교육 사상에 대한 기독교교육철학적 이해에 역점을 두고 그런 논제로 발표하도록 했으며, 마지막 주에는 이번 학기에 배운 내용을 총정리해주고 종합평가하며 학기를 마쳤다. 기말 논문은 별도 주제를 주어 역시 A4 10매 이상의 논문을 요구했다. 성적 산출은 '출석 20% + 발제(2번) 40% + 기말 논문 40% =100%' 이렇게 하며, 3번 결석하면 "F" 처리한다고 첫 시간에 통보했다. 이 성적 산출 방식은 나의 교수 생활 27년 동안 모든 과정, 모든 과목에 항상 똑같이 적용되었다.

수강생 중에는 김 목사라는 군목 한 분도 있었는데, 후배 9명과 잘 어울리며 한 번도 늦거나 결석하지 않고 과정을 우수하게 마쳤다. 사실 군에 매인 몸이라 매주 참석하는 게 어려웠을 텐데….

2005년 5월 27일 연세대학교 신학관 준공 기념 학술심포지엄에 나는 특강 강사로 초빙되어 "한국교회 분열과 신학적 논쟁"이라는 제목의 강연을 했다. 강연회가 끝나고 교수 식당에서 만찬이 차려져 이동하고 있는데 김 목사가 찾아와 인사를 하며 반가워했다. 15년 만에 만나는 것인데, 제대 후 목회를 하며 연대 대학원에 다니고 있다고 했다.

이 이후에도 나는 서울신대 신학박사 후보생인 교수 한 분과 기독교교육학 전공 박사과정 학생을 이어서 지도했고, 심사위원으로 참석하기도 했다. 그 후 한 분은 모교 총장까지 지내고 은퇴했고, 다른 한 분은 모교 교수가 되어 '기독교교육철학'을 가르치며 성결교 총회 본부와도 긴밀한 관계를 갖고 크게 활동하고 있었다. 얼마 전에는 내 시집『유리온실』을 읽으며 내게 배우던 시절이 떠올라 전화로 인사드린다며 자신도 올해(2020년) 은퇴한다고 했다.

서울신대 학생들과의 사제관계는 내 교수 생활 중에 매우 깊게 인상된 그리운 추억 가운데 하나로서 지금도 나를 설레게 한다.

샌프란시스코신학대학 교환교수

1996년 1월 나는 샌프란시스코신학대학에 교환교수로 가게 되었다. 그 학교에서 제공하는 미국 장로교 선교사 아파트(Berkeley Presbyterian Mission House, 2918 Regent St.)에 관리비 정도만 부담하며 8개월 동안 살았다. 그 아파트는 버클리대학교 근처에 있었는데, 방 3개와 응접실이 있고, 부엌과 욕실이 딸려 있었다. 우리 가족 5명이 사는 데 어려움은 없었다.

나는 고등학교에 다니는 둘째 딸과 중학생 아들만 데리고 1월 23일(화) 출국했다. 샌프란시스코공항에는 아내 친구의 남동생인 교포 사업가 조 선생이 마중 나와 있었다. 아파트에 도착하여 짐을 내리려는데 내 조교로 있던 임성빈 교수의 신대원 동기였던 임종혁 목사가 임 교수에게서 전화 받았다며 주차장에서 기다리고 있었다. 임종혁 목사는 총회에서 파송한 인도네시아 선교사였는데, 이곳에서 안식년을 보내고 있었다.

샌프란시스코신학대학은 그 지역에 있는 신학교 연합체에 속해 있었다. 학생들은 어느 신학교에서든지 자유롭게 수강할 수 있고, 학점도 그대로 인정받게 된다. 도서관을 비롯하여 모든 시설도 자유롭게 이용할 수 있도록 교류협정을 맺고 있었다. 나는 교수에게 제공하는 도서관 출입증을 받아 선교사 아파트에서 걸어 10분 정도 거리에 있는 버클리연합신학대학원GTU: Graduate Theological Union 도서관에서 많은 시간을 보냈다.

나는 오래전부터 내 나름의 신학 색깔을 구상하며 착상이 떠오를 때마다 기록해 두곤 했었다. 이 자료들을 버클리에 머무는 동안 체계화하여 내 신학의 기본 틀을 세우기 위한 작업에 착수했다. 그 당시에는 단지 그 과정을 펼쳐갈 큰 그림 정도만 그려가고 있었는데 자꾸 바뀌고 살이 덧붙여지고 고쳐지고 하면서 초안 정도의 윤곽만 잡혔다. 하지만 내가 구상하는 것, 나의 신학 체계에 도움이 될 만한 자료는 거의 없었다. 사실상 내 작업은 나의 창작이기 때문이다.

아내는 큰아이가 대학교에 입학하여 등록 절차와 동시에 휴학 신청을 하는 일을 마무리하느라 2월 12일(월)에 왔다. 그날도 조 선생이 공항에 마중 나갔는데, 아내는 여스님과 같이 왔다. 비행기에서 옆좌석에 앉아 많은 이야기를 하며 친해져서 스님은 LA행 환승을 다음 날로 미루고 우리 집에서 하루를 지내게 되었다. 스님은 맑고 잔잔한 호수 같았고, 속삭이듯 조용한 언행에서는 지성미가 배어 나왔다. 남동생이 한 명 있는데 미국항공우주국NASA 연구원이고, 본인은 IBM 본사에 근무했었는데, 지금은 LA 근교 사찰에서 지낸다고 했다. 목사 부인과 여스님의 먼 길 동행, 참 아름답고 진기한 여정이었다. 스님은 하룻밤을 우리와 함께 보내고 다음 날 아들에게 자전거를 사라며 100달러를 주고 연락처를 묻는 내게 "인연이

되면 다시 만나게 되겠지요"라는 말을 남기고 떠났다. 참 신기하게
도 아내는 어디 가나 누구와도 잘 어울리며 사람들이 많이 따랐다.

조 선생은 미국에서 생활할 때 필수품 가운데 하나가 자동차라
는 것을 잘 알기에 우리를 위해 좋은 차를 구해주려 저녁 일을 마치
고 밤이 늦었는데도 신문광고를 보고 찾아다녔다. 차 상태를 보기
만도 여러 차례, 어떤 날에는 비가 오는데도 리치먼드까지 가서 차
를 보기도 했는데, 그러던 어느 날 밤에 괜찮은 차를 찾았는데 팔리
기 전에 빨리 가서 보자며 왔다. 10년 된 뷰익Buick 6기통인데 아주
깨끗하고 차 상태도 매우 좋았다. 그날 아내가 운전하고 조 선생
차를 따라 집에 왔다.

아내는 미국에 오면서 국제운전면허증을 발급받아 가지고 왔지
만, 이곳 운전면허증을 다시 받아야 해서 운전면허 시험을 준비했
다. 법규를 익히며 교통 신호체계와 교통표지판 등을 공부하고 차
운전 교습을 받은 지 1개월 만에 미국 자동차 운전면허 시험에 응시
했다. 필기에서 한 번에, 다음날 치러진 실기에서도 한 번에 합격하
여 미국 운전면허증을 받았다. 독일과 한국 운전면허증에 이어 아
내가 받은 세 번째 운전면허증이다.

임 목사는 주말이면 자녀들(딸과 아들)과 자주 놀러 가곤 하는데,
우리와도 같이 가자고 해서 산호세 이집트박물관, 타호호수와 스코
밸리 리조트Squaw Valley, 샌프란시스코 금문교와 공원, 뮤어 우즈Muir
Woods 국립공원, 뮤어 비치, 소살리토Sausalito 등에도 여러 번 같이
갔었다. 그리고 어느 날 늦저녁엔 바닷가 클리프 하우스 카페에도
가서 야경을 보며 밤의 정취에 빠지기도 했다. 부인은 음악을 전공
해서 매우 감성적이며, 인정이 많았다.

봄방학에 떠난 나그넷길

4월 1일(월)이면 봄방학이 시작된다. 이때를 기하여 우리는 미국 내 명승지 몇 곳을 여행하려 계획하고 있었는데, 저녁에 임종혁 목사가 찾아와서 애들이 내일부터 봄방학이라 한 주일 동안 그랜드캐니언을 일주하려 한다며 같이 가자고 하여 얼떨결에 동행하게 되었다.

우리 두 가정은 아침 일찍 버클리에서 출발해 태평양 연안 캘리포니아 1번 국도를 따라 내려가 몬테레이에 도착했다. 해안가와 유명한 17마일 코스, 페블 비치와 곳곳의 관광 명소 등을 관광하고, 예술가의 마을로 알려진 카멜에서 거리와 골목 사이사이, 예쁘게 장식되어 있는 상점 등을 눈에 담으며 오후를 소일하고 LA에서 밤을 보냈다.

다음날 아침 라스베이거스에 도착하여 먼저 숙소를 정하고, 도시 곳곳의 조형물과 구조물 등을 보며 초현대적 디자인과 미학적 예술성, 사막 한가운데 급조된 인공도시이지만 그곳에 어울리는 도시 설계와 건축 디자인 등에 감탄하면서 밤늦게까지 거리 곳곳을 누비며 기억에 담았다.

3일째 되는 날 아침에는 7시 30분에 라스베이거스에서 자이언 캐니언, 레드캐니언, 브라이스캐니언을 들러보고 중간에 쉬면서 저녁 늦게 캐납Kanab에서 밤을 보냈다.

4일째 되는 날 캐납에서 출발해 글렌캐니언, 레이크 파웰, 글렌캐니언 댐, 이스트림에 있는 망루Desert View Watchtower, 그랜드캐니언, 카이밥Kaibab 국립공원, 후버댐을 관광한 후 라스베이거스로 다시 돌아왔다.

남쪽 카이밥 국유림 전망대
에서 보는 그랜드 캐니언
전경(4. 3.)

레드캐니언을
배경으로
우리 부부

자이언 국립공원(1996.4.3.)

수정교회(Crystal Cathedral)

4월 5일(금)은 아침 9시 40분 라스 베이거스에서 LA를 경유해 오후 3시경 샌디에이고에 도착하여 동물원과 시내 관광을 하고 LA로 돌아와 밤을 보냈다. 다음날은 디즈니랜드에서 하루를 보내며 그날을 마무리했다. 디즈니랜드 관광의 대미는 어둠 속 문화의 꽃 축제다. 밤의 축제와 야경은 감탄을 절로 불러일으켰다. 색색의 전구로 화려하게 장식된 행렬 차량과 사실적으로 세팅된 퍼포먼스, 공연 등으로 관광객들은 감탄을 금치 못하며 기분이 들떠있었다. 환호성과 계속 찍어대는 카메라 셔터 소리 또한 참 진기하다는 느낌을 자아낸다.

7일은 부활절이었다. 오전 10시에 수정교회Crystal Cathedral에서 부활절 예배를 드렸는데, 참석한 사람들의 행색을 보니 관광객이 대다수였다. 저들은 예배드리는 게 아니고 공연 구경하듯 예식 하나하나를 보며 사진을 찍고 있었다. 우리는 예배를 마치고 2시경에 글렌데일공원묘지Forest Lawn Memorial Park & Mortuaries 박물관에 있는 공연장(Hall of Crucifixion-Resurrection)에서 폴란드 화가(Jan Styka)가 그린 세계 최대 크기(59m×14m)의 성화, 〈예수의 십자가와 부활〉을 웅장한 음악이 곁들인 해설과 함께 감상하고, 유니버설 스튜디오에 가서 관광한 후 그곳을 출발하여 8일 새벽 1시 40분에 버클리에 도착했다. 버클리를 떠나 일주일 동안 2,600마일(약 4,160km)

을 돌아다녔는데 아직도 내 기억 속에서는 생생한 장면이 물결치고
있다.

롬바르드 꽃길의 추억

버클리에 있는 동안 여러 차례 샌프란시스코에 갔었다. 이 도시
의 매력은 스콧 매켄지Scott McKenzie가 1967년에 불러 한때 선풍을
일으켰던 노래 〈샌프란시스코〉로 인해 내 가슴속에서 잔잔하게 여
울쳤다. "샌프란시스코에 오게 되면 당신의 머리에 꽃 몇 송이 꽂으
세요"라는 가사로 시작하는 이 노랫말에서 '꽃'은 당시 전쟁(월남전)
에 반대하는 세대에겐 평화의 상징이었다고 음악평론가가 해설했
던 것으로 기억한다. 일종의 반전가요 성격의 노래라는데, 글쎄?
1960년대 반전 포크 가수로는 밥 딜런Bob Dylan, 조앤 바에즈Joan Baez
등이 젊은이의 우상이었다.

샌프란시스코에 처음 갔을 때는 그곳이 무엇 때문에 유명한지
모르고 거리 곳곳을 따라다니며 거리공연도 보고, 상가들의 아름다
운 디스플레이도 눈여겨보고, 어딘지 모르는 작은 공원에서 휴식도
취하곤 하면서 이렇게 다녔다. 샌프란시스코는 비교적 작은 도시인
데 볼거리와 눈요깃감이 많아 매번 갈 때마다 인상이 달라지고 가
슴에 와닿는 느낌이 달랐다.

기록에 따르면 샌프란시스코는 1906년 대지진으로 도시 80%
이상이 파괴된 아픈 역사가 있는데, 새로 건설한 도시 전경은 매우
멋지고 아름다웠다. 도시는 그 자체로 아기자기하면서 현대 문화와
예술이 묘하게 조화를 이루고 있는 설치예술 같았다. 우리가 찾았

베이브리지를 배경으로 트랜스아메리카 피라미드(5.4.)

케이블카를 기다리는 사람들

룸바르드 꽃길

던 그 당시(1996년 여름) 도시에는 게이 상징 무지개색 깃발이 창가에 걸린 카스트로 거리가 눈에 띄었는데, 그러면서도 퍽 조용하고 깨끗했다.

요즘 그곳을 다녀온 사람들 이야기로는—주관적인 인상일 수 있겠지만— 노숙자들과 마약 중독자들, 다양한 성소수자들LGBT, 자살하는 사람들, 잡범들 등으로 온통 도시 분위기가 달라졌다는데, 역으로 생각해 보면 그만큼 시대가 문화를 새로 형성해가고 있다는 것을 보여주는 산 증거라 하겠다.

25년이라는 시간의 장벽은 이제 돌아갈 수 없는 높이로 쌓여가고, 시대를 흘러가던 공기마저 달라져 버렸기에 벌써 옛 향수가 묻혀 나오기 시작하는 듯하다. 어쨌든 도시는 이렇게 탈바꿈하며 새로운 문화와 문명의 흐름에 얹혀 진화한다.

나는 샌프란시스코의 인상을 다섯 가지로 정리해 보았다.

우선 첫눈에 들어오는 것은 금문교라는 골든게이트브리지를 빼놓을 수 없다. 안내 자료에 따르면 길이가 2,737m나 되는 긴 다리며 해수면에서 평균 높이가 67m 다리 중앙지점의 최대 높이는 81m라고 하니 그 위용만으로도 볼거리가 충분하리라고 본다. 수많은 포스터와 포스트 카드에서는 물론, 예술 영역에서도 수없이 다뤄지곤 하던 명물이다. 미국 토목학회가 20세기 토목기술 7대 불가사의 중 하나라고 극찬하는 곳인데, 그만한 이유가 있다고 본다.

두 번째로 롬바르드 꽃길을 꼽을 수 있다. 그 길은 경사가 27도나 되어 노련한 운전자가 아니면 매우 두려운 곳이다. 5m에 한 번씩 급커브로 돌아 내려가야 하는데 차 한 대가 지나갈 수 있는 좁은 길 양쪽으로는 굽이마다 꽃들이 무성하게 조경되어 경관을 더욱 아름답게 연출하고 있었다.

세 번째로 샌프란시스코의 상징인 케이블카를 꼽지 않을 수 없다. 유감스럽게도 나는 타보지 못했지만, 눈앞으로 지나가는 광경만 보아도 재미있고 신나 보였다. 숱한 영화와 관광객들의 여행기에도 빼놓지 않고 소개되는 이 명물은 이 도시만의 미관을 개성화한 상징의 하나라는 생각이 든다.

넷째로 CNN이나 BBC 등 외국 텔레비전 방송에서 샌프란시스코에 관해 보도할 때면 '트랜스아메리카 피라미드' 빌딩을 배경으로 특파원이 상황 보고를 하곤 하는 장면을 자주 볼 수 있다. 이 빌딩은 260m 높이의 48층 건물인데 독특한 건축 구조로 인해 그 의미가 한층 더 돋보인다. 이 건축물 자체나 그 주변에 특이한 관광지가 있거나 볼거리가 있는 곳은 아니지만, 전형적인 마천루 숲에서 뾰족하게 솟은 피라미드형의 구조 때문에 도시의 랜드마크로 대표되는 것 같다.

다섯째는 베이브리지를 꼽고 싶다. 규모나 교량 건축양식으로 보더라도 매우 훌륭하다는 평가를 받는 교량인데 6개월 정도 후에 개통된 골든게이트브리지의 유명세에 밀려났지만, 오히려 통계수치나 지역 연결성으로 보면 그 비중이 훨씬 더 크다고 한다. 하루 교통량이 260,000대, 미국에서 가장 긴 다리 중 하나인데 길이가 무려 7.18km나 된다.

나는 관광의 목적을 어디에 맞추느냐에 따라 두 가지로 나누는데, 하나는 문화 관광의 특징을 살린 것으로 관광의 주요 목적은 문화를 보고 체험하고 배우는 것으로 만족한다. 그러나 이런 의미의 관광에는 많은 인내와 시간적 여유가 동반되어야 느긋하게 즐길 수 있다. 다른 하나는 도시마다 풍겨내고 있는 특색있는 볼거리나 풍광, 풍속놀이 등을 음미하며 그 속에서 그 도시를 문화화하고 있는 개성을 눈여겨보는 것이다. 그러다 보면 도시의 일상생활이 어떻게 문화로 개성화되었는지, 도시의 진화 과정이 어떻게 예술로 승화되었는지 알아가게 되며 점점 그 깊이에 몰입하게 된다. 이런 여행의 장점은 시간적 여유가 많지 않을 때 가능하며, 그때 인상된 것이 그 후에 삶의 어느 한 동인으로 가끔 자극을 일으키기도 한다. 단점은 눈요기 관광sightseeing이 되기 쉽다는 것이다. 하지만 현대인은 관광지의 문화 영역을 이미 직·간접적으로 많이 경험한 바 있으므로 나는 이 두 종류의 관광을 상황과 조건에 따라 번갈아가며 감상하거나 즐기는 것이 더 효과적일 수 있다고 생각한다.

샌프란시스코에는 많은 명소와 문화 공간, 볼거리와 먹거리, 젊음의 자유와 생동감 등이 넘친다. 지리적으로는 골든게이트 파크, 미션 돌로레스 파크, 베이브리지를 건너다보고 있는 유니온스퀘어, 롬바르드 꽃길 근처에서 멀지 않은 곳에 있는 피셔맨스 워프, 피어 39, 시청 청사, 듀이 제독 동상, 코이트 타워 등을 꼽을 수 있으며, 알라모스퀘어와 '페인티드 레이디스painted Ladies'라고 불리기도 하는 빅토리안 양식의 예쁜 집들도 빼놓을 수 없을 것이다. 골든게이트 브리지 건너 소살리토도 샌프란시스코 관광에서는 놓칠 수 없는 명소라고 생각한다.

우리 가족은 시간이 될 때마다 샌프란시스코와 그 주변 휴양림과 해변 등을 찾아가서 보고 느끼며 그 인상을 추억으로 소중히 기억해 놓았다. 아직도 그 인상은 생생한데 25년은 어디로 흘러갔는가? 세월은 내 몸의 탄력마저 싣고 나도 알 수 없는 어디론가 흘러갔는데, 그 대답은 바람만 알 수 있으려나. 밥 딜런의 노래 가사 "The answer is blowin' in the wind"가 새삼 내 머리에 맴돌며 내 마음을 그때로 데려가누나….

요세미티

5월 11일(토) 아침 일찍 우리 가족은 요세미티Yosemite를 목적지로 주말 여행길에 올랐다. 11시 30분 세쿼이아Sequoia 국립공원에서부터 관광이 시작되었다. 자연에서 즐기는 시간은 피곤한 몸을 쉬게 하는 것 아니면 대자연의 웅장함에 압도되어가며 비경의 품속에 자신이 몰입되어가는 것을 체험하는 것이다. 세쿼이아 국립공원의 삼림Giant Forest은 그 자체로 자연의 있음을 숨김없이 보여주고 있는 표본이다. 수령이 2천5백 년 정도 된다는 제너럴 셔먼 나무를 비롯하여 집단을 이루고 있는 자이언트 세쿼이아 나무들이 인간을 한갓 왜소하고 초라한 존재로 만든다. 삼사십 층이 넘는 마천루 같은 나무의 벌어진 틈새에 올라가 기념사진을 남기려는 사람들의 모습을 보며 자연의 위력에 외경심을 느꼈다.

세쿼이아 국립공원과 이어져 있는 킹스 캐니언Kings Canyon 국립공원은 깊은 협곡과 절벽들, 많은 폭포로 장관을 이루고 있다. 자연에 취하여 시간 가는 줄 모르고 지내다 보니 어느덧 날이 저물기 시작하여 계곡과 험준한 고갯길을 굽이 돌아 프레즈노에서 일박을 잡았다.

다음날 프레즈노에서 와오나를 거쳐 요세미티 국립공원에 도착하며 하루의 여정을 시작했다. 공원은 자연의 아름다움을 풍경화처

◀ 세쿼이아 나무에서
▼ 세쿼이아 국립공원

요세미티 폭포 배경으로 삼 남매(5.12.)

엘 캐피탄, 하프돔, 브라이
덜 베일 폭포 배경으로 ▶

▼세계 최대 화강암 바위 엘 캐피탄,
하프돔, 브라이덜 베일 폭포를
배경으로

럼, 곳곳의 경치는 산수화 같은 느낌 그대로 그려놓았다. 멀리 보이는 하프돔은 반 잘라낸 돔 같아 붙여진 이름이겠으나 독수리 머리 같기도 한데 어쨌든 이곳의 상징 중에 하나다. 엘 캐피탄El Capitan에 매달린 암벽 등반가들의 모습, 요세미티 폭포, 미러레이크Mirror Lake의 잔잔한 호수에 비친 하늘과 숲들, 이것이 요세미티다.

8장

미국 일주

자동차로 미국을 일주한다는 것은 모험이다. 더욱이 운전할 수 있는 사람이 한 명인 경우는 아주 무모한 일이다.

나는 아이들에게 많은 것을 보여주고 훗날 어느 땐가는 그들 스스로 시간적 여유를 갖고 다시 여행하며, 미국의 더 깊은 곳까지도 체험할 수 있기를 기대하며 이번 여행을 계획했다.

솔트레이크

2월부터 나는 신학 구상에 필요한 자료들을 수집하며 지냈는데 6월 초에 내 계획의 일부가 정리되었다. 아이들도 2학기부터 한국에서 공부해야 하므로 자퇴서를 제출하고, 재학증명서, 성적증명서, 학교의 평가서, 전학 증명서 등을 신청하며 귀국 준비를 했다.

6월 13일(목) 버클리 모든 중·고등학교가 여름방학에 들어갔다. 우리 가족은 가벼운 마음으로 미국 일주 여행길에 올랐다. 큰딸은 한국에서 친구 두 명이 와서 친구들과 미국 동부에서 플로리다

까지 여행계획을 짜두어서 가족 여행에는 함께하지 못했다.

우리 가족 중에 아내만 운전할 수 있었다. 첫날(6월 27일) 버클리에서 오전 9시경에 솔트레이크로 출발했다. 저녁 6시경 하얀 소금이 눈처럼 덮인 호수의 도시 초입에 들어섰다. 30분 정도 더 가서 홀리데이인에 숙소를 정하고 저녁 식사 후, 다음날 일정을 짜고 있는데 도시가 북적거려 내려다보니 그날 그곳에서 무슨 축제가 있었다.

다음 날 아침부터 시내 관광에 나섰다. 세계적으로 유명한 몰몬교 본당을 둘러보고, 그곳을 나와 시내 관광을 하고, 저녁에는 다음 목적지로 향했다.

우리는 식사를 밖에서 해결하고, 식사 준비하는 시간 만큼 더 쉬는 방식으로 여행을 했다. 독일에 있을 때 네덜란드, 벨기에, 영국, 스페인, 슈트라스부르크 등을 관광할 때도 늘 이렇게 여행했다. 동부로 가는 도중에 유령 박물관이 있다는 곳, '작은 그랜드캐니언'이라는 곳에도 잠시 들러 구경할 겸 쉬고, 각 주를 지날 때마다 펼쳐지는 평원과 자연의 매력에 감탄하며 우리 차는 달렸다. 우리는 가서 보고, 체험하고, 감상하고는 다음 관광지를 찾아가는 방식으로 여행을 이어갔다.

옐로스톤

옐로스톤은 정말 절경이었다. 바위산과 강, 호수를 지나 눈 앞에 펼쳐지는 광경! 요즘에는 많은 사람이 옐로스톤 국립공원을 찾아가 곳곳을 둘러보고 아름다운 필치로 감상문을 남기고 있어 굳이 내가 보며 느낀 감상을 글로 남길 생각이 없다.

옐로스톤 국립공원(1996.6.29.)

　와이오밍, 몬태나, 아이다호주와 접경되어 있는 옐로스톤에서 나는 올드 페이스풀 간헐온천과 매머드 온천, 바위산, 호수와 강의 원시적 느낌에 매료되었다. 자연에서 자연 그대로를 보는 것 같은 느낌이었다. 버펄로, 흑곰들이 간헐온천 건너편에서 어슬렁거리며 숲길로 이동하는 한가로운 모습은 인간과 자연, 동물과 식물의 하나됨 같은 강한 느낌에 빠져들게 했다. 올드 페이스풀 간헐온천은 52m를 치솟으며 몇 분씩 온천수를 뿜어내는데, 관광객들은 그곳에서 멀리 떨어져 구경하기도 하고, 근처에 가서 사진 찍으며 그 장엄함에 압도되어갔다. 뿜어나오는 온천수를 다시 보려면 보통 30, 40분, 때로는 1시간이 넘게 기다려야 했다.

　옐로스톤에서 일박하고 마운트 러시모어 내셔널 메모리얼로 향했다. 저녁에 출발하여 절벽 위를 아슬아슬 돌아 내려가다 가파른 내리막 언덕에서 도로에 쏟아진 석비레에 차가 미끄러져 한 바퀴 돌며 호수 쪽으로 밀려가다 호숫가에서 50cm 정도 떨어진 지점에 멈춰

분출하는 올드 페이스풀 물기둥

섰다. 우리는 가슴을 쓸어내리며 한참 차 안에서 안정을 취하고 그곳을 빠져나왔다. 바로 우리가 빠져나오고 입구가 차단되었다. 밤 늦은 시간에는 출입이 금지되었다. 출구를 나와 30분쯤 더 달려 아주 허름한 모텔에 묵게 되었는데, 그곳에 있는 유일한 모텔이었다. 그곳은 관광지도 아니고 농촌 지역도 아닌, 아주 깊은 산속이었다.

마운트 러시모어 큰 바위 얼굴 조각상

아침에 몇 시간을 달려 마운트 러시모어 큰 바위 얼굴 조각상에 도착했다. 조지 워싱턴, 토머스 제퍼슨, 에이브러햄 링컨, 시어도어 루스벨트 등 미국 대통령 4명의 얼굴이 바위에 새겨진 전경은 사진으로만 보았었는데, 실제 그 앞에 서니 미국의 힘이 이 조각 하나로도 느껴졌다. 동부로 달려가다 초저녁, 또 하루의 여정이 저녁 해와 더불어 저물었다.

시카고

시카고로 가는 도중에 다음날 호텔 체크아웃 시간까지 쉬며 피곤을 풀곤 좀 늦게 목적지로 향했다. 오후 3시경 남쪽 프리웨이에서 시카고 방향으로 잘못 들어섰다. 가다 보니 폐가나 다름없는 오래된 붉은 벽돌 건물들과 창문 유리창이 모두 깨지고 벽에 낙서투성이로 된, 한눈에 봐도 우범지대 같은 곳이 나왔다. 거리에는 험상궂은 사람들이 몇 명씩 집 앞에 멍하니 앉아있었고, 10대로 보이는 청소년들은 장난질하다 멀리서 우리 차가 오는 것을 보곤 유심히 쳐다보고 있었다. 아내는 우범지대에서 차를 멈추면 안 된다는 말을 들었기에 쏜살같이 그곳을 지나갔다. 그곳을 벗어나 한참을 달리다 아주 작은 한인 상점을 발견하고 도심지로 가는 길을 물어 20분 정도 더 달려 그 지역을 벗어났다. 경찰차가 가끔 지나가는 게 보였지만 범죄는 그사이에 얼마든지 일어날 수 있어 우리는 넋이 반쯤 나갔다.

저녁 5시경에 시내 쪽으로 들어가니 차들이 붐비고, 행인들이 북적거리며 정신없을 정도로 생동감이 넘쳤다. 시카고에 진입하며 받은 첫인상 때문인지, 1930년대 범죄 도시, 마피아 도시였던 시카고의 영상이 실감으로 다가왔다. 옐로스톤에서 수장될 뻔했던 일과 시카고로 들어오며 가슴 졸였던 일은 미국 여행 중 기억조차 하기 싫은 경험이었다.

다음날 오전에는 시카고대학교에 가서 아이들에게 명문대학교를 구경시켜주고, 구내서점과 캠퍼스 등을 구경하고 시내로 나갔다. 한 시간 이상씩 줄 서서 기다려 핸콕센터에도 올라갔고, 시어스타워에도 올라가 시카고 전경을 내려다보았다. 정말 바둑판처럼 도로가 직선으로 뻗어 있었고, 곳곳에 빌딩들이 개인 주택과 어울리며 아름답게 조화를 이루고 있었다. 다음날은 자연사박물관에 가서 몇

시카고 필드자연사박물관(1996.7.3.)

시간을 둘러보고, 해설을 들으며 보냈다. 하루는 미시간 호숫가를 끼고 있는 에번스턴에 가서 노스웨스턴대학교를 들러보며, 아름다운 캠퍼스와 호수 풍경이 어울려진 이곳에서야말로 대학의 낭만과 학문의 자유를 논하는 것이 현실감 있지 않겠나는 생각을 했다.

1985년 더뷰크대학교 신학대학 교환교수로 왔던 때 시카고에 이틀 머물며 보았던 도시 풍경이 지금은 많이 달라져 있었다.

나이아가라 폭포

7월 4일(목) 나이아가라 폭포를 보기 위해 가던 도중에 버펄로에서 철길 옆으로 진입했는데 시카고에서 경험했던 악몽 같은 분위기가 느껴져 허겁지겁 그곳을 벗어나 프리웨이 진입로로 빠져나왔

캐나다에서 본 미국 나이아가라 폭포

다. 물론 버펄로시 초입의 철로가에 있던 폐허된 공장들과 낡고 허물어진 폐가 등이 있어 그런 느낌을 받았지만, 시의 중심은 보지 못해서 버펄로 자체에 대한 인상이라고 할 수는 없을 것이다. 어쨌든 그 당시로는 공포감이 전신에 느껴졌다.

나이아가라에 도착하여 몇 시간 줄 서서 여권 검사와 차 수색을 마치고 도강 비용을 내고 무지개다리를 건너 캐나다로 넘어왔다. 강가 전망대에서 미국 쪽의 나이아가라 폭포를 바라보고, 밑으로 내려와 강가를 따라가다 캐나다 쪽의 말굽폭포Horseshoe Falls를 보면서 장엄한 물줄기와 하늘로 치솟는 물안개, 하얀 물거품을 뿜어내며 쏟아져 내리는 폭포수에 말을 잃었다.

옐로스톤에서도 그런 인상을 받았지만, 이곳을 보면서도 '한국에 이런 곳이 하나만이라도 있었으면…' 잠시 그런 감상에 젖기도 했다. 물보라가 바람에 날려 간간이 얼굴을 적시곤 했다. 그래도 상쾌했다. 노란 우비, 빨간 우비를 입은 관광객들이 유람선 갑판 위에 앉아 폭포 쪽으로 다가가기도 하고, 더 가까이 가서 솟구쳐올라 쏟아지는 물보라를 맞으며 즐거워하는 것이 아름다웠지만 나는 그저 구경만 했다.

토론토

저녁을 먹고 토론토로 떠났다. 그곳에 숙소를 정하고, 우리는 숙소 근처에서 간식을 먹고 그동안 쌓인 피로감을 풀려고 휴식을 취하며, 앞으로 캐나다에서의 일정을 세웠다.

5일(금) 늦은 아침에 숙소를 나와 시내 관광에 나섰는데 옛 건축물들은 유럽의 어느 도시에 있는 것 같다는 착각을 일으킬 정도로 유사성이 많았다. 온타리오주 입법부 건물(토론토는 온타리오주 수도), 토론토 구 시청 건물 등은 아름다운 품위를 풍겨주고 있었다.

새로운 고층 건물은 첨단 디자인으로 지어져 화려하며, 도시를 더욱더 조화있게 꾸며 놓았다. 그 반면에 뒷골목은 비교적 한산했다. 가게에 진열되어 있는 상품도 유행을 타지 않는, 그래서 시대에 뒤떨어져 있는 것 같다고 느끼게 한다. 도시가 조화와 균형을 이루어가고 있는 분위기를 통해 토론토의 과거와 현재를 한눈에 볼 수 있었고, 도시가 젊어지며 방출하고 있는 에너지에선 미래를 읽을 수 있었다.

유입되는 이민자들로 도시가 급속히 팽창하고 있다고 하는데, 이런 도시 현상의 변화는 문화의 다양성을 이루며 도시에 생동감을 더해주고 있었다. 한마디로 이 도시의 특색은 과거-현재-미래가 응집되어가고 있는 듯한 묘한 느낌을 준다.

몬트리올

7월 6일(토) 몬트리올에 도착하여 시내 관광으로 시간을 보냈다. 몇 블록씩 떨어진 곳에 명소들이 있었는데, 유럽식 건축양식으로 지어진 건축물들이었다.

자크 카르티에 광장에 세워진 넬슨 제독 동상과 시청사를 보며 도시의 변화 과정이 느껴졌다. 그런데 이 도시는 토론토보다 좀 더 보수적이며 미학적이라는 느낌이 들었다. 명소들은 오래된 건축물이며, 새로 지어진 대다수 건물은 그 당시 건축 양식이나 디자인 면에서 보면 토론토의 고층 빌딩들과 크게 다르지 않았다. 그러나 도시의 전체적인 분위기는 감성이 흘러나오는 듯한 멋이 있었다.

오후에는 봉스쿠르 마켓Marché Bonsecours 앞 광장에서 여유로움을 느끼며 쉬고 세인트로렌스강 언덕 위에 세워져 있는, 몬트리올의 상징성이 담긴 시계탑 전망대를 둘러보며 일정을 마쳤다. 도시가 조용하게 흐르고 있는 강과 같다는 생각이 들기도 했다. 그날 하루를 도시 관광으로 보내고 늦은 저녁 퀘벡으로 출발했다.

퀘벡

6일 밤 11시경에 퀘벡 근교에 도착했다. 여러 군데 호텔과 인을 찾아다녔는데, 여름 축제에 온 관광객으로 숙소를 얻기 어려웠다. 1시간 이상을 헤매다 스키장 근처 작은 호텔에서 사정하여 묵게 되었는데, 직원이 묵는 방을 내주었다.

침실 정리를 하고 침구를 갈고 있는 동안 계산을 하는데, 먼저

몬트리올 봉스쿠르 마켓 앞 공원에서

여권을 보여달라고 한다. 꼼꼼히 살펴보고는 숙박지를 쓰란다. 국
적 및 주소, 미국 내 주소와 연락처, 여행 목적, 여행자 간의 관계,
숙박일 수, 전 숙박지, 다음 목적지 등등 지금까지 어디에서도 이렇
게 숙박지를 쓴 적이 없어 불쾌했지만 오늘 밤 눈을 붙일 수 있게
해주었으니 감내하자는 심정으로 칸을 채워 내밀었다. 그는 카드를
받아 결제한 후에 방으로 안내했다. 이 층에 있는 방이었는데 매우
깨끗하고 조용했다.

아침에 일찍 일어나 밖에 나가 스키장 초원과 정원을 구경하고
집 주위 호수를 둘러보는데, 호숫가에는 별장 같은 예쁜 집들이 군
데군데 눈에 띄었다. 한 폭의 풍경화에 파묻혀 있는 것 같다는 생각
이 들었다. 평화로움이란 이런 곳에서 살며 느껴지는 게 아닐까…
잠시 그런 생각을 하고, 식당으로 들어가니 대도시의 호텔이나 인
에서 먹던 시리얼류의 아침식사와는 다르게 음식이 깔끔하게 차려

저 있었다. 가정식인 듯한데 음식에 정성이 담겨있어 보였다. 식당
은 예스러운 갈색 가구와 고전적인 유리 찬장들로 단아하게 꾸며져
매우 깔끔하고 고급스러웠다.

호텔에서 나와 한 시간 정도 달려 퀘벡 구시가지에 도착했다.
첫눈에 들어온 것은 퀘벡주 의회 의사당이었다. 이곳도 관광 명소
중의 하나로 소개되어 있었다. 이곳에서 멀지 않은 곳에 북미에서
가장 오래되었다는 노트르담대성당Notre Dame Cathedral-Basilica이 있다.
1647년에 지어졌다는데 당대 유럽의 성당들과는 건축 양식이 달랐
다. 십자가 종탑 하나가 세워지지 않은 미완성 건축물이었다. 겉모
양은 웅장하지도 화려하지도 않았는데 안에 들어가 제단을 보는 순
간 놀라움을 금할 수 없었다. 너무 화려하고 찬란했다.

구시가지를 지나 잠시 언덕길을 올라가니 샤토 프롱트낙 호텔이
눈앞에 들어왔다. 호텔의 웅장하고 고풍스러움이 도시 분위기와 잘
어울렸다. 그날 그 아래 광장에서 축제가 벌어졌는데, 축제 팡파르
와 수많은 사람이 어울리며 모두 흥겨운 오후를 즐겼다. 이곳이 관
광 도시이기 때문인지 이런 여름 축제로 관광객의 기분을 한껏 흥
겹게 하려는 것 같았다.

샤토 프롱트낙 호텔을 눈여겨보고 골목으로 내려가 미술 거리,
옛 골목길, 가게들이 이어져 있는 거리를 거닐며 도시의 정취에 빠
져들었다. 도시는 아담하고 아기자기하게 꾸며져 있었다. 인형의
집들이 모여있는 것 같기도 하고 예쁜 세트장 같기도 하다는 느낌

샤토 프롱트낙 호텔 배경으로 구시가지

크리스마스 장식품 상점
부티크 노엘

이 들었다.

아내는 '부티크 노엘Boutique Noel'이란 간판을 보고 가게에 들어가
시간 가는 줄 모르고 1층과 2층에 있는 크리스마스 장식품을 하나
씩 구경하며 즐겼다.

거리 골목을 여기저기 다니며 구경하고 세인트로렌스강 선착장
으로 내려가서 배표를 사고 기다려 유람선을 타고 한 시간 정도 강
하류까지 내려갔다 올라왔는데, 절벽 위에 펼쳐져 보이는 도시도
그림 같았다. 석양 녘에 우리는 미국으로 출발했다.

보스턴

퀘벡에서 프리웨이 73번 도로를 따라 미국 국경 쪽으로 한 시간 정도 달리는 동안에는 경작지와 드문드문 농가 몇 채씩 모여있는 마을이 보였다. 1시간 정도 지나서부터는 울창한 숲 사이로 달렸는데 한참을 달려도 오가는 차도 거의 없고 한적하여 직선으로 뻗어있는 길을 따라 무작정 남쪽으로 직행했다. 강가를 끼고 한참을 더 달리다 어느 작은 도시를 몇 번 지나고 나선 다시 정글 같은 숲 사잇길로 외롭게 달려 마침내 메인주 잭만Jackman 국경 검문소Sandy Bay Township에 도착했다. 캐나다 국경 검문소는 여권만 보여주고 그냥 통과되었다.

미국 국경 초소에 진입하며 여권을 내밀었다. 차를 갓길에 세우게 하고는 이것저것 묻는다. 차에 사냥한 동물이나 밀수품이 있느냐 물어 없다고 하니 트렁크를 열란다. 짐을 여기저기 들춰보고, 몇 가지 더 묻고는 안에서 여권 검사를 하고 나와서 돌려주었다. 검문을 통과하고 그곳 상가에서 간식을 먹으며 쉬고는 201번 도로로 밤늦게 보스턴 인근 마을에 있는 홀리데이인에서 밤을 보내고, 7월 8일(월) 아침에 보스턴에 도착했다.

먼저 MIT에 들려 아이들에게 돔 건물 안까지 들어가 구경시켜 주었다. 건축양식도 웅장하고 신기했다. 하버드대학교에 가서 아이들과 교정 곳곳을 다니며 미국 남북전쟁 때 전사한 동문을 기리기 위해 세운 기념관과 와이드너 도서관을 둘러보았는데, 1912년 타이태닉호 침몰로 숨진 졸업생 해리 엘킨스 와이드너 어머니가 도서관을 기증했는데 3년 공사 후 1915년 6월 24일 졸업식 때 개관했다는 글을 읽으며 마음이 숙연해졌다. 아들을 기리는 어머니의 마음을 담은 이 뜻깊은 도서관의 내력을 알고 보니 아들에 대한 애틋한 모정이 내 몸에도 스며왔다.

　캠퍼스 근처 책방과 거리를 다니며 몇 가지 기념품도 사주고 찰스강 건너 보스턴대학교에 가서 캠퍼스와 구도시 주택가 주변을 다니며 구경을 했다. 보스턴 구도시에는 붉은 벽돌 주택들이 아름답게 조화를 이루며 줄지어 붙어 있었는데, 1970년대 초 영국 여행 중에 어느 도시에서 본듯한 주택가가 연상될 정도로 영국풍의 건축양식으로 계획된 도시 같다는 인상을 받았다.

◀ 보스턴 시계탑

▼ 하버드대학교 교정에
　세워진 기념관

그곳을 벗어나 바닷가 공원에서 묵묵히 물결만 쳐다보고 있었
다. 중학교 땐가 세계사 시간에 배웠던 보스턴 차사건Boston Tea Party
(1773)이 벌어졌던 선창에서 그때의 상황을 상상해보곤 자리를 털
고 일어나 그 근처 식당에서 저녁을 먹고 뉴욕으로 출발했다. 뉴욕
에 거의 접근해 가며 한적한 마을 홀리데이인을 발견하고 그곳에
여장을 풀고 밤을 보냈다.

뉴욕

9일(화) 아침에 뉴욕에 도착했는데 날이 화창했다. 뉴욕은 볼거
리가 많고, 세계 모든 인종이 모여있는 공간이므로 시간적 여유를
갖고 과거와 현재 그리고 그 관계를 깊이 음미하며 봐야 한다. 그렇
다고 그 많은 명소와 관광지, 문화 시설 등을 모두 찾아다니며 여유
있게 보려면 몇 주가 걸릴 수도 있을 것이다. 우리는 뉴욕 관광지도
를 펴놓고 시간적 제한 때문에 센트럴파크를 중심으로 배터리 공원
까지 그 사이사이 유명한 거리와 건축물, 조각상 등 몇몇 명소만
정해서 구경하기로 했다.

뉴욕 관광에서 유엔본부, 엠파이어스테이트빌딩 스카이라운지
에서 뉴욕과 그 건너 뉴저지까지 보는 별미 그리고 맨해튼 마천루
를 찾아다니며 구경하는 것만으로도 세계의 도시 뉴욕의 면모를 읽
을 수 있었다. 거리공연과 갖가지 퍼포먼스, 허름한 담벼락에 내갈
겨 쓴 낙서와 입체적이며 눈부실 정도로 환상적인 낡은 건물 벽의
그라피티, 브로드웨이-타임스퀘어-브루클린 다리와 그 주변 거리,
현란한 네온사인과 대형 광고판의 예술적 광고 내용, 밤을 잊게 하

리버티섬에서 본 맨해튼 스카이라인 전경(1996.7.11.)

는 생동성, 이런 복합성이 넘치는 낮과 밤의 뉴욕을 보며 이런 것이 뉴욕의 뉴욕다움임을 실감했다.

11일(목)에는 자유의 여신상(실제로는 뉴저지에 속한 것)을 보러 배표를 사고 차례가 올 때까지 기다리는 동안 선착장 공터에서 거리공연을 구경했다. 분장한 재주꾼들이 재미있는 묘기를 곳곳에서 펼쳤다. 그런데 이 또한 이곳 여행의 별미라 하겠다. 차례가 되어 승선하고 허드슨강 입구 리버티섬에 도착했다. 나는 내부 구경을 하고 엘리베이터로 전망대까지만 올라가 맨해튼 스카이라인을 전망했다.

12일(금)에는 뉴욕의 이곳저곳을 다니며 밀려오고 밀려가는 다양한 군중의 활기찬 행태, 무질서한듯한 복잡성 속에서 질서 있게 움직이고 있는 도시의 사회성 같은 것을 보며, 무엇이 이 도시를 이렇게 이끌어가고 있는가… 생각에 잠기기도 했다. 배터리 공원에서 예술 조형물들을 감상하고, 그 길로 워싱턴으로 출발했다.

나의 뉴욕 인상기는 극히 제한된 일부의 현상에 대한 주관적 느낌이며 감상이므로 결코 보편화할 수는 없겠으나 나 자신으로서는 이런 인상으로 지금도 뉴욕은 내게 다가오고 있다.

워싱턴 D.C.

7월 12일(토) 오후에 뉴욕에서 하이웨이 I-95(Interstate 95)로 진입하여 필라델피아와 볼티모어를 지나 늦은 저녁에 워싱턴에 도착했다.

도착한 다음날 아침부터 국회의사당과 백악관을 둘러보고, 링컨기념관, 토머스 제퍼슨기념관을 찾아가 보고 곳곳에 세워진 동상들과 기념물들을 스쳐가며 눈으로 관광하고, 스미스소니언 항공 · 우주박물관을 관광한 후, 워싱턴 북동쪽에 있는 국립 대성당에 가서 교회 내부와 주변, 신학교 등을 둘러보고 석양 녘에 워싱턴으로 돌아왔다.

이 대성당은 성공회에 속하는데 미국의 국가 행사나 대통령 장례식 등이 거행되곤 할 때마다 뉴스를 통해 봐와서 익숙해 있었다. 실제로 와서 보니 대단히 웅장하고 아름다웠다. 북미 최대 크기의 성당이며 세계 10대 성당에 속한다고 하는데, 1907년에 시작하여 1990년에 완공되었다니 우리가 방문했을 때가 완공된 지 6년째 되는 해였다.

14일(일) 아침 일찍 조지 워싱턴이 세 살 때인 1735년 웨이크필드에서 옮겨와서 성장하며 죽을 때까지 살았던―정치가로서 활동

할 때와 대통령 시절에는 잠시 떠나있기도 했던— 마운트 버넌에 갔다.

오래 줄 서 기다리다 입장해서 집 내부와 생활 공간, 살림살이 등을 구경하며 당시의 생활상과 수준을 읽을 수 있었다.

워싱턴은 훗날 노예 해방에 어느 정도 수긍하는 듯한 태도를 보였다. 하지만 이곳 별채에서 지냈던 노예들의 열악한 주거시설과 생활환경을 보며 워싱턴의 참모습이 궁금했다.

워싱턴 한국전쟁 추모공원

워싱턴 대성당
(Washington National
Cathedral)

미국 의회
의사당
(1996.7.13.)

마운트 버넌
워싱턴 저택
(1996.7.14.)

스미스소니언 박물관 본부

루레이 동굴

7월 14일(일), 우리는 마운트 버넌 구경을 마치고 산책로를 거닐다 포토맥강 기슭에서 잠시 휴식을 취한 후 그곳을 떠나 셰넌도어 국립공원을 거쳐 루레이 동굴Luray Caverns로 달렸다.

나는 1985년 더뷰크대학교 신학대학에 교환교수로 와서 강의를 마치고 귀국 준비를 하고 있는데 조지 메이슨대학교 종교학과 교수로 있는 친구가 들렀다 가라고 하여 방문길에 그 부부와 함께 구경한 적이 있어 이번에는 아이들에게 보여주려고 다시 찾은 것이다.

동굴의 길이는 2.4km 정도 된다고 하니 꽤 긴 편이다. 동굴의 기묘한 석순과 넓은 광장, 석순을 울려 음악을 만들어내도록 제작되어 비치된 피아노는 너무 신기했다. 우리가 안내자를 따라 구경하는 시간대에는 연주가 없어 아쉬웠는데 들은 사람들은 동굴의 벽을 타고 퍼져가는, 절묘한 음색이 신비로웠다고 한다.

한 시간 정도 동굴 구경을 하고 나와 사람들을 따라 그 근처에

루레이 동굴 입구(1996.7.14.)

동굴 내 석순

있는 자동차 박물관에 들어가 전시된 차들을 구경했다. 옛날 모델 차들이 전시되어 있었는데 박물관이라기보다는 작은 전시장 같은 곳이었다.

그곳을 벗어나 I-81S를 타고 웨스트버지니아주를 횡단하여 날이 저물어 어둠이 짙게 나릴 때까지 서쪽으로 달려 켄터키주 케이브 시티Cave City 근처 슬립인에서 밤을 보냈다. 몸도 이제는 많이 지쳐있었다.

숲속의 작은 모텔

예정대로라면 오늘(15일)도 이른 아침부터 길을 떠나야 했다. 하지만, 그동안 강행군을 했기에 하루 동안 쉬며 3주 정도 쌓인 피로감을 풀려고 늦게까지 침대에 머물러 있었다. 오후에는 매머드 케이브 국립공원Mammoth Cave National Park을 구경하며 시간을 보내고 그곳에서 멀지 않은 마을에 숙소를 정해 놓고 그 근처 야산에 새로 개장한 놀이시설이 있다고 하여 그곳에서 시간을 보냈다. 하루 묵을 숙소는 숲에 둘려진 작은 모텔이었는데 소박한 별장 같았다.

매머드 동굴

하루의 휴식은 몸을 활성화하는 데 큰 도움이 되었다. 숲속의 숙소가 산소에 둘러 쌓여있었기 때문일 수도 있을 텐데 어쨌든 가뿐한 기분으로 새날(16일)을 맞았다. 갈 길도 멀어 일찍 숙소를 나와 이른 시간에 매머드 동굴Mammoth Cave에 도착했다. 세계에서 가장 긴 동굴이라고 하는데 현재까지 탐사한 동굴의 총 길이는 400마일(640km)이라는데 현재도 계속 탐사 중이라 더 늘어날 수도 있다고 한다. 나는 동굴에는 들어가지 않고 커피숍에서 지도를 펴놓고

매머드 동굴 국립공원(1996.7.15.)

앞으로 가야 할 목적지까지의 경유지를 찾아보며 쉬고 있었다.

그곳을 나와 고속도로로 진입하기 전에 근처 도로변 상점(Mike's Rock & Gifts shop)에 간식거리를 사러 들렀는데 그곳에는 아름다운 색깔의 원석들과 묘한 모양의 돌들, 기념품들만 진열되어 있었고 노상 가판대에는 조각 돌들만 펼쳐 있었다. 가게를 둘러보고 나오는데 이 부근에 왁스박물관이 있다는 관광 안내판을 보고 찾아갔다. 미국 대통령과 유명인의 왁스 인형 몇 점이 진열되어 있었다.

이곳에서부터 그랜드캐니언까지의 거리가 1,700마일(2,720km)이라고 하는데 하루에 700km 이상을 달려야 하므로 우리는 매우 긴장된 상태로 일정에 맞추어 갔다. 매머드 동굴에서 I-65S 고속도로를 타고 계속 남진하여 내슈빌에서 I-40W 하이웨이로 진입한 후 서진하여 리틀록 근처에서 하루를 묵고, 다음날(17일)도 아침 일찍부터 계속 서진하여 오클라호마 시티에 저녁 어슬녘에 도착하여 그곳에서 하룻밤을 보냈다.

황야와 모래벌판 870km

오늘(18일)은 543마일(870km)을 달려야 하므로 아침 일찍 모텔을 나와 한 시간 이상을 달려 주유를 하고 근처 맥도널드에서 아침식사를 하고 황야와 삭막한 모래벌판, 돌산 등을 통과하며 앨버커키로 질주했다. 중간중간 차 엔진도 식힐 겸 주유도 하고 쉬며 점심을 먹으면서 달렸는데 저녁 늦게 뉴멕시코주 앨버커키에 도착하여 또 하룻밤을 맞았다.

애리조나 미티오 크레이터

애리조나 미티오 크레이터(1996.7.19.)

19일 일정도 매우 빡빡했다. 400마일 이상 떨어져 있는 그랜드 캐니언까지 가야 하는 일정이라 서두를 수밖에 없었다. 가는 도중에 윈슬로에서 좌회전하여 애리조나 미티오 크레이터Meteor Crater Winslow, Arizona를 찾아가서 구경하고 그 근처 건물에 들어가니 인공위성 관련 전시품 몇 점과 사진들, 수집해 놓은 운석 조각들이 전시되어 있었다. 몇몇 소개글을 읽어보니 약 5만 년 전에 유성이 충돌하여 생긴 구덩이라는데, 지름이 1.2km, 둘레가 4km, 그 깊이가 170m나 된다니 충돌의 위력이 얼마나 컸을지 상상이 안 된다.

7월의 사막 열기는 대단했다. 목적지를 향해 달리면서 열기에 자동차 엔진 걱정이 많이 났다. 우리는 에어컨을 틀고 가기에 더위를 느낄 수 없는데, 길가에 차를 세워놓고 보닛을 열어 물을 붓는 사람들 차 엔진룸에서 증기가 나는 차들을 보니 우리도 염려스러웠다. 우리는 앞으로 두 시간 정도 더 가야 하는데 이 더위를 잘 견디며 무사히 도달할 수 있기를 속으로 빌었다.

그랜드캐니언, 다시 한번

오후 8시경에 그랜드캐니언에 도착했다. 사우스림을 돌며 곳곳의 전망대에서 노스림 쪽 캐니언을 감상할 때 광활한 협곡과 붉은 계곡의 웅장함 그리고 이동 장소에 따라 변화되는 전경은 순간순간 나 자신을 그 속으로 함몰시키고 있었다.

아침에 떠날 때는 이 먼 거리를 달려가야 하는 걱정이 컸는데 예상했던 시간보다 일찍 목적지에 도착하여 여유를 갖고 구경할 수 있었다. 비교적 짧은 시간이었지만 많은 곳을 돌아다니며 석양빛 캐니언을 감상할 수 있었다.

그랜드캐니언 관광이 이번으로 두 번째다. 4월 부활절 방학 때

그랜드캐니언 사우스림 전망대에서

아이들을 데리고 그랜드캐니언 일주를 하며 그때 사우스림과 노스림을 모두 구경했기에 이번에는 사우스림만 제한적으로 보았다.

저녁 9시가 넘었는데도 햇빛은 캐니언을 음과 양으로 변화시켜가며 저녁놀의 황금빛으로 물들여갔다. 돌출된 바위나 산등성에 가려진 쪽으로는 어둠이 짙어지며 음양의 예술품을 연출했다. 이 또한 장관이었다.

버클리로 가는 길

20일(토) 아침 그랜드캐니언 빌리지를 출발하여 후버댐으로 달렸다. 후버댐을 구경하고 라스베이거스에 도착하여 도시 관광을 하며 여유로운 시간을 보냈다. 삼 개월 전에 보았을 때와 달라진 것은 없었지만 그 당시 보며 느꼈던 느낌만큼의 매력은 없었다. 하지만 나로서는 '언제 다시 올 수 있으려나'라는 생각에 곳곳의 인상을 깊이 각인했다. 오늘 밤은 라스베이거스에서 묵으며 야경을 즐기려 한다.

7월 22일 새벽 4시 11분!

21일(일) 당일에 버클리까지 갈 예정으로 아침 일정을 시작했다. LA로 가는 도중에 바스토 몰에 들려 구경하며 점심 휴식을 취하고 LA에서 저녁 식사를 하며 몇 시간 머물다 버클리로 달렸다. LA에서 US-101N로 진입하려다 엉뚱한 길로 들어가게 되어 예정 시간보다 늦게 고속도로를 탔다. 7월 22일 새벽 4시 11분 버클리 아파트에 도착했다.

이로써 26일간의 미국 일주 여행은 끝났다. 목적지로 가는 도중에 볼거리가 있다거나 명소를 소개하는 관광 안내 간판을 보게 되면 지나치지 않고 찾아가 보여주고 다시 돌아 나와서 달리곤 하다보니 달린 총거리가 9,000마일(14,400km)이 넘었다. 미국 일주 여행을 짜며 캐나다 동북부까지 포함했던 게 대장정의 절정이었다.

이번 여행을 무사히 잘 마칠 수 있었던 것은 아내의 노고와 헌신의 결과였음을 잊을 수 없다. 매일 장시간 운전하며 받는 스트레스로 인해 매우 힘들고 피곤하여 짜증스럽기도 했겠지만, 전혀 그런 내색을 하지 않고 밝은 표정으로 하루를 시작하고, 아이들에게는 하나라도 더 보여주려 애쓰는 전형적인 한국 어머니의 모성애, 아내의 이런 마음씨로 인해 여행의 의미가 한층 더 두드러졌으며 즐겁고 행복한 가족 여행이 될 수 있었다.

하지만 이 모든 여정을 무사히 마칠 수 있었던 것은 주님의 크신 은혜요, 동행하심이었다는 것을 잊을 수 있으랴. 가끔 그때를 생각하면 즐거운 여행의 추억과 더불어 10년 된 중고차로 길고 험한 여정을 매일 수백 마일씩 달려야 하는데 중간에 차가 고장이라도 나서 폐차되었다거나 차 사고라도 당했다면 얼마나 난감했을까 하는 생각을 하며 그저 주님의 은혜에 감사할 뿐이다.

뉴욕에서 타이어 펑크가 났던 적이 있고, 왼쪽 유리창을 올리고 내리는 장치가 잘 작동하지 않아 부품 하나를 교환한 적이 있을 뿐 차는 너무 잘 달렸다. 그리고 우리 가족이 모두 감기 한 번 안 걸리고 건강하고 편한 마음으로 여행을 마칠 수 있었던 것도 주님께 감사할 일이다.

9장

마지막 여로

샌디에이고에서 밴쿠버까지

미국 일주 여행에서 돌아와 한 달도 채 안 되었는데 밴쿠버 여행 일정을 짰다. 4월 부활절 방학 때 그랜드캐니언 일주를 하고 돌아오는 길에 샌디에이고에 들러 관광하며 하루를 보낸 적이 있으므로 이번에 밴쿠버까지 보여주고 오면 미국 서부의 남쪽 끝에서 북쪽 끝에 이르기까지 다 보여주게 되는 셈이다.

세인트헬렌스산

8월 18일(일) 아침 일찍 버클리에서 출발하여 세인트헬렌스산 Mount St. Helens에 도착했다. 이 산이 유명한 것은 아름다운 자연과 산을 배경으로 펼쳐지는 경치 때문이다. 하지만 이 산이 명성을 얻게 된 보다 중요한 이유는 1980년 5월 18일 아침에 화산이 폭발하여 엄청난 유황과 재를 뿜어내며 산과 마을을 덮어버린 화산의 위력

때문이다. 높이 2,950m 되는 산의 정상을 400m나 잘라버려 산이
낮아졌는데 이 정도의 폭발력을 상상하기도 어렵다.

헬렌스산 화산 기념 표지석(8.18.)

화산재에 묻힌 마을과 잿물이 흐르는 노스포크터틀강

레이니어산
공원에서 세 모녀

산장호텔 뒤
눈 덮인 레이니어산
(8.19.)

레이니어산 배경
으로 삼 남매

우리가 산길을 따라 올라가는 동안 도로 좌측으로 흐르는 노스 포크터틀강North Fork Toutle River은 그때까지도 잿빛 물결을 넘실대며 계곡 사이를 흘러가고 있었고, 마을과 평원 등은 여전히 화산재로 야산을 이루거나 덮여 있었다. 타버린 나무들과 숲은 그 당시 화산의 참상을 기념비로 남겨두려는 듯 죽음의 흔적을 간직한 채 평온했다.

자연의 생명력은 인간이 생각하는 것보다 위대했다. 극히 일부를 제외하고는 푸른 숲으로 덮여가기 시작했고, 타버린 나무들 옆에서는 어린나무들이 자라나고 있었다. 16년간의 시간적 간격(1980~1996년)이 많이 좁혀진 듯하지만, 아직도 상처 입은 산하의 비참했던 모습은 곳곳에 남아있었다. 아마 40년이 지난 지금은 그때보다 더 많은 변화가 일어났으리라. 자연의 복원력이 새로운 생명력을 제공하고 있기 때문이다.

1시간 정도 산에 머물며 산책을 하고 석양빛에 물들어가는 산과 건너편 먼 곳의 산등성이가 빠르게 변해가는 저녁 풍경을 감상하고, 해가 떨어지기 전에 그곳을 떠나 레이니어산에 도착하여 그곳에서 하루를 묵었다.

레이니어산

19일(월)은 레이니어산에서 산 절경을 돌아다니며 구경하다 쉬며 휴식 시간을 보내고, 그곳을 떠나 US-101N으로 북진하여 포트엔젤레스에서 저녁을 맞았다. 오늘 밤을 보내고 내일은 빅토리아로 건너가 버차트가든으로 갈 예정이다.

밴쿠버에서 짧고 긴 시간

20일 아침이 밝아왔다. 오늘은 밴쿠버까지 가야 해서 서둘러 숙소를 나섰다. 빅토리아를 거쳐 버차트가든에 가서 그 넓은 꽃 정원 곳곳을 구경하고 밴쿠버로 가기 위해 저녁식사를 하고 스털디스 베이Sturdies Bay에서 페리로 트소와센Tsawwassen 터미널에 도착하여 밴쿠버로 달렸다. 교통표지판을 보며 어느 작은 도시를 통과해 2시간이 넘도록 달렸는데 산길 같은 곳으로 들어서게 되었다. 교통표지판이 없어 방향을 찾을 수 없었고, 밤중이라 오가는 차도 없었다. 인적이 없는 숲길을 좀 더 가다 보니 삼거리에 도달했다. 산길인데 여기서 길을 잘못 택하면 헤매며 다니다 길에서 밤을 새워야 할 판이다. 어느 길을 택해야 할지 한참 생각 중인데, 마침 지나가는 차가 있어 경적을 울리고 헤드라이트를 깜박여 차를 세웠더니 중년 신사 부부였다. 우리 사정을 듣더니 차를 돌려 자기를 따라오라고 하여 30분 정도 따라가니 이제 이 길로 계속 가면 작은 도시가 나오고 거기서부터는 길 안내 교통표지판도 있어 찾아갈 수 있다고 가르쳐 주고는, 행운을 빈다며 인사하고 차를 돌려 오던 길로 돌아갔다. 우리 때문에 1시간을 허비한 셈이다. 아이들과 이런 에피소드를 말할 때마다 천사 같은 마음을 가진 분들이라는 생각을 한다.

21일(수) 아침부터 밴쿠버 북쪽 지역과 남쪽 지역의 거리 관광을 하고, 시청 등 명소를 찾아다녔다. 다음날은 스탠리 파크에서 휴식하며 지냈다. 버클리에서 만난 어느 교환교수가 밴프가 아름다우니 밴쿠버에 가면 꼭 들려보라고 권하여, 23일(금) 그곳으로 출발했다. 몇 시간째 달려가다 평원지대에 들어섰더니 오른쪽으로 프레이저강이 흘러가고 있었다. 그런데 갈수록 점점 산악지대가 되어 중간쯤 갔었지만 포기하고 날이 저물어 그 근처 모텔에서 하룻밤을 보내고 밴쿠버로 돌아왔다.

시애틀

다음날(24일) 아침에 시애틀에 도착하여 도시의 랜드마크인 스페이스니들(184m)에 올라가서 멀리 레이니어산 정상을 배경으로 펼쳐지는 시애틀 시내 전경과 주변 도시들의 아름다움에 잠시 취하였다. 경치는 가까이에서 볼 때보다 때로는 원경에 펼쳐지는 광활한 풍경이 자연과 어울렸을 때 더 아름답게 느껴올 때가 있다. 그곳에서 북서쪽 해변의 마리나 비치와 주변의 부촌 주택가 등을 차로 돌며 구경하고, 시내로 달려 해변 식당에서 식사한 후 버클리로 출발했다.

105달러짜리 추억

우리는 집에 빨리 갈 생각에 100마일이 넘는 속도로 달렸는데 어디서 나타났는지 아주 멀리서 차가 한 대 달려오는데 10여 분 후에 우리 차 바로 뒤에 따라붙어 차 지붕에 고정되어 있는 서치라이트를 비추며 스피커로 서라는 명령을 했다. 두 명이 다가와 앞뒤에 서서 신분증을 내라고 했다.

조 선생이 미국에서 경찰에 걸리면 함부로 안주머니에 손을 넣지 말라고 했던 말이 떠올라 손을 들고 있었더니 저들은 플래시로 우리 차 안쪽을 샅샅이 비춰보며 뒤에 아이 세 명이 있는 것을 보고, 증명서를 내라고 하여 그때 주머니에서 꺼내주었다. 아내의 운전면허증과 우리 여권이었다. 차에 가서 한참 후에 와서 여권을 돌려주며 105달러짜리 벌금 딱지를 끊어주었다. 왜 이러냐고 했더니 과속했다는 것이다. 우리는 한밤중에 이상한 차가 따라붙어 범죄자들이 따라오는 줄 알고 전속력으로 달렸는데, 이제는 이 한 토막의 사건도 아름다운 추억으로 회상된다.

에필로그

나는 미국에 두 번째 교환교수로 가서 두 가지 중요한 것을 얻었다. 첫째로 나의 세계관이 세계의 또 다른 면을 직접 보고 체험하면서 역사와 전통, 문화와 지성의 우월의식에 노예화되어 있는 서구 중심의 교과서적 편견에서 벗어나 어느 정도 평형을 이루었다는 것이다. 하지만 이마저도 아프리카와 남미 대륙의 삶의 자리에 들어가 보지 못한 상태에서 습득한 것이므로 제한적일 수밖에 없겠지만, 그나마 세계는 다양성 속에서 독창적으로 개성화되며 진화한다는 것을 깨달은 것은 큰 수확이었다.

두 번째로 미국에는 장구한 역사를 이어오며 세계의 판도를 바꿔놓았던, 알렉산더대왕, 카이사르, 진시황제, 칭기즈칸 등등 이런 역사적으로 검증된 영웅이 없다는 것이다. 상황이 이러다 보니 역사적 의미를 가질만한 인물이 아니지만 그나마 상대적으로 조금만 두드러져도 대단한 인간으로 영웅화하거나 신화화하여 추앙하는 것을 볼 수 있다.

인물이 좀 두드러지면 곧바로 흠잡아 제거하고, 작품이 세계적으로 높이 평가되고 인정받게 되면 표절로 몰아가서 국제적으로 망신 주는 심보, 세계 최초의 기록을 세우면 집단 매도하여 매장하는 그런 잠재된 버릇 등이 없는 게 미국이며, 미국 정신이라는 것을 배울 수 있었다. 미국 위인전의 대다수가 흠을 숨기거나 삭제하고 감상적 문장으로 작품화되어 탄생한, 만들어진 인물상임을 미국에서 나는 직접 볼 수 있었다.

철학-신학-교육학의
순환구조

신학과 신학

종교개혁 488주년을 맞이하여 장신대 총학생회에서는 학술대회를 준비하고 있었다. 1학기 종강 즈음에 학생회장과 임원들이 찾아와서 학술 강연을 부탁했다. 왜 나에게 이런 큰 행사에 강연을 부탁하냐고 물었더니, "교수님의 신학이 무엇인지 배우고 동시에 이종성 박사님의 신학에 관해서도 들으며 두 신학의 차이가 무엇인지 분명히 알려고 한다"는 것이었다. 하지만 나로서는 이 제안을 선뜻 받아들일 수 없었다. 이 박사님은 나의 사부師父이신데, 감히 어떻게 스승의 이론과 맞서는 나의 사상을 어른 면전에서 비교·논술할 수 있겠느냐란 생각이 들었기 때문이다.

학생들은 이런 인간적 관계를 차치하고 사제지간의 사상적 차이가 무엇인지 알려고 했다. 2005년 10월 26일(수), 오후 1시에 세계교회협력센터 국제회의장에서 학술 행사가 열렸다.

춘계春溪 이종성 박사의 "통전적統全的 신학"이 낭랑히 퍼졌다. 자

제488주년 종교개혁기념 학술강좌 포스터

타가 공인하듯이 장신 신학은 칼뱅신학이다. 그러다 1980년 즈음부터 "중심의 신학"을 표방했는데, 그렇게 선포했더니 거의 모든 신학대학으로부터 그렇다면 자신들의 신학은 변두리 신학이냐며 거센 항의에 직면하게 되었다. 그러자 표현을 바꾸어 이번엔 "좌와 우를 아우르는 신학"을 표방했는데, 역시 진보주의 신학자들은 "장신대가 실제로 좌파 신학을 수용하고 있느냐?", "유물론 신학인 '물物의 신학', 종교다원주의신학, 민중신학 등등 이런 신학을 수용하고 있느냐?"며 곳곳에서 비판이 쏟아졌다. 그러자 좌우를 아우르는 포괄적 신학의 이상이 슬그머니 꼬리를 감추고, 방황의 시대가 흘러가다 한국 신학의 전체 흐름을 간파하고 계셨고, 세계 신학의 동향과 사상을 꿰뚫고 계셨던 이종성 박사께서 "장신 신학은 통전적 신학이다!" 이렇게 신학 선언을 하면서 오늘까지도 '장신 신학 = 통전적 신학'이란 등식이 공인되고 있다. 그 후에 이 신학에 관한 연구가 여러 제자에 의해 전공별로 다뤄지기 시작했다.

이 박사께서는 83세의 고령임에도 통전적 신학의 주제와 당위성을 핵심 정리하여 이해하기 쉽게 발표했다. 한국 신학계와 교계 인사들도 많이 참석했다.

나는 "신토불이神土不二신학"이란 제목의 논문을 한 시간에 걸쳐 발표했다. 이것이 나의 신학이다. 나는 통전적 신학의 대류에 몸을 담그지 않았다. 나의 신학 사상은 통전적 신학의 수평적 유기체와 상당한 차이가 있기 때문이다. 내가 오랫동안 인고의 시간을 보내며 쌓아온 신학 체계, 동인, 구조, 방법 등을 한순간에 폐기하고, 그 흐름에 합류하는 것은 결과적으로 내 신학을 부정하는 것이기 때문이다.

신토불이신학은 창조주와 피조물 간의 관계에 관한 신학이다. 나는 이 신학을 정립하면서 성서적 전거典據, 신학으로서의 방법, 구조, 내용 등을 수직적 관계와 그것이 신학으로 구성될 수 있는 수평적 관계를 신토불이신학의 틀로 제시했다. 이것을 나는 '신학의 원형theologia archetypa'이라고 규정하는데, 그 논거는 감상적 진술에

▲ 신토불이신학
(神土不二 神學) 강연 중

◀ 스승과 제자

의한 것이 아니고 철두철미 성서에 근거하여 체계화된 이론이다.

신학은 2천 년의 역사를 자랑하지만, 도그마주의로 전통을 고수
해왔다. 이런 타성에 젖은 신학의 기교주의mannerism를 나는 부정하
며, 신학의 참됨은 신학의 근원적 관계에서 형성되어야 함을 역설
했다. 이날 A4 용지 30쪽에 달하는 강연 워크북에서 나는 이를 주

장하며 나의 신학 체계를 진술했다.

지금까지의 신학은 교회의 존속을 위한 도구처럼 사용되었는데, 신토불이신학은 신토 관계의 신학이다. 이 관계에 따라 신학은 "우주적 신학", "신토체계the geosystem의 신학", "원신학Urtheologie" 등으로 지칭되기도 한다. 그 후에 나는 나의 신학을 두 권의 저서로 압축하여 발표했다.

2013년 출판된 『신토불이신학 논고』(A Treatise on the Sintobul'yi Theology)는 조직신학에 해당하는 저서다. 전체 2부로 구성됐는데, 제1부 '신학의 자기비판적 성찰'은 4장으로, 제2부 '신토불이신학의 본질'은 8장으로 분류하여 이론화했다.

2014년에 출판된 『신토불이신학의 본질과 현상』(Essence & Phenomenon of Sintobul'yi Theology)은 신토불이신학의 총론을 10장으로 나누어 체계화한 저서다.

명예교수의 명예

서른여덟 살에 교단에 서면서부터 나는 나 자신에게 매우 엄격하고 냉철했다. 교수로 청빙 받아 귀국했을 때 어머님은 인사받는 자리에서 "'교수는 강의도 잘하고/ 연구도 많이 해야겠지만,/ 그보다 더 중요한 것은/ 학생들을 사랑하는 것'이라고 하셨던 어머니!" (한숭홍 시집 1, 『나무에게 배우다』, p. 132). 어머니의 그 말씀이 교수 생활 내내 내겐 향도嚮導와 같은 길잡이였다.

20시간이 넘는 강의 시간으로 심신이 피곤할 때도 많았지만 학생들과 만나고 대화할 때면 가르치는 즐거움에 몇 시간도 한순간처럼 흘러갔다. 나는 학생들을 사랑했지만, 인연, 지연, 학연 같은 것에 연관하여 맺어가지 않고 오직 제자 사랑, 그 순수함으로 대하곤 했는데, 어느 순간부터 학생들은 그런 나의 진심을 느끼며 오히려나를 사랑하고 좋아하며 늘 도와주려는 마음으로 내 곁에 다가오곤했다.

나는 교수 생활 27년이 기계적 관계보다는 혈류가 흐르는 생명체 같은 관계로 이어져 온 게 축복이라고 생각한다. 말이 없는 꽃도 사랑하는 마음으로 물을 주고 가꿔주면 예쁜 꽃을 피워 보답한다는데, 제자 사랑의 결과는 오히려 내가 더 많은 사랑을 받는 결과로 되돌아왔으니 이 얼마나 행복한 일인가.

나는 점심시간에 언덕 아래 있는 식당에 내려갔다 올라오는 게 불편해서 샌드위치를 싸 와서 점심때 커피나 차를 끓여 마시며 먹곤 했다. 교수들에게는 점심시간이 친교의 시간이며, 정보를 나누는 귀한 시간이다. 식탁공동체란 말이 교수 식당에서도 통용된다. 나는 이 친교의 자리에 동석할 수는 없었지만 그렇다고 교수들과 거리를 두고 지낸 적도 없다.

난 개인적으로 내가 남들보다 특별하다고 생각해 본 적이 없다. 때가 지나면 잊히는 존재처럼 시간의 한 흐름에 묻혀 가는 생명체일 뿐이라는 생각이 나를 지배하고 있다. 그래서 나는 매일 나 스스로 실망하지 않도록 행동하며 살아왔고, 가르침이 주어졌을 때 내 역량이 미치는 한에서 정성을 다해 임했다.

그렇게 하루하루 지내다 보니 어느덧 교단에서 내려와야 할 때가 왔다. 때가 되면 조용히 떠나려는 생각으로 때를 기다렸는데, 제자 교수들이 정년퇴임기념논문집을 만들어 증정하며 출판기념회

정년 퇴임 감사예배 및 기념논문집 헌정식 마치고 기념사진(하객으로 오신 삼양제일교회 교인들/ 앞줄 오른쪽 홍재구 목사님, 왼쪽 연두색 상의 입으신 분이 박기정 사모님)

겸 퇴임 예배를 아주 멋지게 해주었다. 『한국신학의 지평』이란 제목 하에 7편의 '신토불이신학에 대한 학술 논문들과 8편의 일반 논문 들이 함께 실렸는데, 나의 신학에 관한 종합적인 분석·평가와 신토 불이신학의 위상, 한국 신학계에서의 위치 등에 관한 체계적 내용 이 매우 심도 있게 논술되었다.

2007년 6월 25일, 장신대 음악관에서 식이 거행되었는데, 축사 를 맡은 이종성 박사님께서 나와 얽힌 일화들도 가끔 섞어가며 말 씀해 주셨고, 오인탁 교수의 격려사, 여러 제자의 회고담, 축가, 기 념품 증정, 홍재구 목사의 축도 등으로 식을 마치고, 교수 식당에서 축하연이 열렸다. 삼양교회 성도들도 많이 오셔서 축하해 주며 함 께 교제의 시간을 나누었다. 물러나면서까지 이렇게 제자들의 사랑 을 받았으니 나는 얼마나 행복한가!

강사문 교수와 나는 같은 날 은퇴하게 되었다. 2007년 8월 29 일(수)에는 학교 차원에서 마련한 합동 은퇴식이 거행되었다. 나는

교수연구실에서 찍은 마지막 사진(2007.8.)

한경직 예배당에 자리를 함께한 하객들 앞에서 퇴임 교수 대표로
강연을 했다. 학교에서 마련한 선물과 꽃다발을 받으며 이렇게 식
은 끝났다. 27년간 드나들던 교문을 나오며 여러 번 뒤를 돌아보았
다. 나무 한 그루 바윗돌 하나마다 정이 깃들어 있었다. 27년간 아
내가 철철이 가꿔 놓은 조경을 스쳐 지나가며 눈시울이 적셔졌다.

해가 서산에 지고 어둠이 나리면 머잖아 여명의 아침은 새날의
빛으로 다가오리라!

학문 간의 관계성

철학과 신학은 물과 기름처럼 서로 곁 돌기 때문에 이 둘을 완전
히 융합하여 하나의 구조로 연결할 수는 없다. 철학의 이성은 삼라
만상을 사변의 대상으로 탐구하며 구명究明하려는 행위이므로 그 자
체가 의식의 바탕을 이루어가며 세계를 직관하는 행위다. 그 반면에

신학은 이성을 초월한 경지에 접근하는 비합리주의적 방식이며, 초월적 존재를 믿는 학문이다. 이것이 신학의 동인이 되는 신앙이다.

신학은 믿음으로 존재의 근원을 설명하려 한다. 이런 행위는 원시 시대부터 신화나 토속적 샤머니즘, 의례 등의 양태로 분류分流되어 오다가 종교의 형식을 갖춰가기 시작하면서 차츰 학문으로 주형되었다.

나는 철학의 합리주의와 신학의 비합리주의, 이 양자 간의 조화·일치에 관심이 많다. 비록 서로는 완전히 융합할 수 없지만, 신학은 철학의 방법론을 수용할 때에야 비로소 학문으로 정립될 수 있다는 신념에는 변함이 없다. 철학을 배제한 신학은 무속화될 수밖에 없다.

철학의 경우 고대 철학의 기원에서 알 수 있듯이 신화에 이성적으로 접근하며 탄생했기에 철학의 합리주의에는 비합리주의 요소가 효시로 잠재되어 있다. 나는 이 양자 간의 관계, 즉 철학과 신학의 역설적 관계를 내 관점, 내 학문성Wissenschaftlichkeit의 본질에 따라 철학과 신학, 철학적 신학이라는 개념으로 정립했다.

나는 교육학에 접근하며 가르침의 본질을 지식이나, 교과과정에 짜여있는 내용의 전달, 학습 과정 등의 의미로만 규정하지 않고, 교육이란 교사와 학생, 교수–학습의 관계, 그 목적과 방법 그리고 교육 행위의 결과와 영향까지도 포괄하여 인간을 인간화하는 것이라는 데 교육함의 궁극성을 두고 있다. 나는 교육학이란 교육함의 합리성이 정립되어야 하는 영역이며, 합리성의 목적에는 방법론이 확고하게 세워져 있어야 한다는 구상으로 교육의 철학화를 정립하려 했다.

하지만 나는 교육학을 철학의 도구나 교수 방법이라고는 생각하

지 않는다. 나는 교육학이 확고한 신념을 갖고 가르쳐야 하는 행위
라는 것을 교육학의 학문성에 담고 있어야 한다고 주장한다. 물론
신념을 가르치는 것을 교육의 목적으로 해서는 안 될 것이다. 그럴
일은 없겠지만, 만일 그렇게 된다면 교육학은 이념교육이나 신앙
교육의 도구로 전락될 것이다.

나는 철학-신학-교육학, 이 세 학문의 독자적이고 독립적인 개
성을 존중하며 상호 유기성을 정립하려 했다.

그렇다면 나의 학문성을 정립하는 데 초석이 된 이 세 학문은
어떤 흐름에 의해 구성되었는가? 아래에서 그 원류를 찾아보도록
할 것이다.

나의 철학의 원류

나는 철학함Philosophieren에 있어서 그 원천을 찾아 거기서부터 그
흐름의 과정을 탐구해가며 시작했다. 서양 철학의 경우 고대 그리
스 철학에서 그 원류를 규명하는 게 철학에 입문하는 정석이다.

내 사상 저변에는 원소론이 잠재되어 있다. 하지만 내게 가장
큰 영향은 준 철학자는 아리스토텔레스다. 나는 그의 철학에 힘입
어 철학의 지평을 펼치기 시작했다. 특히 나는 그의 형이상학의 논
리적 체계와 구조에 대한 사변의 가능성을 배워가며 많은 영향을
받았다. 그의 철학이 토마스 아퀴나스에서 부활하며 나는 철학에서
뿐만 아니라 신학에서도 아리스토텔레스의 범주론과 아퀴나스의
신학 체계론으로부터 많은 영향을 받았다.

헤겔의 변증법, 셸링의 주객일치의 철학 구조, 마르크스의 유물

변증법과 사회구조론(계급투쟁론) 등의 영향은 내 철학의 방법론을 일층 격상하는 원천이 되었다.

딜타이의 해석학은 내가 학문의 구조와 내용을 전개해갈 때, 심지어 문학과 미학의 관계를 해석하며 이해해갈 때도 깊이 작용했다. 그것은 체험-표현-이해의 등식이 본질의 현상을 해석해가는 과정과 연계되었기 때문이다. 나는 이외에 본질과 현상의 상관성과 환원, 본질직관 그리고 관계 유보의 구조, 판단정지epoche로 철학의 틀을 만들어가는 후설의 현상학도 수용했다.

현대철학을 공부하며 삶에 대한 철학을 외면할 수는 없을 것이다. 나는 삶이 구체적으로 무엇인지, 그 삶의 주체인 인간이란 무엇인지에 대한 호기심을 늘 갖고 있었다. 철학하는 주체도 인간이며, 신학의 경우에도 신과 인간의 관계를 체계화해가며 신앙으로 수용하는 과정을 정립하는 주체가 인간이다. 교육학 역시 교육 행위의 주체는 물론 대상까지도 인간이므로 이에 대한 관심이 많았다.

삶이란 곧 인간의 실존에 연계된 것이므로 실존철학도 삶의 철학이라는 관점이 나의 입장이다. 이런 맥락에서 나는 삶의 철학과 실존철학을 내 사상의 한 축으로 수용했고, 그런 과정을 거치며 정립된 삶의 개념이 나의 학문 구조 곳곳에 깊이 배어 있다.

베르그송의 "생의 약동", 셸러의 "우주에서 인간의 위치", 인간의 개방성, 키르케고르의 시간과 영원의 영원한 질적 차이와 그 관계성 등도 내게 깊은 영향을 끼쳤다.

다소 불교적이고 배화교적인 냄새가 나긴 하지만, 시간성을 역동적 순환구조로 이론화한 니체의 영원회귀 사상, 하이데거의 실존과 실존성에 대한 존재와 시간의 관계 구조 역시 나의 철학의 한

마당을 이루고 있다.

내 사상 형성의 큰 획은 크리스티안 틸Christian Thiel 교수의 과학 철학과 수리구조론 그리고 과학이론Wissenschftstheorie이다. 틸 교수의 철학 사상은 내가 박사학위 논문을 써가는데 동기부여의 에너지가 되었다. 이런 몇 가지 흐름은 나의 철학함에 영향을 준 극히 제한적인 일부의 예시일 뿐이다. 이 좁은 공간에서 내가 영향받은 철학을 모두 나열할 수 없어 극히 일부만을 열거했을 뿐이다.

나의 신학의 원류

나의 신학은 좀 단순화해서 말하면 아우구스티누스의 시간론에서 출발했다고 해도 과언이 아니다. 엄밀히 말해서 기독교는 시간의 창조로 시작하여 종말로 끝나는 종교다. 이 시간을 신학적으로 접근한 최초의 신학자가 아우구스티누스다. 그는 시간의 영원성과 영겁의 한순간 그리고 시간의 체험으로 이어지는 영원한 지속과 무의 경지를 처음으로 역설했다. 그의 신국론은 시간의 회복과 영원성의 지속을 담보하고 있는 공간적 개념이며, 기독교는 그 공간을 신국, 하나님의 나라라고 믿는다.

베르그송의 시간론과 화이트헤드의 과정철학은 전적으로 아우구스티누스의 시간론을 차용借用하여 각색한 것이다. 화이트헤드는 여기에 헤라클레이토스의 과정이론을 혼합하여 자신의 철학으로 정립했다.

신정통주의신학이 일몰한 후 세계 신학을 이끌어갈 군계일학은 나타나지 않았다. 신학은 철학의 새로운 움직임을 따라가며 철학

언어를 신학 용어로 번역하여 새로운 신학으로 소개하곤 해왔다.

과정철학은 실재의 고정불변하는 형이상학적 존재론을 부정하고 실재의 지속적인 변화와 생성을 강조하는 데 기존의 존재론 중심의 신학이 이 실재의 유기체적 과정이론을 도입하여 과정신학이라고 지칭하며 20세기 중엽에 등장했다.

이 신학은 "과정 중에 있는 신God in Process"을 주장하며, 기존의 신을 고정된 존재로 단정한다. 문제는 "역사하는 신God in Work", 부단히 창조·섭리·경륜하는 신과 "과정 중에 있는 신", 창조적 진화 과정에 있는 신의 차이가 무엇이냐는 것이다.

나는 슐라이어마허의 감정의 개념에서 신학의 동인을 찾았다. 그의 신학은 감정의 신학으로 고유명사화되어 있다. 이 절대의존의 감정, 그 신앙의 차원을 나는 기독교의 중심 동인으로 해석하며, 그것에서 나의 신학의 동인을 찾았다.

틸리히는 내게 결정적인 영향을 미쳤다. 나는 그의 조직신학 세 권과 주요 저서들을 여러 차례 탐독하며 그에게서 방법론을 어떻게 세워가며 그 관계성을 어떻게 엮어야 하는지 '방법론의 방법method of methodology'을 배웠다.

그의 시간 개념인 카이로스kairos가 아우구스티누스나 베르그송, 화이트헤드와는 철저하게 다른 점이 나의 시간 이해의 폭을 한층 더 넓혀주었다.

틸리히에 의하면 카이로스는 종말이 현실의 삶에서 이미 성취된 시간이다. 이 개념이 내겐 퍽 흥미로웠다. 그의 신학은 기독교 신학의 종말론에 대한 이해의 또 다른 차원을 인식할 수 있는 자극제가 되었다. 그리고 그의 신학이 철학에 깊이 의존하고 있다는 점에서 나는 철학과 신학의 관계에 관심을 가졌고, 종래에는 철학적 신학에 골몰하게 되었다. 카이로스 개념은 그의 역사신학에서 철학적 신학의 원류로 흐르고 있다. 그리고 그 원류는 나의 철학적 신학에 동기를 부여하는 계기가 되었다.

서남동 교수는 틸리히의 철학적 신학을 60년대 한국에서 최초로 담론화했는데, 나는 서 교수에게서 틸리히신학을 처음 배웠다. 그 이후 철학과에서 현대철학을 이규호 교수에게서 배우며 신학의 철학화에 관심이 증폭되었다.

나 스스로 나의 신학을 규정한다면, 나는 주저함이 없이 철학적 신학이라고 말할 것이다. 독일에서는 로테르트Hans-Joachim Rothert 교수에게서 틸리히의 신학에 대한 새로운 해석을 배웠고, 이런 과정을 거쳐 나의 신학이 정립된 것이다. 나의 신학은 신토불이神土不二 신학인데 단적으로 표현하면 철학적 신학이다.

이종성 교수의 신학 체계론과 그의 신학이 해석하고 있는 플로티노스의 에네아데Enneade, 아우구스티누스의 신학 체계와 구조 등도 내겐 귀한 자산이 되었다. 이 교수의 영향은 내게 신학의 뼈대를 세워갈 수 있는 형식을 제공했다.

위에 열거한 신학적 영향과 내게 흘러온 원류를 이 정도로만 보아서는 안 될 것이다. 루터신학, 룬드학파신학, 자유주의신학과 신정통주의신학, 토착화신학과 세속화신학, 해방신학과 종교다원주의신학 등도 내게 깊은 자극을 주었다. 이 신학들은 신학의 원류로서가 아니고, 여러 갈래의 지류로서 내게 영향을 미쳤다.

나의 교육학의 원류

나의 교육학은 일반 교육학에서 접근하는 방식이나, 교육학의 학문성과는 다소 차이가 있다. 나는 슈프랑거Eduard Spranger의 삶의 형식에서 교육의 본질을 추구하고 체계화해가는 교육의 철학을 수용했다.

교육은 인간의 삶에 대한 주형鑄型 작업이다. 그 근본 목적은 인간을 인간화하는 것이다. 요컨대 교육함이란 삶의 형식에 대한 이해와 해석에 기초하여 인간을 인간이 되도록 만들어가는 과정이다.

내게 영향을 준 원류의 하나는 듀이J. Dewey 교육사상의 근본 방법론인 "행하므로 배운다"라는 실용주의적인 실천성이다. 실천함이 없이 탁상공론으로만 인간을 도야하고 교육할 수는 없을 것이다.

볼노우 교수에게서 나는 삶의 철학이 어떻게 교육의 인간화 과정, 교육학적 인간학을 형성할 수 있는지 배웠다.

기독교교육철학의 영역에서는 비르켄바일E.J. Birkenbeil 교수의 영향도 받았는데, 나는 그의 교육학을 무조건 수용한 게 아니다. 그의 기독교교육학은 가톨릭 신학에 정초되어 있으므로 나는 그 내용보다는 교육학을 설정해 가는 방법론을 익혔을 뿐이다.

이상의 진술은 나의 학문 형성의 직접적인 동인이 된 사상의 원류를 개략적으로 진술한 것이다. 어쨌든 이런 학문화의 과정을 거쳐 가며 나는 철학, 신학, 교육학의 영역을 접목했다. 나의 학문에서는 이런 원류가 곳곳에서 보이지 않게 작용하며 흐르고 있다. 이 세 학문의 순환구조, 삼학일체三學一體의 관계성이 나의 학문의 체계론이다.

사상의 주요 주제들

삶

삶이란 주제어를 나는 시간적 개념으로는 지속성持續性과 단속성
斷續性이, 공간적 개념으로는 문화와 역사가 범주화되어 가고 있다는
관점으로 이해·수용한다. 삶이란 한두 가지 개념으로 규정될 수
있는 실재가 아니다. 그 핵심에는 시간과 공간의 관계에서 생동하
고 있는 역동성이 작용하고 있다. 그것이 문화와 역사라는 형식으
로 펼쳐진다. 따라서 나는 삶을 이런 범주의 큰 틀에서 이해하며
해석해간다.

나는 삶을 만남의 현상학으로 이해한다. 삶은 본질과 현상이 일
체화되어 표출되어 가는 역동성이며, 그 원형질은 사랑이다. 그것
이 탐구욕으로, 윤강지덕倫綱之德으로, 원초적 본능(미학적 예술혼)
으로 승화되어 형상화된 것, 그것을 나는 삶의 형식이라고 규정
한다.

경계선상에서

나의 사상은 시간과 공간, 시간과 영원, 생명과 죽음, 존재와 무등 극단적 이중성의 경계선상에서 정립되어 가고 있다. 한마디로 나는 모든 영역의 관계를 한계상황과 경계선 위에서 정립하려 하며, 이런 맥락에서 나는 사상의 편향성이나 독단주의를 경계한다.

삶은 순간순간 생성과 소멸의 지속성으로 이어지며, 이 과정에서 단속성이 시대마다 역사와 문화를 창출하며 이어져가고 있다. 이것이 나의 사상을 끌어가는 동인의 하나다. 나는 가치 중립적 세계관을 철저히 배척한다.

삼원일체

나의 사상구조는 삼원일체三原一體의 '삼중적 삼원성triple triadik'이다. 강계-서울-부산의 지리적 삼원일체 관계 속에서 나는 도야되어 갔으며, 이 세 곳의 공간적 관계와 시간적 유대로 내가 나로서 만들어졌다. 그리고 뮌헨-튀빙겐-아헨에서 문화화되어 온 학문의 연결고리가 나의 사상의 삼원일체 구조를 구축하는 한 틀로 체계화되었다.

철학-신학-교육학으로 구성된 학문적 유기체가 사상의 형식과 내용, 본질과 현상을 정립해가며 학문의 삼원일체 양태로 구체화되었다. 이것이 나의 학문 구조다. "지리적 삼원일체 관계" ⟺ "사상의 삼원일체 구조" ⟺ "학문의 삼원일체 양태", 이 삼중적 삼원성이 나의 학문을 결정結晶해가고 있는 동인이다.

문화는 종교의 뿌리요, 종교는 문화의 열매

문화와 종교의 관계는 인간의 삶에 가장 근원적인 형식이다. 대다수 종교학자나 신학자는 종교를 문화의 모태로, 문화를 종교의 형식으로 규정한다. 이런 맥락에서 틸리히는 "문화는 종교의 형식이고, 종교는 문화의 실체"라고 단정했다.

그러나 나는 이런 관계 구조를 역으로 해석한다. '문화는 종교의 실체며, 종교는 문화의 형식'으로서 문화에 포괄된 여러 형식 가운데 하나일 뿐이다. 따라서 종교가 탄생할 수 있는 모태, 그 뿌리는 문화며, 이런 의미에서 문화는 어머니고, 종교는 여러 다른 학문의 영역처럼 문화의 딸에 불과하다.

종교는 문화에 매달린 열매일 뿐이다. 비근한 예로 사과나무를 문화라고 한다면, 종교는 거기 매달린 사과들 가운데 하나일 뿐이다. 이런 맥락에서 나는 '문화는 종교의 뿌리요, 종교는 문화의 열매'라고 규정한다.

종교성

나는 종교의 본질을 각 종교의 종교성에서 추구한다. 종교성이란 종교의 본질과 현상의 관계에서 본질직관을 통해 표출되는 추상적 관념과 같은 것이다. 본질을 어떤 편견 없이 직관할 수 있다는 것은 그 종교의 실체를 파악하고, 그 실체의 현상을 이해하고 있을 때만 가능하다. 물론 내가 표상하고 있는 종교성에 종교학자들 가운데는 이론異論을 제기하며 반박도 하겠지만, 그렇다고 나는 보편적 해석의 평준화된 종교관을 따를 생각은 없다. 나의 관점은 나의 독창적인 종교관에서 형상화되었기 때문에 서로 이해·상충할 수밖에 없을 것이다.

나는 종교성을 문화에 의해 발생한 종교의 동인으로 규정하며, 종교 현상을 표현하는 역동성이라고 해석한다. 한마디로 종교성이란 창조주와 피조물 간의 상관관계에서 일체화되어 표출되는 현상이다. 나는 종교성을 종교의 성향이나 본질로 단정하는 데 반대한다. 모든 종교의 종교성은 동질적이지만, 종교의 표현 형식은 이질적이다. 비근한 예로 사람은 서로 이질적이지만, 인간이라는 개념에서는 동질적이다.

신토불이신학

나의 신학은 신토불이神土不二신학Thegeonomische Theologie이다. 신토불이란 창조주와 피조물 간의 상관관계에서 구조화된 신학체계다. 피조물은 신의 작품이며, 신은 창조 과정에서 피조물의 원소로 말씀(흙)을 사용했다. 인간만 흙으로 빚어 창조한 것이 아니고, 삼라만상이 흙이라는 원소의 변형된 질료로 탄생한 것이다. 이 신학이 기독교 창조신학의 원형이다.

많은 만남,
그러나 영원한 고독

나와 너 그리고 만남의 미학

만남은 여운을 남긴다. 나의 삶을 되돌아보면 지금까지 내 마음 속에서 물결치며 흐르고 있는 것은 만남이었다. 몇몇 쓰라린 만남 도 있었지만, 그보다는 수없이 많은 만남으로 나는 나를 성숙시켜 가며 나의 정체성을 형성해갔다. 내가 눈감는 순간까지도 이 수많 은 인연을 잊을 수 없을 것이다.

진정으로 사람과 사람의 관계는 만남에서 시작된다. 하지만, 이 관계가 어떻게 이어지느냐에 따라 인격의 형성이 달라진다는 것을 나는 직접 체험했다. 중학교 입학하는 날부터 나는 신체적 조건이 나를 사회에서 소외시키고 있다는 것을 알게 되었다. 어린 나이에 그런 의식이 생겼다는 것, 아니 그렇게 내몰아쳐졌다는 것은 나에 게 내려진 가혹한 일이었다. 너무 일찍 인생의 쓴맛을 체험하게 됨 으로써 나에게서는 어린애다움이 건너 뛰어졌다.

내 일생에 이런 아픔이 몇 번 있었다. 아픔은 상처로 남지만,

그 상처를 극복하는 순간, 삶의 환희와 기쁨이 잉태한다는 것을 나는 이런 체험을 통해 깨닫게 되었다.

나와 너의 만남이 나를 나 되게 하는 창조적 에너지로 역동했다. 이 과정을 나는 만남의 미학이라고 명명해 본다.

아내의 죽음

2011년, 아내는 큰딸이 아이 두 명을 데리고 LA에 여름 캠프 가는데 같이 가서 3개월간 지내고 돌아와 몸이 좀 이상하다며 대학병원에 입원하여 10일간 정밀검사를 받았다. 의사는 전이성 폐암 4기로 암이 뼈에까지 전이되어 수술도 할 수 없고, 방사선 치료도 의미 없다며 생존 가능성이 몇 개월이라는 시한부 판정을 내렸다.

큰딸은 여러 경로를 통해 폐암 명의를 소개받고 찾아가 그분에게 진료를 의뢰했다. 그 전 병원에서 검사 결과자료와 CD(X-ray, CT, MRI) 등을 받아 넘겨주었는데, 이 병원에서 검사한 결과도 거의 같았다. 암은 이미 머리와 팔, 골반에까지 퍼졌으며, 오른편 상완골 속은 이미 괴사 되어가고 있었다.

담당 의사는 본인이 할 수 있는 최선의 치료는 암의 진행을 늦추는 것뿐이라며 폐암 표적치료제를 처방해 주었다. 이 약은 우리의 서광이었다.

퇴원하여 표적치료제 한 알씩을 복용하며 며칠 지내던 어느 날 오른쪽 팔이 저절로 부러졌다. 뼈 촬영 결과 팔을 지탱할 수 없을 정도로 암이 뼈대를 갉아가고 있었다. 깁스하고 한 달 정도 지났는데 신기하게도 뼈가 붙기 시작했고, 골수가 채워지기 시작했다. 몇 달 후에는 팔이 정상으로 회복되었다. 차츰 폐의 암 부위도 축소되고, 암 수치도 낮아지고 있었다.

아내는 스스로 차를 몰고 친구들 모임이나 경조사에 참석하기도 했고, 한 주일에 하루는 양평 숲속 친구 별장에 가서 친구들과 보내기도 하고, 가족들과 며칠씩 여행도 하고, 휴양림에 가서 자연에 취해 소녀처럼 천진하게 즐기며 나날을 보냈다. 여름에는 해변에서 피서하며, 이렇게 하루하루 평범하게 생활을 이어갔다.

거의 5년을 이렇게 지냈는데, 2016년 7월 28일 손녀들이 와서 즐겁게 지내고 저녁식사까지 한 후 갑자기 호흡 곤란으로 응급실에 가서 20분 만에 소천했다. 어떻게 생각하면 100세 시대라는데 젊은 나이에 떠나는 게 애석하기도 하지만 3개월 인생이 5년 동안 재미있게 지내다 고통 없이 한순간에 눈을 감았으니 행복한 죽음이라는 생각도 들었다.

아내가 운명하고, 장례 기간 내내 장신대 교직원들은 물론, 친구들도 고인의 마지막 가는 길을 애도하였고, 통곡하는 이도 있었다. 사람이 죽었을 때 생전의 행실이 어땠는지 드러난다는 옛말이 떠올랐다.

꽃을 좋아하는 아내는 철이 바뀔 때마다 학교에 가서 정원을 가꾸고, 제초작업을 하고 꽃나무 가지치기 등을 하며 자원봉사를 했다. 교수부인회에서 매년 개교기념일 행사의 하나로 열곤 하던 바자회 때는 학생들에게 덕을 베풀며, 아들딸 대하듯 애정을 보였던 게 이런 결과로 되돌아오는 것을 보면서 아내의 현숙하고 범절이 높은 성품이 많은 이에게 큰 여운으로 메아리치고 있다고 생각했다.

아내는 내가 협동 목사로 사역했던 삼양제일교회에 20년간 출

튀빙겐 기숙사
창가에서

튀빙겐 공원에서 데이트
중에

여름 어느 날

◀ 큰딸 유치원 소풍날

▼ 아헨 시청 앞에서
아이 셋과 스잔느

◀ 어느 가을 아들과
공원 놀이터에서

교수부인회에서 소풍(1994.5.23.)

망중한을 즐기며(1999.12.13.)

석하며 한 번도 구설에 오르거나, 언행이나 품행으로 실수를 한 적이 없다. 늘 겸손하고 다소곳하며, 천성적으로 누구와도 함부로 말을 섞는 성격이 아니므로 교인들이 좀 어려워하면서도 좋아했다. 교회에서는 목사님을 비롯하여 장로님들과 교인들, 특히 연세 많으신 권사님들이 무릎이 아파 잘 걷지 못하면서도 날마다 조문왔고, 발인날도 아침 일찍 와서 고인과 영결을 했다. 10년 전에 사임하며 교적教籍도 옮겼는데 어떻게 소식을 접했는지 많이 와서 조의를 표했다.

우리 자녀들이 출석하는 소망교회에서는 장례 일체를 맡아 매일 예배를 드리며 도와주었고, 발인 예배와 화장, 매장에 이르기까지 일체 예식을 맡아 진행했다.

제자들도 많이 도와주었다. 특히 배요한 목사는 부목사들을 데리고 와서 일을 거들어 주었고, 발인하는 날 운구 운반도 도우며 고인의 명복을 빌었다.

나는 가끔 우리 내외의 인생 여정을 되돌아보며 우리가 어디에 가도 사랑을 받으며 살아온 것을 축복이라고 생각한다. 신앙의 관점에서 표현하면 주님의 은혜일 테지만….

영원한 고독

인간을 "신 앞의 단독자單獨者"라고 했던 키르케고르의 말이 기억난다. 인간은 늘 만나며 헤어지는 과정에서 홀로 남겨진다. 신과의 관계에서만이 아니라 가족과의 관계에서도, 친구와 이웃과의 관계에서도, 심지어 나와 나의 의식세계와의 관계에서조차도 인간은 언제나 외톨이가 되게 마련이다. 나는 이제 내일이 점점 내게 가까이 오고 있음을 느끼며 고독한 시간의 한순간을 생각하는 때가 많아졌다.

부모님을 차례로 보내고, 아내를 먼저 보내야 하는 영결의 슬픔을 안고 있었지만, 그런 시간을 나도 남기게 될 것이다.

나는 삶의 단락이 새로 펼쳐질 때마다 많은 만남과 헤어짐으로 이어져 오곤 했던 것을 삶의 숙명으로 받아들인다. 그리고 그 순간마다 인생의 많은 연緣을 내 가슴에 담고 그 아름다움과 슬픔을 삶의 역동성으로 느끼며, 삶을 이어가고 있다. 하지만, 비록 그런 시간도, 아무리 내가 시간의 여행에서 환희의 순간을 떠올려도 고독은 또 다른 삶의 역동력으로 내게서 약동한다. 영원한 고독, 그것은 어쩌면 운명하는 순간에도 주검에 드리워질 것이다.

시와 인간 그리고 그 사잇길

2017년 11월 20일, 내가 시인으로 등단한 날이다. 나는 고등학교 때부터 시를 썼다. 하지만 솔직히 말해서 그건 창작이라기보다는 많은 시집을 읽으며 감명 깊었던 시상詩想을 떠올리며 읊조려본 습작에 불과했다.

대학 시절부터 나는 시문학의 미학적 요소를 어렴풋이 느끼기 시작했고, 매일 열심히 습작하고 찢어버리곤 하며 시의 본질을 익혀가기 시작했다.

선배이며 친구인 등단 시인 최연홍과의 교제는 나의 시성詩性을 보다 세련되게 정제하는 촉진제가 되었고, 이로써 나는 차츰 시의 미학에 심취되어갔다.

나는 시를 인생의 진솔한 표현으로 이해한다. 이 말은 인간을 정화하는 순수성이 시의 본체라는 것이다. 나는 시를 쓰며 이런 것을 늘 체험한다. 시란 가슴으로 느껴지는, 삶의 대상에 대한 원초적 표출이며 속까지 투명한 수정 같은 것이리라. 이런 시성의 맥락에서 나는 시를 쓰고 있다.

나는 기교주의나 형식주의의 틀을 깨버리고 "시 쓰기의 탈형식주의"(『시집 1』, 자서)를 이상으로 놓고, 시상의 순수함을 투명하고 진솔하게 드러내려는 자세로 시를 쓰고 있고, 그렇게 쓰려고 늘 노력하고 있다. 이런 시의 미학을 나는 『시집 2』〈서시序詩〉에서 "시 쓰기의 나체주의"라고 규정했다. 시를 인간의 적나라한 본성으로 이해한 것이다.

시와 인간은 이렇게 본다면, 늘 현실과 이상, 본질과 현상, 의식과 무의식, 이성과 감성 등의 상관적 경계 위에서, 다른 표현을 빌리며 이 양자 간의 사잇길에서 연동連動하는 삶의 동인이라 하겠다.

지상에서 마지막 미소(2016.7.28.)

회자정리

중학교 때 한문 선생님은 연세가 많으셨다. 학생들이 한자 공부하는 것을 지루해하고, 어려워하는 것을 아시고 선생님은 고사성어에 얽힌 구수한 이야기로 학생들을 집중시켜가며 수업을 했다. 그때 회자정리會者定離라는 고사에 얽힌 의미도 배우게 되었다.

가만히 생각해보면 만나고 헤어짐, 생기고 소멸함은 만물의 철리哲理이며, 그 자체가 생명이 아닐까. 종교에서뿐만 아니라 철학에서도 헤라클레이토스 같은 철학자는 "만물은 흘러간다panta rhei"라는 명언으로 생명의 본질을 설명했고, 니체 역시 "만물은 오고 만물은 지나간다Alles kommt, Alles geht"는 진리를 역설했다.

나는 이 명언의 의미를 부연 설명할 생각은 없다. 다만 나와 만났던 모든 인연과 끝맺음을 해야 하는 헤어짐의 모습을 그려보며 아름다운 마지막을 맞고 싶을 뿐이다. 이미 많은 친구가 유명을 달리했다. 친척들도 여러 명이 가족의 곁을 떠났고, 존경하는 스승들도 모두 돌아가셨다.

나는 이 세상을 떠나기 전에 시간이 허락하는 한 나의 작품들과 원고들을 정리해 놓고 가고 싶다. 그 준비 과정에서 이미 종교학을 정리해 출판했고, 나의 신학(상, 하권)을 정립해 출판했으며, 틈틈이 써 왔던 시를 엮어 이미 시집 두 권을 출판했다. 지금도 시집 두 권 이상의 분량에 해당하는 작품이 원고 상태로 저장되어 있다. 그 중에는 대학 시절인, 1960년대에 창작한 시도 수십 편 있다.

나는 영결의 시간에 가족들에게는 물론이려니와 제자들, 친구들, 동료들과 신학계, 철학계, 기독교 교육학계에서도 부끄럽지 않게 살았던 인물로 기억되고 싶다. 내겐 이렇게 헤어짐이 아름다운 이별이며, 위대한 시간이다.

이 회고록을 내가 사랑했고, 나를 사랑했던 그리고 지금도 사랑하고 있는 사람들에게 바친다.

환희의 눈물

_ 한숭홍

나는 순간마다 내 운명에 덮친
절망의 한계선상에서
원망하며 울부짖지 아니한다네
푸른 초원 넓은 평야에서
독수리처럼 창공으로 기상하며
내 인생의 환희에 눈물지을 뿐일세

내겐 황금이 없어도 내 마음엔
세상보다 더 큰 꿈이 있다네
지금의 내 몸이 바로 나일 진데
창조주께 감사하지 않을 수 있으랴
한가지 바라는 것이 있다면 꿈꾸며
스스로 있는 자연을 닮아가는 것일세